葛兰言的汉学发生研究

卢梦雅　著

山东大学出版社

图书在版编目(CIP)数据

葛兰言的汉学发生研究/卢梦雅著. —济南:山东大学出版社,2018.8
ISBN 978-7-5607-6153-4

Ⅰ.①葛… Ⅱ.①卢… Ⅲ.①葛兰言—生平事迹②汉学—研究 Ⅳ.①K835.655.81②K207.8

中国版本图书馆 CIP 数据核字(2018)第 215274 号

责任编辑:王 潇
封面设计:牛 钧

出版发行:山东大学出版社
社 址 山东省济南市山大南路 20 号
邮 编 250100
电 话 市场部(0531)88363008
经 销:新华书店
印 刷:济南华林彩印有限公司
规 格:720 毫米×1000 毫米 1/16
14.75 印张 242 千字
版 次:2018 年 8 月第 1 版
印 次:2018 年 8 月第 1 次印刷
定 价:32.00 元

葛兰言肖像

（由科学影像的开放档案网 Médihal 提供，公共版权）

Le premier volume de la Bibliothèque
de l'Institut des H.E.C. porte la signature
d'Edouard Chavannes, qui fut notre
maître et demeure l'inspirateur
de nos travaux. Nous tenons à
remercier les enfants de E. Chavannes
qui nous ont confié cette publication
et ceux de ses amis qui se sont
dévoués à la même tâche..

Granet.

葛兰言亲笔

（由法国高等汉学研究院 IHEC 提供）

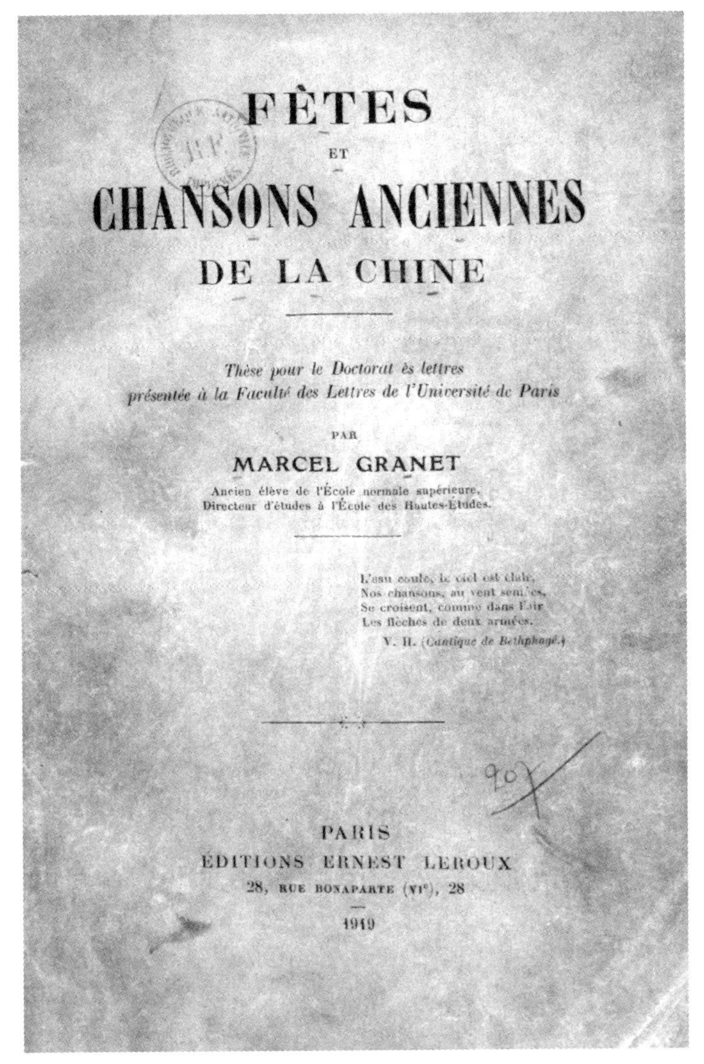

FÊTES
ET
CHANSONS ANCIENNES
DE LA CHINE

Thèse pour le Doctorat ès lettres
présentée à la Faculté des Lettres de l'Université de Paris

PAR
MARCEL GRANET
Ancien élève de l'École normale supérieure,
Directeur d'études à l'École des Hautes-Études.

L'eau coule, le ciel est clair,
Nos chansons, au vent semées,
Se croisent, comme dans l'air
Les flèches de deux armées.
V. H. (*Cantique de Bethphagé.*)

PARIS
ÉDITIONS ERNEST LEROUX
28, RUE BONAPARTE (VIe), 28
1919

葛兰言代表作《古代中国节日与歌谣》初版封面，封面上引用了雨果的诗歌《撒旦的结局》：

流水，晴空。
我们的歌，伴着风：
两支军队的箭，在空中交错。

葛兰言参加一战时继续研究《诗经》，这段诗巧妙地隐含了二者。

葛兰言在巴黎高师的借书记录

（手写原件）

前　言

汉学一般是指中国以外的学者以古代中国为研究对象的一门学科。这门学问对我们来说有借鉴作用，对他国来说有启迪作用——其他国家的学者以汉学为媒介来了解中国，汲取中国文化的精华，完善自己的制度和文明。对汉学的研究是中国学者对外国学者研究中国文化的反馈，也是对外国文化、学术借鉴的一个方面。很多近现代汉学家具有深厚的西学背景，对于中国文化有其独到的见解，曾发中国人未发之音，我国学界对海外汉学学术史日益重视，对西方汉学及汉学家的研究也日益增多。

1814 年，法兰西学院设立了"中国语言文学"课程，被视为西方近代汉学的开端。作为传统汉学发源地和研究中心，二战以前，法国汉学独享盛誉，汉学家多为集大成者。他们从语言、社会、历史、民俗、经济、政治、考古、宗教等各方面研究中国，著述质量颇高，有的甚至成为经典，很多研究成果和方法远远走在西方汉学前列。法国汉学自第一任汉学教授至二战时期，经历了三代汉学家：第一代以雷慕沙（A. Rémusat，1788～1832）为代表，第二代领军人物是沙畹（E. Chavannes，1865～1918）；第三代便是以沙畹的三大弟子伯希和（Paul Pelliot，1878～1945）、马伯乐（Henri Maspéro，1882～1945）和葛兰言（Marcel Granet，1884～1940）为代表。笔者近年来专注于法国汉学史的研究，深感法国汉学这门学科在继承乾嘉汉学之外，更承载着西方近代新兴学科和学术思想。因此，在法国汉学研究中，我们必须首先深入了解汉学大家的学术谱系和思想源流，否则容易仅凭若干著述文本而主观臆断，妄加揣测。

基于上述考虑，笔者在博士论文《葛兰言〈诗经〉学研究》（2017）之外另撰本书，以西方近代学术思想史为宏大框架，以法国汉学家葛兰言为典型个案，考察葛兰言的学术缘起，兼及近现代法国学术思想之演进。本书将对法国汉学、社会学、法学、历史学等近代新兴学科的发展背景和学术谱系进行细致的梳理，以便读者了解和理解葛兰言的学术启蒙及学科转向历程。本书将重点观照早期与葛兰言在生活和学术上有密切关系的中西方学者，展现葛兰言在各个学科领域中的角色，追溯他对近代法国历史学的实证主义转向、对法国社会学的创立和发展、对法国汉学在宗教学方面的突破等方面的贡献，力求在帮助读者更为准确地理解葛兰言学术的同时，更为清晰地展现西方近代学术谱系中一些可能被忽略的要点。因此，与杨堃先生为老师辩护所作的《葛兰言研究导论》之出发点不同，本书力求将与葛兰言学术发迹和成长过程中密切相关的史料梳理出来，让读者客观地去判断和理解。

本书分为五章，历时呈现了葛兰言的早年求学和学术积累过程，亦即葛兰言与法国近代客观主义史学、法制学、社会学、汉学四种新兴学科的继承关系以及赴中国的考察情况。各章设有附录部分，分为两类：一类是葛兰言的档案史料，如生平年表、著述总览、图书馆借书记录、梯也尔基金会报告、听课概要、授课概要、公共教育部报告及书信；一类是民国赴法学者所撰写或翻译的，能够反映法国近代历史学、社会学、汉学发展及教育情况的文章摘录。

本书涉及的大部分珍贵资料都是一百年前的法文老旧资料。在读博期间，笔者曾在法国短居三周，初步查找了一些资料。后因种种原因没能再亲赴法国，全靠与法方有关机构负责人网络通信联系来获取资料，如巴黎高师图书馆主任 Sandrine Iraci 女士、巴黎高等实践学院档案馆主任 Margot Georges 女士、索邦大学校际图书馆珍藏处 Jacqueline Artier 女士、法兰西学院图书馆主任 Françoise Bérard 先生、法国汉学研究所 Delphine Spicq 女士、当代出版典藏研究院（IMEC）图书馆负责人 Marjorie Delabarre 等。感谢他们的热心帮助和耐心回复，在他们的指引下，笔者托付在法国的学生和朋友去各个机构查找，历时近三年，过程十分辛苦。在此，我也要特别感谢这些热心帮忙的朋友们，包括当时在巴黎访学的赵丹枫博士，在巴黎的历届学生张蔷、刁俊玉、刘睿云、蒋天奇、何辛等，以及 Jean Hugues Comier 博士、Christophe Decoudun 博士等法国朋友，多亏他们的鼎力相助，笔者才拿到诸多宝贵尤其是一些未经公开的一手资料。同时，感谢导师刘宗迪教授给予的指导和教诲，感谢同事冯伟老师提供的宝贵建议，感谢法国巴黎第七大学 Rémi Mathieu 教授、华东师范大学李孝迁教授对历史学章节的提点和指正，感谢北京师范大学岳永逸教授对葛兰言长信中有关翻译给予的帮助，感谢我所在的山东大学外国语学院对本书出版的大力资助以及领导和同事对我的鼓励和支持，感谢本书责编王潇老师的悉心策划和审校。各种真诚无私的良言、益语、善行，本人皆铭记于心。

笔者能力所及，仅将葛兰言早期学术旨趣和学科转向脉络作一大致的梳理，尚未能对他的全部学术进行深入探讨；亦因涉及学科多、学识浅，本书定存在许多不足之处，遗漏甚至谬误也在所难免，希望能够得到各位学者和读者的批评和指正。随着资料的发掘和认识的更新，笔者亦希望本书在将来修订时，能够臻于完善。

作者

2018 年 6 月

目　录

绪　论 ………………………………………………………………………（1）

第一章　葛兰言的铿锵一生 ……………………………………………（8）

第一节　求学之路 ……………………………………………………（10）
第二节　学术历程 ……………………………………………………（14）
第三节　培育后人 ……………………………………………………（18）

第二章　葛兰言与法国历史学 …………………………………………（22）

第一节　起点:实证主义史学 …………………………………………（23）
第二节　偏好:封建制度史学 …………………………………………（30）
第三节　转向:葛兰言与综合史学 ……………………………………（40）
第四节　记忆:法国历史学发展与教育 ………………………………（46）

第三章　葛兰言与法国社会学 …………………………………………（53）

第一节　趋同与分歧:历史学与社会学 ………………………………（55）
第二节　走向社会学:葛兰言与涂尔干 ………………………………（63）
第三节　靠近民族学:葛兰言与莫斯 …………………………………（79）
第四节　见证:法国社会学的高等教育 ………………………………（86）
第五节　葛兰言与观念社会学 …………………………………………（92）

第四章　葛兰言与法国汉学 ………………………………………… (101)

第一节　回顾:法国近代汉学概况 ………………………………… (101)
第二节　继承:葛兰言与沙畹汉学 ………………………………… (107)
第三节　批判:葛兰言与传统汉学 ………………………………… (117)
第四节　档案:葛兰言的汉学学习与早期研究 …………………… (120)

第五章　葛兰言的中国行 ………………………………………… (132)

第一节　导读:走出书房的葛兰言 ………………………………… (132)
第二节　档案:葛兰言的初步研究 ………………………………… (136)
第三节　实录:葛兰言的中国行 …………………………………… (147)

结语:站在中西交汇处的葛兰言 ………………………………… (157)

附　录 ……………………………………………………………… (161)

附录 1:葛兰言生平年表 ………………………………………… (161)
附录 2:葛兰言著述总览 ………………………………………… (165)
附录 3:葛兰言在巴黎高师的借书记录 ………………………… (181)

主要参考文献 …………………………………………………… (211)

绪 论

葛兰言（Marcel Granet，1884～1940）是法国极负盛名的现代汉学家，是法国汉学的里程碑式人物。他曾执教于巴黎高等实践学院（EPHE）“远东宗教”部、巴黎东方语言学校（INALCO），担任过法国社会学学院（IFS）院长，法国汉学研究所（IHEC）所长，曾三次获得法国汉学最高荣誉“儒莲奖”①。他将宗教社会学、民俗学应用于《诗经》研究，极大地影响了现代中西方《诗经》学②；他的中国古代婚姻亲属关系研究直接启发了列维·施特劳斯（Claude Lévi-Strauss，1908～2009）在结构主义人类学方面的旨趣③；他的中国神话学研究深刻影响了杜梅齐尔（Georges Dumezil，1898～1986）④；他的中国史研究影响了法国现代社会学和历史学等学科⑤；直到今天，他的《中国人的思维》仍是现代西方了解中国人精神世界的启蒙书。2003年，法国巴黎第七大学成立了以葛兰言命名的当代思想研究中心（Le Centre Marcel Granet），致力于跨学科、跨文化的中西

---

① “儒莲奖”被称为“汉学界的诺贝尔奖”，葛兰言的获奖著作分别是《古代中国的节庆与歌谣》《中国人的宗教》《古代中国的舞蹈与传说》。（参见：*Comptes rendus des séances de l'Académie des Inscriptions et Belles-Lettres*，1920，p. 167；1926，p. 98；*Annuaire-Bulletin de la Société de l'histoire de France*，vol. 60，n°1，1923，p. 98）

② 如日本的赤冢忠、松本雅明、白川静等。（参见王晓平：《日本诗经学史》，学苑出版社2009年版）又如胡适、闻一多等。（参见赵沛霖：《20世纪〈诗经〉研究与文化人类学》，载《诗经研究丛刊》第六辑，学苑出版社2004年版）

③ 参见：Claude Lévi-Strauss，*Les structures élémentaires de la parenté*，Paris，La Haye：Mouton et Maison des sciences de l'Homme，1967，pp. 358－451，Chapitre XIX “Théorie de Granet”.

④ 参见杜梅齐尔为葛兰言《中国人的宗教》再版时写的序言。（Georges Dumézil，*Préface à La Religion des Chinois*. Paris：Albin Michel，1989）

⑤ 参见本书第二、三章。

方翻译、对话与思考，以及中国思想在反思西方政治和管理中的作用，足见葛兰言对于当代法国学界的意义。

葛兰言将中国看作一个整体的、演进的文明来研究，他从中国古代文献中不断发现不同于欧洲或其他民族的新问题。通过民间和官方两种不同性质的文献[①]，葛兰言既在共时的维度上区别了封建制度下的庶民与贵族阶层，又在历时的维度上将二者通过具有共同特征的习俗仪礼关联起来，向人们展示了由先民遗风演进到贵族礼制的宏大过程，论述了包括中国人思维、宗教、语言文学、社会生产力等社会文明多方面的历史演进。葛兰言的研究主要集中在上古农业社会至夏、商、周三代城市贵族形成之后的封建社会[②]，他对这一历史时期的制度和宗教起源研究是东西方从未有学者涉足过的宏大课题。[③] 顾颉刚曾指出："法国社会学派，及莫尔甘(即涂尔干，Emile Durkheim，1858～1917)以后之人类学，皆予近十余年史学研究以甚大之影响。"[④]而作为涂尔干的嫡传弟子，葛兰言的汉学研究正是此"预流"的先行者，是以历史人类学进行中国研究的最早学者之一。胡志宏在《西方中国古代史研究导论》中指出："用社会史方法研究中国宗教史、思想史始于20世纪初新史学引进汉学的时代。第二次世界大战以后，欧洲殖民者失去了做人类学田野调查的场地，转而利用自己较强的实证研究能力从文本入手认识非西方文化。"[⑤]如果这个观点成立，那么葛兰言可以被视为将新史学(即综合史学)引入汉学从而进行中国社会史研究的先驱。不仅如此，这也是涂尔干社会学第一次与一个现存的伟大文明相遇，这样极具创造性的应用无论对法国社会学、法国历史学还是传统汉学来说，均是一次史无前例的革新。

回顾近代的西方人文社会科学走向，在19世纪末20世纪初，新兴的社会学、人类学、宗教学、语言学等学科开始相继浸润传统的历史学领域，社会学亦将追溯社会历史源头作为重要课题。这些学科与汉学最终碰触和沟通，是19世纪西方学术发展与进步之必然，而葛兰言正是那个被时

---

① 指《诗经》和其他古代文献典籍如《左传》《国语》《史记》《仪礼》《礼记》等。

② 由于葛兰言的中国史研究集中在上古史阶段，因此他在著述中所涉及的"封建"概念一般指周代的分封制度。

③ 早期传教士由于传教布道、证明神圣历史的需要，曾对中国上古史进行过梳理和解读，但未涉及社会制度和宗教等课题。

④ 李孝迁：《葛兰言在民国学界的反响》，载《华东师范大学学报(哲社版)》2010年第4期。

⑤ 胡志宏：《西方中国古代史研究导论》，大象出版社2002年版，第330页。

代选中的人。可以说，葛兰言的文献阐释的特点是综合史学和比较社会学发展的必然结果。正如沙畹（Édouard Chavannes，1865～1918）所说："这样的尝试只能通过一位具有真正智识水平并且在文献学、历史学、尤其是社会学方面做好准备的人来完成，而这些能力无论在汉学研究者还是中国本土学者中都是普遍缺少的。"①因此，我们在评价葛兰言的中国古代社会史研究时，应当将其研究置于西方近代人文学科发展的大环境下，不能仅仅从历史学或者语言学等单一学科视角去审视，或者将其研究局限在法国汉学和中国文学、历史学的发展框架中进行批判。

葛兰言将莫诺的实证主义史学方法与同样秉承实证主义精神的涂尔干社会进化论及社会学分析法顺理成章地结合在一起，并运用到对中国古代文献的阐释中。甚至可以说，在中国社会史课题的研究史上，是葛兰言首先将这种实证方法创造性地运用到了中国古代文献分析中：从大量相关文献中提取事件主题，即社会和历史事实，综合所有提取的事实来进行社会的和历史的分析。不仅如此，他从中国古代文献的特点出发，不断思考应该如何处理附着在文本上的政治与历史因素痕迹，从原始文本以及传承千年的经学注释中提取事实。如果说 19 世纪古典学家的宗教社会分析是对文献研究的辅助方法，那么葛兰言则恰恰相反，是一种辅以文献分析的宗教社会学历史研究。我们甚至可以将他的文献阐释法视为 20 世纪中后期兴起的"历史人类学"之先声，并且鉴于他与布洛克的亲密关系，很可能在极大程度上影响了后来的法国年鉴学派。

然而，在 20 世纪初期，中西方汉学界却难以理解和接受这样一位伟大的汉学先驱。原因正如其弟子杨堃分析，在于他综合各学派之长而另辟蹊径的治学方法在西方汉学界别树一帜，且与我国新、旧两派（文字考据派和考古派）的史学家及国学家所持观点、方法皆不相合，而我国学者对于西方的汉学方法一向不太关注，故而未能将西方学术与国学或文献学打通。② 事实上，葛兰言是以社会学与历史学相结合进行中国研究的第一人，其著述是法国近代学术与中国文献结合的学术典范。他利用综合史学的方法首次深刻论证和展示了中国文明的起源和独特性，他的中国文明史研究在汉学界是一次成功的尝试，也是一例令人叹为观止的榜样。

---

① Dossiers aux Archives Nationales, *Missions de l'Instruction publique*, cote F/17/17272.

② 参见杨堃：《社会学与民俗学》，四川民族出版社 1997 年版，第 108 页。

在博士论文写作过程中，笔者发现，由于葛兰言学术背景复杂、研究方法独树一帜，不仅使得国内外学界对他历来存在诸多误解，而且至今仍有一些被忽略的重要问题。例如，很多著述仅将葛兰言学术渊源追溯为法国社会学家涂尔干和汉学家沙畹，却忽视了他的史学出身、史学旨趣及史学方法，忽视了他对法国年鉴学派产生的推动，亦即他在法国史学史上的重要位置；又如，研究者对葛兰言的汉学教育背景不够了解，没有将他置于法国汉学史中，没能认识到其承前人之历史文献学、启后人之社会思想史学的关键作用；再如，研究者甚至不知道葛兰言从一开始便对社会制度学抱有极大兴趣，怀揣着重构中国文明史的鸿鹄之志。

我国近代史学大师陈寅恪曾指出，对于古人学说“应具了解之同情，方可下笔……所谓真了解者，必神游冥想，与立说之古人，处于同一之境界，而对其持论所以不得不如是之苦心孤诣，表一种之同情，始能批判其学说之是非得失，而无隔阂肤廓之论”[①]。此论可视为对葛兰言中国文明起源研究的方法之概括，毕竟研究中国先秦史可以参考的史料极少。而当下我们若要研究葛兰言，则不必主要依靠“神游冥想”的想象力。既然葛兰言为近代学者，我们完全可运用“以实证虚”之法，基于他本人的档案资料，追求“回到历史现场”的效果。正所谓：“回到历史现场……不仅要回到一定的空间位置，回到事情发生的那个时代或那段时间，而且要设法回到当时当地，回到事情正在发生的过程之中……要和历史人物一起经历其事，而且不是作为旁观者，也不仅仅是参与者之一，而是和所有亲历者一起经历他们各自所经历的全部过程。”[②]这是当代历史学家桑兵提出的史学方法，也是本书的写作初衷。笔者希望通过本书展现出：葛兰言的中国研究不仅仅属于历史学的，或是社会学、宗教学、文献学的等其他学科范畴，而是他在中国社会历史的独特情况下选择的结果。

葛兰言在西方人文学界影响巨大，他在法国乃至西方汉学中开辟了中国文明史的综合性研究，对东西方学术界的中国研究均产生了深刻的影响。迄今为止，国内外对葛兰言的生平和汉学特色的研究主要有：杨堃的长文《葛兰言研究导论》(1943)，通过自己对葛兰言及其著述的亲自了

① 陈寅恪：《冯友兰〈中国哲学史〉审查报告》，载陈美延编《陈寅恪集》，三联书店2015年版，第279～280页。

② 参见桑兵：《从眼光向下回到历史现场》，载《中国社会科学》2005年第1期。

解来介绍和解读了葛兰言的学术方法；古蒂诺（Y. Goudineau）的博士论文《葛兰言社会学研究导论》(1982)在整体上关注了葛兰言的中国古代社会制度研究，并且尽其所能，第一次收集了大量法文档案资料来介绍葛兰言；赫什（Th. Hirsch)的《社会的时间》第八章“葛兰言”(2016)，对在葛兰言的学术缘起和学习背景上也有些许补充；贝内维德斯—多斯桑托斯(C. Benevides Dos Santos)的博士论文《葛兰言的结构主义及若干影响》(2010)。此外，葛兰言著述的出版、再版序言、后记或关于他的讣告、回忆性文章等，都具有珍贵的档案史料价值，在不同程度上补充了葛兰言的学术经历。

在上述研究及学界其他相关研究中，笔者发现其中不乏对葛兰言生平、学术等方面存有各种误会与不了解。例如：随葛兰言学习过的李璜(1933)指出：“案葛兰言以涂尔干一派的社会学见地……至马氏则用历史学的眼光去清理道家之渊源及其给予中国政治建设与民俗生活的自古不断之影响事象。”[①]他忽略了以下事实：葛兰言首先是一位历史学家，以历史的眼光清理了中国社会思想和制度的渊源，论证了中国封建制度与民俗生活的自古传承不断。又如，朱丁认为“葛兰言大量依靠了顾赛芬译文，且未与中文原本印证”(2002)、董国文认为“其本身并不懂汉语，这便造成了他研究中的一些局限”(2005)，而实际上所有诗歌为葛兰言亲自重译；再如，古蒂诺在其博士论文中，认为葛兰言攻读法律学位是因为他常听哲学课或者来自于涂尔干的建议[②]。实际上通过葛兰言的图书馆借书记录，我们有理由认为，他早已在历史老师普菲斯特（Christian Pfister，1857～1933)的指导下阅读了大量的政治制度史著述，因此希望研究封建制度，进而攻读了法律学位。同样由于资料缺乏，学界相关研究很少涉及沙畹在宗教学和文献学方面对葛兰言的直接影响。

笔者广泛搜集了与葛兰言有关的教育、科研和档案机构——包括巴黎高等师范学院、巴黎高等实践学院、法国汉学高等研究院、巴黎东方语言文化学院、法兰西学院、法国国家图书馆、法国国家档案馆、法国埃克斯—马赛档案馆等机构所保存的法文档案资料，这些资料包括葛兰言的上

---

① 参见李璜：《法国汉学论集》，香港珠海书院1975年版。

② Yves Goudineau, *Introduction à la sociologie de Marcel Granet*, thèse de l'Université de Paris X, 1982, p. 20.

课记录、学术活动记录、学术来往情况、图书馆借书记录，等等。可以说，在目前已有的葛兰言研究中，本书收录的葛兰言的早期档案资料最为全面，并在杨堃（1943）41 部（篇）和古蒂诺（1982）54 部（篇）的基础上，将葛兰言的著述补充至 71 部（篇）。[①]

笔者相信，若要全面理解葛兰言学说的意义，必须真实还原其所萌发的学术和思想环境，按照真实的发生过程来理解其学说的意义和价值。正如桑兵所言："通过对罗生门式的历史记录的大量细节进行实证，以此为铺垫，还原相关人物的相互关系和众多事实的相互联系，使得研究者凭借对错综复杂的事实的把握，让历史人物的关系和性格随着细节的丰富而逐渐显现，全方位地重现历史场景，研究者因而由局外人变成参与者，实现与历史人物的共同生活，真正获得对研究对象的了解之同情。……尽可能全面地了解所有当事人全部有关言行，并将各种不同的记录相互印证，从而揭示言行的所以然，才有可能整体把握错综复杂的历史事实，通过人物心路历程之真逐渐接近历史真相。"[②]

本书力求借助这些国内未见的一手资料，从葛兰言的教育背景和学术训练出发，将其置于整个西方近代学术史中来考量，对葛兰言和与之有直接关系的学者及其著述进行比较，试图回答何种阅读经历对他的学术产生了关键影响，他在研究思路、研究对象、学术特点和学术取径上继承了哪些前辈，何种西方学术渊源造就了他的成就等问题。这是本书的研究思路和目标。

此外，葛兰言主要执教于 20 世纪二三十年代，而此时正值我国赴法留学热潮，大批年轻有为的留学生在回国后将所学服务于祖国学术建设和发展。其中不少人在法国汉学家那里打开了国学的新视野，如杨堃、李璜、胡鉴民、李思纯、高明凯等，他们撰写了大量传播西方学术的文章，并且都曾与葛兰言有或多或少的接触。因此，本书在参引中西当代文献之外，选择和整理了这些民国时期的学者对欧洲学术思想和学科的介绍，包括李思纯对法国近代史学与法国历史教学的译介、李璜对法国近代汉学发展的介绍、杨堃对法国社会学发展与法国高校社会学教育的概述和译介、胡鉴民对法国学界之社会与观念关系变化的梳理等，以求在中法学术

---

① 参见本书附录 2。

② 参见桑兵：《从眼光向下回到历史现场》，载《中国社会科学》2005 年第 1 期。

交流史的视阈之下，更为真实地还原近代法国学术历程的概貌。

鉴于葛兰言的一生处于近现代欧洲的学术转型期，本书将其所受教育经历、早年阅读和早期著述作为研究对象，希望达到以下目的：考察他所身处的西方近代学术传统（涂尔干宗教社会学、莫斯人类学、古朗日制度史学、沙畹文献学等）以及对前辈的超越，尝试说明他事实上推动了法国历史学的转型、促进了法国民族学的形成以及开拓了中国文明史学。本书力求让读者理解，葛兰言使用多种学科的理论和方法阐释古代中国，并非刻意为之和生搬硬套，而是建立在其深厚的多学科素养的积累之上。同时，本书通过梳理这些西方新兴学科的兴起与发展过程，希望能够揭示学科之间能够融会贯通的历史原因，以展示出葛兰言既是这些学科学术积累和发展的继承者，又是重要的参与者。

第一章　葛兰言的铿锵一生

葛兰言（Paul-Marcel Granet），出生于 1884 年 2 月 29 日——他因此曾调侃朋友们只能每四年给自己过一次生日[①]，父亲是前法国国营铁路公司（PLM）[②]的部门主任兼工程师，祖父出身资产阶级家庭。Granet 在我国曾被译为“格腊内”“格拉勒”“加乃”等[③]，中文名“葛兰言”为其本人所译。[④] 事实上，他从一开始研究中国典籍时就注意到了“兰”草的重要性，曾在诗歌、神话、仪式等课题的研究中均反复阐释过“兰”的宗教意义。“兰之言”即为关于兰草的诗歌和传说[⑤]。

葛兰言的出生地法国德龙省迪城（Luc-en-Diois，Drôme），是一个今天仅有 400 多人的小城，但它在古罗马占领高卢地区时期却是一个重镇，拥有古老的历史。少年时代的葛兰言生活在美丽的埃克斯－普罗旺斯地区（Aix-en-Provence），高中考取了巴黎历史悠久的名校路易大帝高中（Lycée Louis-le-Grand）[⑥]，此后便开始了他的学术生涯，先后就读于巴黎

---

① 参见：« LA MUTINERIE DU 29 FÉVRIER 1912 A PÉKIN vue par Marcel Granet，Introduction et notes de Marianne Bastid »，*Études chinoises*，vol. VI，n° 1（1987），p. 94.

② 全称为：Cie des chemins de fer de Paris à Lyon et à la Méditerranée 。

③ 参见商务印书馆编辑部编：《近代现代外国哲学社会科学人名资料汇编》，商务印书馆 1965 年版，第 920 页；李璜：《古中国的跳舞与神秘故事》，中华书局 1933 年版，第 2 页；雷海宗：《书评》（四），载《社会学刊》1931 年第 2 卷第 4 期，第 12 页。

④ 参见杨堃：《民族学概论》，中国社会科学出版社 1984 年版，第 99 页，注释 40。事实上，葛兰言从一开始研究中国典籍就注意到了“兰”草的重要性，他在诗歌、神话、仪式等课题的研究中均反复阐释过“兰”的宗教意义。“兰之言”即为关于兰草的诗歌（《溱洧》）和传说（郑穆公）。

⑤ 如《诗经・国风・溱洧》和郑穆公的出生传说。（参见［法］葛兰言：《古代中国的节庆与歌谣》，赵炳祥等译，广西师范大学出版社 2005 年版，第 91、137、168 页等）

⑥ 葛兰言的老师沙畹也毕业于该校。该校始建于 1563 年，毕业生大多进入到巴黎高等师范学院、巴黎综合理工大、巴黎高等商学院等精英学府。

高等师范学院、巴黎大学和法兰西学院，终生致力于中国古代史研究。[①]

早年间，葛兰言曾短时间做过中学历史教师以谋生，在巴斯蒂亚高中、马赛高中和蒙比利尔高中任教。但是，他在学术上的卓越成绩很快得到了高等教育机构的青睐。1913 年底，他被巴黎大学高等实践学院聘为“远东宗教”学术主任，当时年仅 29 岁。[②] 1920 年，葛兰言在巴黎大学发起创办了法国汉学研究所，致力于培养青年汉学家，并教授“中国文明史”课程；1926 年起，兼任巴黎东方语言学校的中国历史地理课程教授；1933 年，担任法国社会学学院院长。葛兰言身兼数职，将自己对中国宗教、社会、语言、历史、制度等多方面的研究通过不同学术和教育机构传播开来。

葛兰言曾在中国连续考察了 17 个月，期间经历了中国的民主革命，目睹了清政府垮台和中华民国成立。他曾参加过第一次世界大战，两次负伤，三次获得“军功十字”和军事奖章。这些艰苦的戎马经历、与中国现实的直接接触、对政局的关切和对中国现实社会制度的思考，在一定程度上影响了他后来对封建制度史的研究，甚至他的政治取向。葛兰言是一名坚定的社会主义分子，早年曾给法国社会党创办的《社会主义手册》[③]撰稿。他是巴黎高等师范学院“社会主义研究阵营”（Groupe d'études socialistes）的成员之一，在法国总统大选中为社会党[④]投票，是法国社会党报纸《民众》（*Le Populaire*）的忠实读者，还是“反法西斯知识分子警觉委员会”（CVIA）的成员。[⑤] 由此我们可以理解，这样一位坚定的社会主义反战知识分子，何以在二战中愤怒离世，享年 56 岁。[⑥]

---

① 参见：Gilles Candar, M. Reberioux, *Jaurès et les Intellectuels*, Paris: Les Éditions de l'Atelier /Éditions Ouvrières, 1994, p. 162；巴黎高师 1904 年的入学档案、法国汉学高等研究院 IHEC 的档案资料。

② 1912 年沙畹辞去教职，该学年 1912～1913 年“远东宗教”讲座无人授课（参见 *Annuaire de l'Ecole pratique des hautes études de Paris, Section des sciences religieuses.*）。

③ 《反酗酒论：一项社会主义举措》（*Contre l'Alcoolisme : un Programme Socialiste*, 1911）。（参见本书附录 2）

④ 当时叫“工人国际法国支部”（Section française de l'Internationale ouvrière，SFIO，1905～1969）。

⑤ 参见：Gilles Candar, M. Reberioux, Jaurès et les intellectuels, p. 162.

⑥ 当时，法国维希政府的专制和投降使这位反法西斯斗士愤怒不已。［参见：François Pouillon (Ed.), *Dictionnaire des orientalistes de langue française*, Paris: IISMM-Karthala, 2008, p. 457.］

第一节　求学之路

1904 年秋，葛兰言考入巴黎高等师范学院（École normale supérieure，简称 ENS，以下称“巴黎高师”）历史学专业。[①] 巴黎高师不是普通公立大学，是精英学校（grande école），致力于培养教师，要求学生具备极高的智力保障和广博的文化素养。巴黎高师的入学条件甚至高于巴黎大学[②]，选拔条件十分严苛，入学考试分为翻译（法语到希腊语、拉丁语到法语）、历史、哲学和写作（法语、拉丁语）。[③] 与葛兰言同年考入巴黎高师的学生中还有后来的历史学家布洛克（Marc Bloch，1886～1944）[④]（同样毕业于巴黎圣路易高中）、社会学家让·雷（Jean Ray，1884～1943）[⑤]、哲学家马松－乌尔色（Paul Masson-Oursel，1882～1956）[⑥]等，之后一年（1905 年）入学的有达维（Georges Davy，1883～1976）[⑦]、于贝尔（Henri Hubert，1872～1927）[⑧]等，这些人后来都进入了涂尔干社会学阵营。[⑨]

在校学习期间，葛兰言已是一个不折不扣的书虫，是巴黎高师图书馆的常客。借书记录显示，1905～1907 两学年他共借阅了 215 部 289 册书刊[⑩]，所借书籍语言多样（包括法语、德语、英语、拉丁语），种类繁多（包括历史专业期刊、高校学报、经典著作、甚至文学作品，如巴尔扎克小说 22 本、福楼拜通信集等），学科领域广泛（横跨历史、法律、地理、植物、宗教、民俗、艺术等）。在借书记录上与葛兰言紧挨的是加拿大诗人、文学家杜

---

① 参见：Dossiers aux Archives nationales，*Dispense des épreuves communes de licence ès lettres*，cote 61/AJ/83.

② 参见：Dossiers aux Archives nationales，*Décret relatif au concours pour l'admission à l'ENS*，cote 61/AJ/166.

③ 参见：Dossiers aux Archives nationales，*Concours de 1904*，cote 61/AJ/170.

④ 法国历史学家，年鉴学派的开创者之一，著有《法国农村史》《封建社会》等。其著作对后世历史学的发展产生了重要的影响。

⑤ 后来也加入了涂尔干社会学阵营，是《社会学年鉴》的“道德与法制社会学”栏目负责人。

⑥ 东方学家，是《法国及域外哲学学刊》的主编，曾师从柏格森、涂尔干、沙畹等人，著有《比较哲学》等。

⑦ 社会学家，著有《宣誓信仰：契约与合同的社会学研究》等。

⑧ 社会学家，与莫斯合著有《巫术的一般理论》《献祭的性质与功能》等。

⑨ 参见：Dossiers aux Archives nationales，*Granet*，*École Normale Supérieure*，cote 61/AJ/233.

⑩ 1905～1906 学年：从 10 月 15 日至 7 月 13 日，共借阅 139 部 196 册书。1906～1907 学年：从 8 月 19 日至 7 月 20 日，共借书 76 部 93 册。（参见本书附录 3）

加思（M. Dugas），他在 1906～1907 学年只借阅了 22 本书。相较之下，可以看出葛兰言的勤奋用功和涉猎广博。

葛兰言从巴黎高师毕业的同时，通过了严格的大中学教师资格考试（Agrégation d'histoire）。[①] 教师资格考试（现改称 CAPES）始创于1766 年，绝大多数就读于巴黎高师的学生都会参加这一考试，以获得中学任教资格。经过这个高水平考试的严格选拔并获得资格证的著名学者，包括我们熟知的柏格森（H. Bergson）、萨特（J. Sartre）、福柯（M. Foucault）等。当时的历史教师资格考试科目包括哲学、历史、拉丁文写作、拉丁文翻译、希腊语翻译及法语写作等，考生需要提前两年参加预备课程，包括一年的理论学习和一年的课程实习。1907 年那一届参加历史教师资格考试的 180 人当中，仅有 35 人获得资格；葛兰言的成绩优秀，总分 71.5，一次性通过了考试。[②]

取得教师资格之后，葛兰言曾在高中任教，但他并未满足于做一名中学历史教师，决定继续追求其学术抱负。他一边教书，一边继续学业，1908 年又获得了巴黎高师的法律学士学位。[③] 实际上，在学习历史学期间，他就经常去听哲学课[④]，尤为关注法制史；在他所有借阅的书籍里，历史和法律方面数量相当[⑤]；他对历史学的主要兴趣实际上在社会制度史领域。可想而知，尽管中西社会制度起源各异，但这一时期葛兰言在法制史方面的积淀，为他后来的中国古代制度研究打下了深厚的基础。

拿到历史和法律两个学位之后，葛兰言再次转向社会学和中国学。他申请到了“梯也尔基金”（Fondation Thiers）的资助，在巴黎大学索邦校区的社会学专业注册，同时在法兰西学院和巴黎高等实践学院学习汉学，从此开始了他的中国史研究生涯。“梯也尔基金”由法国历史学家、政治家梯也尔（Adolphe Thiers，1797～1877）的遗孀发起，1893 年开始施行。该基金所资助的优秀申请者，集中住在巴黎十六区的专门宿舍中，吃、住、

---

① 由于 1894 年起参加教师资格考试者必须具有 DES 文凭（硕士文凭），说明 1907 年葛兰言已取得历史硕士学位。

② 参见：Dossiers aux Archives nationales，cote 61/AJ/17—61/AJ/18.

③ 参见：法国汉学研究所（IHEC）的档案“Marcel Granet”。

④ 参见：Yves Goudineau，*Introduction à la sociologie de Marcel Granet*，p. 20.

⑤ 法律方面他借阅过《法国和域外法制史新刊》《立法与法学评论》《国际法和比较法学刊》、德国法学家萨维尼的《罗马法制史》、政治家帕尔德修的《萨利克法典》，法国法学家格拉松的《法国法制史》等。（参见本书附录 2）

取暖、水电、洗衣等全部免费，另外，每年还出资补助对其研究课题有益的会议及差旅。该资助为期三年，接受 26 岁以下，拥有博士学位或者博士在读之申请者，已考取教师资格者优先。[①] 葛兰言完全符合申请资格——时年 24 岁，已注册于巴黎大学索邦校区社会学专业，开始着手中国封建家族制度的博士论文写作，前一年刚刚通过了历史教师资格考试。梯也尔基金帮助了很多年轻学者最初艰难的学术道路，布洛克（“年鉴学派”创始人）、路易·谢和耐（Louis Gernet，1882～1962）（汉学家谢和耐之父）都曾是葛兰言在这里的同窗好友。后来，葛兰言的博士论文也在这项赞助下出版，收入“梯也尔基金系列图书”，该丛书集结了该基金所资助过的一些优秀学生的论著。[②] 由于梯也尔基金的丰厚资助，1908～1911 年是葛兰言全心投入学术的一段时期。

葛兰言转向社会学并不意外，实际上，他对涂尔干的仰慕在巴黎高师时期已经萌发——将葛兰言与涂尔干联系在一起的，恰恰是历史教师资格考试的预备课程。凡是准备参加哲学、历史学或文学教师资格考试的学生，都需要提前两年参加预备课程。课程包括第一年的理论课，主要由涂尔干讲授“知识教育”，还邀请一些专家来做讲座；第二年是实践课程，包括涂尔干讲授中学教育特点、关于各国教学模式和青少年心理学的专家课程以及在巴黎中学的教学实习。[③]

资料显示，1905～1906 学年葛兰言参加了预备课程第一年的理论课，涂尔干是这一课程的主讲人。[④] 另外，涂尔干在巴黎大学授课期间（1902～1906）[⑤]，巴黎大学（索邦文学院）与巴黎高等师范学院合并（1903.11）[⑥]，也就是说葛兰言在巴黎高师期间与索邦文学院的学生一起

---

① 参见：Dossiers aux Archives nationales, *Fondation Thiers*, cote 61/AJ/83.

② 参见：Pascal Ory, « Le premier siècle de la Fondation Thiers », dans *Fondation Thiers : Annuaire 1893 — 1993*, Paris: Association des anciens pensionnaires et amis de la Fondation Thiers, 1993, pp. 9—25.

③ 参见：Dossiers aux Archives nationales, *Avis de la faculté des lettres de l'Université de Paris*, cote AJ/16/2902; *Stage pédagogique Réglementation Année 1905 — 1906*, cote 61/AJ/176.

④ 参见：Dossiers aux Archives nationales, *Liste des candidats qui se sont fait inscrire l'an dernier aux conférences du Musée Pédagogique*, cote AJ/16/2902.

⑤ 1902 年起，涂尔干被派到巴黎大学文学院（索邦校区）主讲“教育学”，1906 年起担任“社会学”主讲。参见雨堂：《汉学家法国葛兰言先生》，载《新东方杂志》第 1 卷第 9 期，1940 年。

⑥ 参见：Dossiers aux Archives nationales, *Décret relatif au concours pour l'admission à l'ENS*, cote 61/AJ/166.

上课，因此得以与涂尔干结缘。除教育学课程之外，涂尔干还在索邦文学院开设有关家庭（1905～1906）和宗教起源（1906～1907）的两门公共课，当时在巴黎高师读书的葛兰言也很有可能去旁听。[①] 我们有理由相信，葛兰言在两篇博士论文[②]中所体现的学术旨趣——家庭与宗教起源，可能自此时就已萌发。

葛兰言并非一开始就决定投身中国研究。鉴于涂尔干对远东情况了解甚少，他的阵营里缺少研究远东，特别是东亚地区的同僚，于是建议新晋弟子研究东亚；而在东亚范围内，葛兰言最初属意日本封建制度，无奈当时法国缺少日本学研究者，亦师亦友的巴黎高师图书馆馆长埃尔（Lucien Herr，1864～1926）给他出谋划策。埃尔建议葛兰言研究中国，把他推荐给沙畹。[③] 尽管埃尔年纪长葛兰言整整 20 岁，却被葛兰言视为知己——将《中国媵婚的古代形式研究》"致埃尔"。埃尔是法国学者、社会主义先锋，也是巴黎高师出身，哲学教师资格获得者，1886 年起终生担任巴黎高师的图书馆馆长。24 岁的葛兰言，年纪轻轻就能得到学校图书馆馆长埃尔的推荐，定与他大量借阅书籍分不开。由此，葛兰言在巴黎高师不仅与涂尔干相遇，结识了一帮志同道合的涂尔干社会学阵营成员，还认识了他的恩人埃尔。

沙畹是当时西方汉学的执牛耳者，他建议葛兰言研究先秦的中国封建制度[④]，一手将他领入了汉学。1908 年起，葛兰言同时在法兰西学院、巴黎高等实践学院跟随沙畹学习古汉语及远东宗教。[⑤] 三年之后，梯也尔基金资助结束，葛兰言决定赴中国实地考察。1911 年 10 月至 1913 年 3 月，这是葛兰言在中国唯一一次长时间的逗留。在此期间，他曾记录了非常时期的北京政治环境，字里行间透出对政局的关切和对中国现实社会制度的思考。在这 17 个月中，他与中国现实的直接接触，在不同程度上影响了其日后的著述。由于当时的政治环境恶劣且不懂现代汉语，葛兰言多数时间自己闭门研究。但是他结识了时任法国驻华外交顾问铎尔

---

① 参见：Yves Goudineau, Introduction à la sociologie de Marcel Granet, p. 19.

② 分别为《古代中国的节庆与歌谣》(1919)和《中国媵婚的古代形式研究》(1920)。

③ 参见：Yves Goudineau, *Introduction à la sociologie de Marcel Granet*, p. 34.

④ David L. Sills (Ed.), *International Encyclopedia Social Sciences*, Vol. 6, The Macmillan Company& The Free Press, 1968, pp. 241—243.

⑤ 参见：Dossiers auxArchives Nationales, *Missions de l'Instruction publique*, cote F/17/17272.

孟(André d'Hormon，1881～1965)，二人成为挚友，形影不离。[①] 1918 年 9 月，葛兰言奉法国外交部之命再次到中国停留了几周时间，铎尔孟给葛兰言提供了宝贵建议，让他注意到了现代中国剧中的赛歌结构，为其博士论文的收尾增添了一笔亮色。[②]

1912 年，葛兰言在中国考察期间完成了第一篇汉学论文《中国古代婚俗考》寄给沙畹，大获其赞许，而后得以发表在汉学权威杂志《通报》(*T'oung Bao*)上。这篇论文深得沙畹赏识，1913 年葛兰言回国后接替了沙畹在巴黎高等实践学院"远东宗教"课程的教席。

然而仅一年之后，第一次世界大战爆发，葛兰言作为预备役的一员走上了战场。法国汉学研究院(IHEC)保留了十分详细的葛兰言参军情况。资料显示，葛兰言 1904 年进入大学那年被编入预备役，眼睛近视。1914 年底，葛兰言先后被派驻德法边境的洛林省图勒镇(Toul)步兵部队第 3、42、167 团。次年，作为第 167 步兵团一名士官，冲上前线，曾两次负伤：一次是在法国诺曼底地区艾里镇，左臀中炮弹片；另一次是在阿尔卑斯山地区左额角中弹。1916～1918 年间三次被授以"军功十字"(Croix de guerre)，并获军事奖章。停战后，军队遣散，葛兰言被派往北京，但仅停留了几周时间，又被任命为一个捷克兵团的教官，衔职为陆军少尉，随法国军事参谋部驻派西伯利亚伊尔库茨克(Irkautsk)，理由是作为中国专家，理应精通东方事务。[③] 1919 年 6 月 24 日，葛兰言终于返回巴黎，翌日退伍，结束了近五年的军戎生活。令人钦佩的是，在这样艰苦卓绝的战争环境中，葛兰言同时完成了两篇博士论文。

第二节　学术历程

葛兰言着手关于中国古代宗教与制度的课题时，不断发现中国不同于欧洲或其他地区的新问题，既在共时的维度上发现了封建制度下平民与贵族阶层的二元性，又在历时的维度上大胆猜测了封建贵族的婚制来

---

① 参见本书第五章。

② 参见[法]葛兰言:《古代中国的节庆与歌谣》，附录一。

③ 参见：Édouard Mestre, *Marcel Granet (1884－1940)*, « École pratique des hautes études, Section des sciences religieuses. Annuaire 1940－1941 et 1941－1942, 1939 », pp. 39－43; Yves Goudineau, « Une vérification expérimentale dans la Chine de 1912 », *Gradhiva 14*, 1993.

自于上古平民婚俗的演变。因此，宗教和制度成为葛兰言的两个主要课题，亦构成了他的两篇博士论文——探讨平民婚俗的《中国古代的节庆与歌谣》与考察贵族婚制的《中国媵婚的古代形式研究》。

两篇论文利用古典文献分析了我国古代婚姻俗制的特点及其与祭祀活动的关系：一夫一妻形式发生在上古的乡村农民中间，与单一的农业生产方式相关；而一夫多妻制则出现在较晚的城市贵族中，服从于政治结盟和宗庙祭祀。在上古村落中，男女双方可以进行相对直接的沟通，而在封建婚姻中，男女的交流较少，需要依赖媒介。上古时婚姻匹配合乎天时地利，男女分工合作，平等自由，而随着生产力的发展，族内男性间出现不平等，长男获得相对于其他男性的权威，一次迎娶多位女性的媵婚随之出现。葛兰言的两篇长论相得益彰，互相补益，以"封建贵族婚制"和"封建官方祭礼"为研究起点，经由"上古农民婚俗"和"上古农民节庆"，至"家庭制度"和"宗教思维"为终点，由此果到此因，彼果到彼因，向人们展示了先民遗风演进到贵族礼制的历史过程。葛兰言凭借《古代中国的节庆与歌谣》夺得 1919 年的法国汉学"儒莲奖"。①

可见，区分原始村落与封建城市这两种社会形态，以及二者从习俗到礼制的演变历程这一汉学格局，在葛兰言博士阶段就已经形成了，最终体现在他的集大成之作《中国人的文明》(1929)中。然而，葛兰言的研究旨趣和最终目标却是宗教社会史的发展状况。在追溯一个社会建立的理论基础时，西方学者都不免诉诸对这个社会的宗教信仰根源的探索。曾苦读中古法国政治制度的葛兰言，在接触中国历史后开始思考：法兰克人在适当的时机利用天主教成功地把高卢统一于墨洛温王朝的统治下，中国最初的王朝统治是建立在何种宗教信仰之上呢？于是，在准备博士论文的同时，葛兰言同时进行了家庭宗教仪式、原始思想与思维演变等相关研究，写出讨论生死信仰的《生与死：中国古代的信仰与教义》、讨论古代出生仪式演变的《置婴于地：古礼与神断》、讨论古今丧葬仪式与亲属关系的《传统中国葬礼中所见之悲哀语》、研究汉语起源与原始思维特点的《中国人语言和思维的若干特点》等一系列文章②，旨在考察古代中国家庭、婚

---

① 参见：*Comptes rendus des séances de l'Académie des Inscriptions et Belles-Lettres*, 64e année, n°2, 1920.

② 参见本书附录 2。

葬、语言、信仰等各个事项的起源与演变，以追溯和探索中国封建社会的宗教理论基础。葛兰言的中国宗教史研究得到法国汉学的极高赞誉，1923 年他凭借《中国人的宗教》再斩"儒莲奖"。[①]

1926 年，通过整理之前的研究，葛兰言愈发关注社会与观念之间的关系，写出了《古代中国的节庆与歌谣》的姊妹篇《古代中国的舞蹈与传说》，揭示了中国先秦社会的生产力发展和宗教思想的演进情况，成为葛兰言的又一代表作。《古代中国的舞蹈与传说》是葛兰言中国神话研究的集大成之作，其研究对象从诗歌（《诗经》）和法律文献（《礼记》等）转向史书中碎片式的古代传说和神话，从中考察夏、商、周三代的城市形成、阶级分化和君主权威。这是一项史无前例的探索，综观中国现当代神话学，大都是将神话列在在文学、史学等研究范畴内。而葛兰言已经使用了当时先进的人类学、社会学分析法，给予了中国神话学研究一个全新的视角——于神话中揭示中国封建社会发展史。

葛兰言"不是要重构一系列上古神话传说"[②]，不是要重构史事，"而是发现新的事实，重造新的发现"[③]。他通过尧、舜禅让王位的故事，推论新旧政权交替时，时空秩序与道德准则如何重新得到确立；通过大禹杀防风、黄帝杀蚩尤、夸父及后羿的传说，分析其仪式舞蹈的实质以及君王权威如何得以建立；通过大禹治水的相关传说，分析鸱、鼓等物与冶金者之间的关系，以推论当时掌握铸铁技术的族群逐渐掌握政权的可能性等等。他从神话传说中还原中国古代宗教舞蹈、宗教仪式的本质，通过环环相扣的论证得出：封建首领身负数任，既为圣地的统领者和在圣地举行舞蹈仪式的主持者，也是城市的创造者，在这个空间里规定了太阳的行程和四季的安排——历法，同时还是这个朝代驱除鬼怪武器的铸造人，也就是掌握冶金技术的人。因此他认为，建立首领制度和城市社会的时代，也是实现封建制度和军事社会的时代；城市和乡村的分化，正是由新技术的发明以及生产力的进步所带来的。从葛兰言的论证中我们可以看出，宗教文化发展的动力正是来自于古代中国开始的青铜、黄铜的铸造和交换，因此全书采取了"倒论"的顺序，从春秋战国时期开始，继而周、商、夏，层层递进

---

① 参见：*Annuaire-Bulletin de la Société de l'histoire de France*, vol. 60, n°1, 1923, p. 98.

② 参见：Marcel Granet, *Danses et légendes de la Chine ancienne*, Paris: PUF, 1994, Introduction.

③ 杨堃：《葛兰言研究导论》(中)，载《社会科学季刊》1942 年第 1 卷第 4 期。

地探讨推动社会前进的根本原因。葛兰言依仗其扎实的文献功底，从先秦文献中提取神话传说，第一个将当时先进的社会学理论应用于中国神话传说的分析当中，这一创举使得他无论在社会学家还是汉学家中都是独一无二的，该项研究对我国现代神话学的启示更是自不待言。《古代中国的舞蹈与传说》显示出葛兰言学识之广博与多学科方法使用之自如，又一次夺得了当年的"儒莲奖"[①]，成为唯一一位三次获得"儒莲奖"的专业汉学家。[②]

此外，葛兰言往往被学界忽略的是他对家族组织形式研究的贡献。事实上，葛兰言对亲属关系的研究从1911年来华考察开始，贯穿了他汉学研究的始终。他认为，家族宗教和制度首先体现在亲属关系上，包括昭穆制度、人质婚姻等。他将这种结构主义的史学观念运用于中国古代文献的阐释，并在去世前一年发表了长论《中国古代的婚姻类别及亲属关系》(1939)。这项研究深刻地影响了列维·施特劳斯结构主义人类学的创立：列维·施特劳斯在博士论文中用了整整一章来阐释葛兰言的亲属关系理论，并用三分之一的篇幅进行讨论。[③]

葛兰言出版的最后一部著作是至今仍被西方汉学推崇的《中国人的思维》(*La Pensée Chinoise*)，这是西方第一部中国思想史著作。葛兰言在该书中分析了中国思想体系中的各项基本范畴（包括空间、时间、数字）以及与之相关的天文学、哲学、数学等，极大地超越了汉学的传统研究领域，同时赋予了结构主义的某些基础概念。由此可见，社会与观念的关系研究是19世纪中期至20世纪初整个西方人类学、社会学、宗教学界的旨趣，也是葛兰言的用力之处。

通观葛兰言毕生著述，其研究格局如下：

(1)制度史层面（家庭与社会制度）：《中国古代婚俗考》→《中国媵婚的古代形式研究》→《中国古代的婚姻类别及亲属关系》→《中国封建制度》→《中国人的文明》。

(2)思想史层面（人生仪式与观念）：《古代中国的节庆与歌谣》→《生与死：中国古代的信仰与教义》《置婴于地：古礼与神断》《传统中国葬礼中

---

① 参见：*Comptes rendus des séances de l'Académie des Inscriptions et Belles-Lettres*, 70e année, n°2, 1926, p. 98.

② 还有一位三获"儒莲奖"的是法国耶稣会士顾赛芬（Seraphin Couvreur，1835～1919）。

③ 参见：Claude Lévi-Strauss, *Les Structures élémentaires de la parenté*, 1947.

所见之悲哀语》→《中国人的宗教》→《中国人的思维》。

一言以蔽之,葛兰言的研究着力点即为在中国古代,何种社会制度对应着何种宗教思想体系。他的前期论文为后来的著作奠定了理论基础。

第三节 培育后人

葛兰言对法国汉学的贡献不仅在于其著述本身,更重要的是他毕生致力于汉学教育,注重培养汉学后人。尽管葛兰言没能进入保守的法兰西学院[①],但是他广泛授课与讲学,同时在巴黎大学高等实践学院、法国汉学研究所、巴黎东方语言学校三处任教,直接影响了整整一代法国东方学家以及现当代法国汉学。

1920 年,36 岁的葛兰言退伍后回到学术界,以两篇出色的论文获得巴黎大学索邦文学院博士学位。同年,他在巴黎大学发起和创办了法国汉学研究所(现称"法国汉学高等研究院",IHEC),担任"中国文明史"(后改称"中国文明")课程的教授,1926 年起担任所长。

该研究所旨在培养汉学的博士研究生,致力于巩固与中国本土培养的学者和文人之间的合作,同时也是帮助欧洲人认识中国文化的教育和科研中心。他们力求通过与中国大学和科研机构的紧密合作,为学生带来中国的研究和成果,达到思想与人员的广阔交流,以充分实现其培养多领域汉学研究者的目的。该所的学生来自世界各地(中、法、德、俄、英、日等),且毕业于巴黎高等实践学院、巴黎高师、巴黎东方语言学校等高校的不同专业。研究所每年还对学生的毕业论文设置"荣誉奖"及"非常荣誉奖",毕业生获得巴黎大学文学院的"中国文化专业"博士文凭。[②]

结合自己在巴黎的汉学学习经历,葛兰言深切感受到在语言课程与研究课程之间缺乏一个过渡的教学设置。在法国汉学研究所创办之前,尽管巴黎东方语言学校、法兰西学院及巴黎高等实践学院均开设汉语、汉学课程与讲座,但是这些课程并非针对汉学——或是为培养翻译与外交人才准备的汉语课程,如东方语言学校(由微席叶[③]主讲);或是非常专业

---

① 详见本书结语。

② 参见:« Institut des Hautes Etudes chinoises-*Rapports annuels* » par Marcel Granet, 1932, *Annales de l'Université de Paris*, pp. 514—517.

③ Arnold Vissières (1858～1930),远东法兰西学院创始人之一。

的典籍和历史研究，如法兰西学院（由沙畹主讲）；或是针对宗教学，如巴黎高等实践学院（由葛兰言主讲）。葛兰言则认为，汉学教育应当涉猎广泛，除语言学、历史学和宗教学之外，学生们还应当广泛接受中国古代和近现代关于法律、经济、外交、艺术、科技、医学等多学科不同领域的教育。[①] 因此，汉学领域出现了一个全新的教育体系——法国汉学研究所。

该所注重多学科的交互渗透，避免了传统体系中对学科分类的不当，并且集合了一支近乎完备的师资队伍，而当时在西方没有同样教学规模的科研机构。[②] 该所拥有专属的建筑，包括一个能容纳上百个听众的会议厅、一个教室、一个学生工作室、一个图书馆以及秘书和图书管理员的办公室等，图书馆收藏了大量有关中国的重要期刊和著作，包括 18 世纪传教士的著述，仅中国就向该所捐献了超过 4000 册图书。研究所还为学生提供奖学金，为中国学生开设了博士预科课程，培养了凌纯声（1902～1981）等一批中国学者。[③]

葛兰言是一位有使命感的汉学家，对汉学研究所的创办可谓鞠躬尽瘁。他在繁重的科研和教学任务之余，仍然不懈地致力于发展汉学学科和培养汉学家，肩挑研究所的行政职责和校务琐事。学生评价其课程“艰难又令人振奋”，学到了如何深入课题，如何发掘新问题，并且找到适合的研究方法去解决，甚至非本专业学生也雷打不动地去听课。[④] 1926 年起，葛兰言兼任巴黎东方语言学校（INALCO）教授，教授远东地理、历史、法制课程。[⑤] 除授课之外，葛兰言还不断进行讲学，仅 1936 年 9 月在奥斯陆比较文化学院（Institut de Civilisations comparées d'Oslo）就进行了十场关于中国封建制度的系列讲座，其他大多数讲座是关于中国民间文化课题。例如：在吉美博物馆的讲座“中国神话学研究”（1921）、“中国祖先和

① 该所教学课程包括：“中国文化”“中国文学、语言考据学和艺术”“中国美学”“中国现当代经济史”“中国当代政治史和外交史”“中国律法”“中国科学”，此外，还与巴斯德学院合作开始医学卫生方面的课程。

② 参见：*Annales de l'Université de Paris*, 1928, « Les études orientales à Paris II: La Civilisation chinoise » par Marcel Granet, pp. 543—550.

③ 参见：« Institut des Hautes Etudes chinoises -*Rapports annuels* » par Marcel Granet, 1932, *Annales de l'Université de Paris*, pp. 514—517.

④ 参见：Édouard Mestre, « Marcel Granet (1884 — 1940)», *École pratique des hautes études, Section des sciences religieuses. Annuaire 1940—1941 et 1941—1942, 1939*, p. 42.

⑤ 1925 年 12 月 31 日任命，参见 *Annales de l'Université de Paris*, publiées par la Société des amis de l'Université, 1927, p. 296.

灶神崇拜”(1923)、“古代中国的螺旋舞与雷公节”(1929),在国际综合研究所的讲座“中国人思想中的天与天子”(1936),在剑桥大学的讲座“中国习俗中的礼物之争”(1937)等。[①]

葛兰言不是一个沉湎于古代史研究的学究。他关心高等教育,致力于汉学和社会学(担任法国社会学学院主席)继承人的培养以及学科的开拓工作。潜心问道的同时,葛兰言也关注现代的中国社会——他作过关怀宗教与社会主题的演讲《伊斯兰教与现代政治》、发表过探讨中西文化同质与异质的文章《中国人与我们》、探讨中国文化圈内部分歧的文章《论中日冲突——中国人及其四邻》,还评论过若干部对有关中国外交、民主革命等内容的书籍。[②] 如果我们承认人类社会的一致性和连续性的话,葛兰言的社会史研究同样具有这样的意义:只有真正地理解过去,才能清醒地认识当下——不论古今是相异还是延续。他反对那种将罗马起源论应用于中国社会文化起源的论断[③],认为中国文化无需受到异文化和种族之间的冲突才得以产生。他不断在各种研究里探讨平民与贵族两者之间如何过渡,以说明中国文化独立的发展过程,这是与19世纪末流行的“中国文明西来说”全然不同的汉学观点。葛兰言不是单纯地追本溯源,而是站在当下回望。

1936年,葛兰言荣获法国政府颁发的最高荣誉“荣誉骑士勋章”[④],1940年11月,被选举为巴黎高等实践学院宗教学系的主席。然而不日便传来噩耗:葛兰言身染重疾,于1940年11月25日在离巴黎不远的索镇(Sceaux)去世,享年56岁。[⑤] 葛兰言与其夫人玛丽·葛兰言(Marie Granet)合葬于巴黎拉雪兹神父公墓(骨灰存放处第22339号),墓碑上刻有“葛兰言(1884～1940)中国史学家——玛丽(1892～1990)”;公墓信息为:

> 葛兰言,法国汉学家、中国史专家,曾任教于巴黎高等实践学院及巴黎东方语言学校,是涂尔干的学生,莫斯的同事和朋友,是将社会学方法引入中国研究的先驱之一。[⑥]

---

① 参见杨堃:《葛兰言研究导论》(下),载《社会科学季刊》第2卷第1期。

② 参见本书附录2。

③ 参见:Marcel Granet, *Danses et légendes de la Chine ancienne*, Introduction.

④ 法国汉学研究所(IHEC)的档案“Marcel Granet”。

⑤ 参见:Édouard Mestre, « Marcel Granet (1884－1940) », *École pratique des hautes études, Section des sciences religieuses. Annuaire 1940－1941 et 1941－1942, 1939*, p. 43.

⑥ 参见巴黎拉雪兹神父公墓信息:http://www.landrucimetieres.fr/spip/spip.php? article2415

葛兰言与夫人之墓

22539
Marcel GRANET
Historien de la Chine
1884 - 1940
Marie GRANET
1892 - 1990
22340

第二章 葛兰言与法国历史学

葛兰言长于历史，史学素养深厚。他从中学时代就偏爱历史，初中时就读于普罗旺斯地区的米奈初中（Lycée Mignet），这所学校以法国著名历史学家米奈（Mignet）命名。他高中阶段就读于巴黎名校路易大帝高中（Lycée Louis-le-Grand）——法国实证主义史学先驱莫诺、"历史年鉴学派"的奠基人布洛克等很多法国史学大家都毕业于此。高中三年，葛兰言连续在全国人文学科比赛历史组获奖①，最后一年（1903）获得全国人文学科比赛历史荣誉奖（Prix d'honneur d'histoire），校长对其毕业评语是："非常认真的学生，具有非凡的历史能力，同时也能够胜任其他专业。"②高中毕业后，葛兰言考入巴黎高等师范学院历史学专业，通过了历史教师资格考试，做过两年高中历史老师，毕生致力于中国史的研究。

由于笔者在巴黎高师档案馆和法国国家档案馆均未找到葛兰言本科在校攻读历史专业期间的课程资料，仅能通过巴黎高师历史系教授的资料、图书馆的借书记录等以推测当时他在历史学上受到的高等教育和个人偏好。总体来说，葛兰言主要受到了两种历史学观念和方法的影响：一是莫诺（Gabriel Monod，1844～1912）的实证主义史学，二是菲斯特尔—德—古朗日（N. D. Fustel de Coulangés，1830～1889，以下简称古朗日）的制度史学，又因为此二人观点后来走向分歧，很可能导致葛兰言走向了愿意吸收其他社会科学的综合史学（synthèse historique）。

---

① 参见：法国汉学研究所（IHEC）档案"Marcel Granet"。

② Dossiers aux Archives Nationales，*Granet*，*École Normale Supérieure*，cote 61/AJ/233；*Concours général 1900*，*1901*，*1903*，cote AJ/16/869—875.

第一节　起点:实证主义史学

无论是18世纪理性主义史学还是19世纪浪漫主义史学,均从主观角度研究民族国家的历史发展,提出的很多理论并非依照文献或史料;历史哲学家构筑的宏大历史叙事亦依靠抽象思辨,常常用假想的联系来代替真实的联系。针对这些流派的空疏论证,德国历史学家朗克(Leopold von Ranke,1795~1886)开创了客观主义史学,培养了大批弟子,形成了西方近代史坛的主流学派——朗克学派。事实上,19世纪下半期西方学界弥漫着"科学主义"思潮,所有学术都必须符合科学的要求才能为人所接受,因此历史学的专业化和科学化呼之欲出。朗克提倡为历史而写史,主张历史和历史学家应当脱离政治,史学家应当避免自己受到时代的影响,不把现代观念、个人好恶和政治观念带到历史书写中去。朗克在柏林大学办研究生班,培养了大批以"科学态度和科学方法研究历史"的学者,他们把朗克的史学方法传回祖国,其中包括莫诺。

莫诺师承朗克的客观主义史学,以巴黎高师为阵地,创建了法国实证主义史学。莫诺不仅培养了众多优秀的历史学者,还在机缘巧合之下,为法国汉学做出了贡献:葛兰言的大学时代(1904~1907),正是莫诺在巴黎大学(1903~1905)以及在法兰西学院(1906~1911)任教的时期①。葛兰言身处的巴黎高师与巴黎大学被莫诺学派的史学气氛所包围,并且他的汉学老师沙畹早年在巴黎高师毕业之后(1888),也是经由莫诺介绍前来征询巴黎东方语言学院汉学教授考狄(Henri Cordier,1849~1925)的意见,考狄建议沙畹研究中国历史。② 就这样,沙畹成为法国专业汉学第一个专门研究中国古史的教授,葛兰言也在中国古史领域砥志研思。

一、法国历史学改革

法国史学前辈泰纳(Hippolyte Taine,1828~1892)曾在通信中劝告莫诺去德国学习。他指出:"我们这个时代卓越的历史研究源泉和中心在

---

① 但1904~1905年巴黎大学的课程由研究中古制度史的普菲斯特(Christian Pfister)主讲。(参见 Bémont Charles, « Gabriel Monod », *École pratique des hautes études*, *Section des sciences historiques et philologiques*. *Annuaire 1912—1913*, pp. 21—23)

② 参见[法]沙畹:《沙畹汉学论著选译》,邢克超等译,中华书局2014年版,第374页。

德国。”他认为，德国当时在史学上的优异成绩归功于两点：第一，他们都是语言学家，研究的是第一手资料。当时西方其他大学教育的缺点是传授二手知识，学的都是些教程、指南、摘要等，而“一位历史学家必须直接面对未经任何修正或复原的原始文献或遗物，不要任何媒介居间”。第二，他们都是哲学家，“养成了把成批事物放在一起看并从复杂情况中总结出一般规律的习惯，这样就形成了对整个文明的总体和发展的观点”。泰纳告诉莫诺：“这就是最好的史学素养。”[①]

1865 年，莫诺从巴黎高师毕业，考取中学历史教师资格后赴德国学习史学，跟随朗克的嫡传弟子威茨（Georg Waitz，1813～1886）研究中古史。三年后，莫诺回国，在巴黎高等实践研究院（École pratique des hautes études，简称 EPHE）第四系“文献与历史学”任教，将朗克学派的史学精神和方法带回法国，在法国发展起实证主义史学，并以巴黎高师为大本营普遍影响于法国高等教育体制。1880 年，莫诺开始在巴黎高师任教；1904 年，担任巴黎大学“中世纪制度与文明史”教席；1905 年，学术退休；翌年，法兰西学院再请出莫诺教授“历史学方法与普通历史学”课程。涂尔干早年在巴黎高师求学时（1880～1882），莫诺也曾是他的历史老师。涂尔干在法国教育史方面的研究深受莫诺的史学方法影响，直到葛兰言的大学时代莫诺仍然在巴黎大学执教。[②]

还有两个重要人物看似与葛兰言没有直接联系，却与莫诺一样把握着当时法国历史学发展和教育的命脉，而葛兰言正是受益人之一。一位是实证主义史学的另一奠基人拉维斯（Ernest Lavisse，1842～1922），另一位法国公共教育部长杜律伊（Victor Duruy，1811～1894）。

拉维斯与莫诺同届，1865 年毕业于巴黎高师历史系，1875 年从德国学成回法，成为法国为数极少的德国史专家之一。他于 1880 年接替了古朗日的教席开始在巴黎大学执教，1892 年成为法兰西学院院士，1894 年成为《巴黎学刊》(*Revue de Paris*)主编。拉维斯是 1886 年高等教育文凭

---

① 本段参见[美]J. W. 汤普森：《历史著作史》下卷第三分册，孙秉莹等译，商务印书馆 1996 年版，第 318 页。从葛兰言的借阅记录里可以看出，20 世纪初法国仍然十分重视德国史学。他借阅了若干莫姆森（Theodor Mommsen）的著作《罗马史》、《论文明民族的古代刑法》、《罗马刑法》以及他主编的《日耳曼历史文献汇编》，还有布鲁纳（H. Brunner）的《德国法律史》、蒙森（August Mommsen）《雅典城市的节日》等著作。

② 参见：Bémont Charles，« Gabriel Monod »，pp. 21—23.

(Diplôme d'études supérieures，简称 DES)的发起者[①]和 1894 年历史教师资格考试改革的推动者[②]。经过他的改革，历史教师资格考试的报名条件更为严苛，必须在本科文凭之外具有相当于硕士的高等教育文凭，并且考前学习两年的预备课程，包括理论课程和实习。因此，中学历史教师资格的获得，是葛兰言历史素养的力证，也是他学术之路的开始。葛兰言进入巴黎高师历史系那一年，拉维斯出任巴黎高师校长，这位校长致力于将巴黎大学的历史教育体制改革深入到全国的中小学校。[③]

杜律伊 1861 年开始在巴黎高师任教，后来官至法国公共教育部长(1863～1869)，他大力引进德国的史学方法，在巴黎大学内创办了高等实践学院。高等实践学院虽属于巴黎大学，却致力于打破以巴黎大学和法兰西学院为堡垒的陈旧教学理念，以教授主持下的研讨形式来组织课堂，教学生如何研究、掌握研究工具，如同在实验室里，故名曰"实践学院"，以期培养崭新的学者。[④] 1868 年，该学院最初创建时几乎只有一个专业，那就是"文献与历史学"，但它却在 19 世纪末改变了法国的史学研究。值得一提的是，莫诺和拉维斯这两位都是杜律伊的学生，拉维斯还担任过他的私人秘书。

事实上，19 世纪晚期，很多人将普法战争的失败亦归咎于法国教育体制的失败。于是，在杜律伊的倡导下，法国从历史学开始改革，巴黎文科历史教师大量被派赴德国进修。法国高等教育增加了硕士阶段，并且从 1903 年开始，高校毕业论文强制推行博学式的学术论文（之前要求用拉丁文写 26 页的小论文），以德国论著的文献脚注方式作为写作标准，要求学生在论文注释中不仅提供参考文献出处，还要进行讨论。[⑤] 自此以后，法国的历史研究也更为实证化。到了 1906 年，即葛兰言从巴黎高师历史本科毕业那一年，历史学专业化道路在法国形成了。

---

① 自拿破仑创建法国公共教育的基础框架之后，根据 1808 年帝国法令，法国大学分为两个阶段：本科结业学生获得本科学位（Licence），博士结业学生获得博士学位（Doctorat）。直至 1886 年，在拉维斯的倡议下法国高等教育增加了一个硕士学位"高等教育文凭"。（参见 Olivier Dumoulin, « Les noces de l'histoire et de la géographie », *Espaces Temps*, vol. 66, 1998, p. 7）

② 参见[美]J. W. 汤普森：《历史著作史》下卷第三分册，第 439 页。

③ 详见本章第四节。

④ 参见：C. Delacroix, F. Dosse et P. Garcia, *Les Courants historiques en France*: *XIXe—XXe siècle*, Paris: Armand Collin, 1999, pp. 102—103; Bémont Charles, « Gabriel Monod », p. 10, p. 12.

⑤ 参见：*Les Courants historiques en France*: *XIXe—XXe siècle*, pp. 104—132.

二、"方法论"学派形成

1876年，莫诺、拉维斯等人创办了《历史学刊》(*Revue Historique*)，得到了古朗日、杜律伊、泰纳等人的撰文支持，"合作者"名单达53人。[①]《历史学刊》聚集了第三共和国的新生代历史学家，他们以此刊为阵地形成了"方法论"学派。[②] 在创刊号上，莫诺发表了《16世纪以来法国历史学之进步》(1876)，成为"方法论"学派的奠基论述，该文宣称《历史学刊》仅刊登能够推动历史学发展的原创性研究论文，且论文必须言之有据，包括参考资料和引语，严格排除炫耀词句和空洞的概括，指出历史著作应当有创见，且包含第一手资料，每一个论断都必须附有证据和参考资料，同时主张历史学家不卷入政治和宗教事务。[③]《历史学刊》所提倡的正是朗克学派的史学精神和历史研究范式，在莫诺担任主编期间(1876～1912)，法国的历史期刊和历史研究协会如雨后春笋般涌现，法国史学经历了从文学式的历史写作向近代专业化史学研究的转变。"方法论"学派的另一部奠基著述是朗格洛瓦(C. V. Langlois, 1863～1929)与赛诺伯斯(Ch. Seignobos, 1854～1942)合著的《历史研究导论》(1897)[④]，该书是"科学史学"的方法论经典：注重史学方法，几乎完全抛弃"玄理问题"(即历史哲学方法)，将史学方法论进一步"技术化"，认为历史学的工作便是搜索史料、考证所得史料，从材料中抽出真实历史事实加以表述，继而连贯这些史料以澄清事实和因果关系的过程。崛起的"新派"历史学家们对法国教育政策和历史方法影响深刻，因此巴黎高等教育机构中史学新秀辈出。拉维斯、古朗日在巴黎大学和巴黎高师执教时，他们最优秀的学生正是朗格洛瓦与赛诺伯斯——朗格洛瓦的历史学博士论文(1887)指导老师是拉维斯；赛诺伯斯在巴黎高师读历史本科时(1871～1874)，古朗日和拉维斯是

---

① 参见[美]J. W. 汤普森：《历史著作史》下卷第三分册，第431页。

② "方法论"学派(École méthotique)被认为是以莫诺及弟子赛诺伯斯、朗格洛瓦等人以《历史学刊》为阵营形成的一个历史学派，后来被称为"méthodiste"(Gérard Noiriel)以及"méthodologiste"(François Simiand et Lucien Febvre)。(参见 *Les Courants historiques en France: XIXe—XXe siècle*, p. 97)

③ 参见：Gabriel Monod, « Du progrès des études historiques en France depuis le XVIe siècle», *Revue historique*, n°1, 1876.

④ 李思纯曾译为《史学原论》，于1926年由商务印书馆刊行。

他的老师[①]。此二人“秉承了朗克的治史原则，甚至更加强化‘科学的’朗克形象”[②]，成为“方法论”学派的中坚力量。

“方法论”学派抛开文学性的历史写作，为法国带来了实证主义史学：首先，它把史料考证视为历史研究的首要任务，强调史料的整理和发表，认为历史研究的目的主要就是弄清楚历史事件都是怎样发生的。其次，它主张多写专题论文，强调只有把有关此段历史的所有资料收集齐全，历史学家才能了解这段历史。最后，实证主义也不反对概括，认为历史也是一门关于社会现象的科学，应当以事实为依据进行分析、比较和概括。

三、葛兰言史料观的形成

在这样的史学环境中，葛兰言一方面苦读老师们的实证主义史学著述；另一方面，他并不拘泥或盲从莫诺的史学阵营，广泛了解各种派系的历史学刊物。

葛兰言在巴黎高师期间，莫诺、拉维斯都直接掌管着巴黎高师及其史学教学[③]，他反复借阅该学派的典籍著作及该学派领军人物的著述。他曾两度借阅朗格洛瓦和赛诺伯斯的《历史文献教程》；曾借阅莫诺的《法国历史文献学》《16 世纪以来法国历史学的进步》《加洛林王朝历史的文献批评》；也曾借阅与莫诺有关的史学刊物，例如：莫诺主编的《文学历史批评》，借阅过两卷，莫诺主编的《巴黎高等实践学院图书馆刊》，他借阅过 11 卷之多。

葛兰言还注重了解各种派系的历史学刊物，比如对立的两派史学刊物——代表新教与共和势力的《历史学刊》与代表天主教会与封建贵族的《历史问题学刊》[④]，对立的两派文学刊物——拉维斯主编的《巴黎学刊》(*Revue de Paris*)与 19 世纪末支持天主教派的《两个世界》(*Deux*

---

① 赛诺伯斯 1871 年进入巴黎高师；古朗日 1870 年开始在巴黎高师任教，1880 年成为历史系主任和院长。

② 参见李孝迁：《西方史学在中国的传播(1882～1949)》，华东师范大学出版社 2007 年版，第 290 页。

③ 1904 年葛兰言进入巴黎高师，拉维斯于该年成为巴黎高师校长，此时莫诺尚未退休，仍执教于巴黎高师。

④ 《历史问题学刊》(*Revue des Questions Historiques*)，于 1866 年创办；《历史学刊》(*Revue historique*)，于 1876 年创办。1886 年，古朗日与莫诺意见分歧，开始转向在《历史问题学刊》上发表文章。(参见 *Les Courants historiques en France*：*XIX*^e^—*XX*^e^ *siècle*，p. 116)

Mondes)。葛兰言还不拘一格，博采西方众史家之所长，他也重视批评朗克史学方法的泰纳、朗普莱西特（Karl Lamprecht，1856～1915）等人①，还借阅了各史料类刊物②，甚至历史地理学方面的书籍③。

尽管葛兰言没有选择追随实证主义史学道路，但是他之所以能够大胆质疑中国千年来服务于政治礼教的传统经学观，正是得益于多年来"如史直书"的实证主义史学与"正统"的教皇至上史学之间的不懈对抗。莫诺曾指出："（19 世纪史学家）看重形式，忽视事实，这是由于科学传统缺乏，而政治或宗教的热情确是太多。"④莫诺的史学教育为葛兰言建立了批判的史学观，使他能够坚定地、彻底地反对"正统"，反对"诗教"，在阅读《诗经》时"摒弃所有那些象征性解释或暗示诗人微言大义的解释"⑤，做到在研究中让文本自己说话，不理会经学家的道德历史性阐释。

莫诺眼中当时的欧洲史学，与我国儒家的治学态度无异。随着晚清我国史学家的疑古思想渐起，中国传统经学也开始遭受冲击。姚际恒、崔述、方玉润、陈奂等儒学家，尽管认识一步步推进，仍然跳不出儒学的基本前提与假设，他们以道德说教和政治论调为框来研究《诗经》，只是固有结构的延续和延伸——如同西方启蒙时代的学者，仍然难以完全摆脱宗教政治的桎梏。实际上，传统儒学，包括受到儒学影响深刻的早期传教士汉学，基本上使用的都是从义理考据发展而来的史语方法，以当代思维去思考古人、以儒家思想去解读数千年以前的创作和记录，难以逃脱固有的界限。因此，只有跳出这个界限，以更加开阔的视野去审视先民的遗歌，才可能有新的发现。同时，"方法论"学派确实为葛兰言提供了方法——重视史料大过于哲理，强调让史料说话，这无疑与葛兰言的研究方法相吻合。让文献自己摆出事实，这在葛兰言的文献考古式著述里尤为明显。他在两篇博士论文中，无论是在形式还是方法上，都明显秉承了《历史研

---

① 葛兰言借阅过泰纳的《意大利之旅》一次，借阅过朗普莱西特的《中世纪初法国经济状况研究》两次。

② 如《日耳曼历史文献汇编》(*Monumenta Germaniae Historica*)、《文献学校图书馆刊》(*Bibliothèque de l' École des Chartes*)、《雅典学校和罗马学校图书馆刊》(*Bibliothèque des Écoles d'Athènes et de Rome*)。

③ 如《法国地理指南》《土地的形态》《生理植物地理学》《植物地理学教程》《彼得曼的地理传播》《地球》《瑞士的原始森里植物》《北美》等。

④ [美]J. W. 汤普森：《历史著作史》下卷第三分册，第 367 页。

⑤ 参见[法]葛兰言：《古代中国的节庆与歌谣》，第 13～14 页。

究导论》中所提倡的范式：首先辨析和说明所使用的材料，然后罗列史料（包括原文和注释），进而抽出事实概括归纳，最后揭示事实过程和本质。或者可以说，该种史学方法与涂尔干提取事实、考证事实、整理事实、形成整体事实以解释说明因果关系的方法，有异曲同工之妙。但是，对于《历史研究导论》中关于"内容鉴别"与"外形鉴别"的部分，葛兰言并不瞩意——此乃中国史学家擅长的考辨之事。

另外，不少人非议葛兰言著作的命名[①]，既然内容绝大部分只是限于先秦时代，并非通观，为何使用这种大而化之的书名（"古代的""中国人的"）？如果我们了解尼布尔（Barthold Niebuhr，1776～1831）及其名作《罗马史》，可能就会理解葛兰言在命名上的史学传承了。在朗克之前，西方科学史学一般推至德国史学家尼布尔，他以研究罗马史著称，倡导以"科学态度"和"科学方法"治史，主张完全依靠原始史料的证据，不用转手资料，考证力求精详。尼布尔的治学态度和方法影响了几代史学家，朗克将其史学理论发扬光大。[②] 尼布尔的《罗马史》从意大利的原始时代讲起，包括古代各个种族的风俗情况，甚至在更早时期的情况，一直讲到公元前100多年的第一次布匿战争；即便是他本打算讲到最近时期，也是要展现从古代发展起来的形式如何被中世纪产生的新的形式所取代。而葛兰言的中国研究，无论在何种方面，亦始终以起源与变迁为考证目的——他的著作标题虽然不以"史"为名，却实为专门史研究。例如：按字面直译为《中国人的宗教》《中国人的文明》《中国人的思维》和《中国的封建制度》的几本书，分别阐述了中国宗教思想、社会制度、语言文学等方面的起源和变迁，因此，我国民族学家杨堃认为应当将其译为《中国宗教史概论》《中国古代社会史》《中国思想史》和《中国封建制度史》。[③] 实际上，在其最初的汉学研究论文《中国古代婚俗考》中，葛兰言就已经着眼于变迁史的论述——他考证了《诗经》和先秦的官方文献中的民间习俗和贵族习俗，并尝试推测两者之间的演变过程和并存状态。这种以极为有限的史料对先秦的历史长河进行社会史之研究，在西方汉学界实属首次。

---

① 如 Yves Goudineau，« Marcel Granet devant la Chine et la sinologie：entretien avec Jacques Gernet »，*Préfaces：les idées et les sciences dans la bibliographie de la France*，n°7，1991.

② 参见张广智：《西方史学史》，复旦大学出版社 2000 年版，第 172～173 页。

③ 参见杨堃：《葛兰言研究导论》（下），载《社会科学季刊》第 2 卷第 1 期。

第二节 偏好:封建制度史学

一、中国封建制度史课题的由来

葛兰言在史学方面受到的训练不仅在于实证地使用文献,还在于从社会制度史角度来研究古代文献。他的简历上非常醒目的一项便是在考取历史教师资格后,又攻读了一个法律学位。[①] 实际上,在攻读历史学位时,葛兰言的老师就是古朗日的学生、中世纪法国制度史专家普菲斯特[②],葛兰言对法制史的偏好很可能受到他的直接影响。他借阅了大量法律著述[③],尤其曾反复借阅《萨利克法典》(*Lex Salica*)英、法、德多个译本,该法典由法兰克王国墨洛温王朝的创始人克洛维(Clovis,466～511)颁布,对中世纪及欧洲近代历史产生了巨大影响,如剥夺了女性的继承权。这是法国封建制度时期的重要法律文献,与葛兰言后来反复研读的中国古代律法《仪礼》《周礼》《礼记》等遥相呼应。可以说,葛兰言研究中国封建制度史时所使用的方法,应当来自于大学时代的法制史学习。他阅读中国古书的目的是企图在其中寻找类似西方古代法典的民间或官方规定,并大量提取和整理这类强制性的俗制事实。

法国大革命破坏了欧洲一些古老的制度,深刻的社会变革促使历史学家对法律制度的起源和演变产生兴趣。大革命之后的法国史学界开始探索古代社会,包括法国及西方其他国家和民族的社会历史情况,对社会制度进行重新思考,以期寻找适合法国社会的组织形式和政治制度。他们认为,制度是风俗习惯的程序化,是人类生活的模式,研究制度可以从深刻的层次揭示过去的人类历史。于是 19 世纪下半叶,法国出现了大量

---

① 参见:法国汉学研究所 IHEC 档案“Marcel Granet”。

② 法国史学家,是古朗日最著名的学生,是阿尔萨斯—洛林地区历史的研究专家。[参见 Frédéric Oruse, « Nécrologie: Christian Pfister » *Bulletin de la Société de l'histoire du protestantisme français*, Société de l'histoire du protestantisme français (Ed.), 1933]

③ 著作如《法兰克帝国宪法》《司法管理与司法机构史论》《法国法律史精论》《罗马法律精神发展的各个层面》《法国律法机构史》《法国行政和政治制度研究》《意大利中世纪的法律渊源》《罗马刑法》等,刊物如《法国及域外法制史学刊》《司法与法学批判》《比较司法和国际法学刊》《立法与判例学刊》等。(参见本书附录 2)

关于社会制度史的研究，葛兰言在大学期间也大量借阅这类书籍。[①]

《梯也尔基金会报告》显示，葛兰言将第一年的时间花在与法国封建制度（分封制）对比的论证上。[②] 通过他在巴黎高师的借书记录可以看出，在投入中国研究之前，葛兰言已经十分关注法国的封建制度，大学时代对西方封建制度史已有扎实的知识储备。当时，在巴黎高师的历史老师多半研究法制史，尤其是中世纪封建制度史。在他们的指导下，葛兰言阅读了大量关于墨洛温王朝、加洛林王朝和卡佩王朝的制度史研究。例如，他曾借阅过老师吕塞尔[③]（D. A. Luchaire，1846～1908）的成名作《卡佩王朝时期的法国君主专制史》《卡佩王朝时代法国的郡县》《法国制度教程：卡佩时代》，老师莫诺《加洛林王朝历史的文献批评》《日耳曼历史文献汇编》等著作。[④]

因此，在着手写作博士论文时，葛兰言将封建制度史的课题扩大至西方与东亚的比较，最终确立了专注于中国封建制度起源的研究方向。因此，葛兰言的汉学首先是制度史研究，后来通过涂尔干和沙畹在社会学、宗教学等方面的引导，逐步扩大至对中国文明社会史的广泛研究。

葛兰言还曾两次借阅过法兰西学院比较法教授弗拉什（J. G. Flach，1846～1919）的《古代法兰西的起源》。弗拉什的比较研究资料十分丰富，包括未曾出版的寺院记录、编年史、故事和诗歌等。他在该书中提醒学界，要注意封建形成过程中的凯尔特因素。弗拉什认为 Vassus（附庸、封建时代的诸侯身份）是凯尔特字，指凯尔特古代的一种保护制度，当罗马帝国内部的社会秩序解体、日耳曼人入侵、人们普遍需要保护的时候，这种制度便传入高卢。尽管加洛林时代查理曼强制推行这种制度，但在加

---

① 如《法国制度史与法律史》《从最早时代至今的英格兰律法、民事和政治制度史》《法国法制史资料》《加洛林政府和制度史》《墨洛温王朝至 615 年的政府和制度史》《法兰克王室法律与王权》等。

② 参见本书第四章第四节。

③ 吕塞尔虽为巴黎大学教授，但 1903 年 11 月巴黎大学（索邦校区）与巴黎高等师范学院合并。（参见：Dossiers aux Archives nationales, *Décret relatif au concours pour l'admission à l'ENS*, cote 61/AJ/166.）

④ 其他著作如古朗日《古代法国政治制度史一第一部分：罗马帝国、日耳曼人、墨洛温王朝》、加利（Charles Galy)《墨洛温时代的家族》、勒余布（J. M. Lehuebou)《墨洛温王朝至 615 年的政府和制度史》和《加洛林政府和制度史》、贝蒂尼（M. J. de Pétigny)《墨洛温时代的制度、法律与历史研究》、勒余埃鲁（J. M. Lehuërou)《墨洛温学派与墨洛温政府的历史；加洛林学派与加洛林政府的历史》等。

洛林帝国分裂时，这种封建制度却是自行发展下去的。

葛兰言最为关注的正是中国早期封建制度权力的问题。《梯也尔基金会报告》表明，葛兰言最初的研究目标一是封建阶层形态学问题，二是家族制与封建制关系问题。这个"封建"指的是分封的社会制度形态——在法国对应于中世纪墨洛温、加洛林、卡佩王朝时代，在中国主要是指商周时期。他注意到在这种制度中，君王在法国属于贵族阶层，而在中国是各封臣的首领。他逐步梳理出封建制如何并在何等程度上取代了与罗马父系式类似的家族制；在当时的文明中，如何以家族形式来解释封建制表现出来的形式；最后，两种社会组织的并存引起怎样的职责冲突，而两者又如何最终相互维系。因此，葛兰言的研究领域始终集中在先秦时代，他对周代封建制度的形成饶有兴趣，从家族研究逐渐推至封建制度研究，写出《古代中国的舞蹈与传说》《中国封建制度》等，试图探索和阐释这种"封建"的社会组织形式在中国的起源、发展以及它异于西方又辐射于东亚国家的独特性。

二、葛兰言与古朗日

实际上，葛兰言的制度史研究尤为接近古朗日。杨堃曾推测："我相信葛兰言方法论的精神，其得自古朗日者，一定亦不少。"[①]虽然杨堃当时并不确知葛兰言对古朗日史学的重视，但是图书馆的借书记录可以证实他的推断——葛兰言曾借阅过古朗日的名作《古代城邦》，并两次借阅古朗日的《古代法国的政治制度史》《历史问题研究》《历史问题新研》《历史问题》等。古朗日早期支持莫诺学派和《历史学刊》，1875 年到巴黎大学任教，1880 年回到巴黎高师担任校长，四年后辞去行政职务并回到巴黎大学潜心著述，直到去世。葛兰言借阅的这些作品大部分是古朗日去世后，由他的学生朱利安编辑出版。[②]

古朗日上承孟德斯鸠，下启莫诺、涂尔干——涂尔干在巴黎高师求学时，古朗日曾是他的历史老师，涂尔干将其博士论文致以古朗日；莫诺创办《历史学刊》时，古朗日也曾是坚定的支持者。古朗日影响了一代甚至几代历史学和社会学学者，对宗教学、人类学、民俗学亦有重要启发，是法

---

① 参见杨堃：《葛兰言研究导论》(中)，载《社会科学季刊》1942 年第 1 卷第 4 期。

② 参见何平：《西方历史编纂史》，商务印书馆 2010 年版，第 207 页。

国文明史学的先驱。

19世纪中晚期是法国大革命的社会转型时期，大革命所引发的政治变革问题使西方学界不断探究古代的社会政治制度，包括古罗马制度在中世纪法国社会中残存和持续发展状况。这时期出现了一批具有强烈现实关怀的社会史和制度史研究著作，如古朗日的《古代城邦》和与之齐名的托克维尔（Tocqueville，1805～1859）的《旧制度与大革命》(1856)。虽然葛兰言的婚姻与家庭制度研究是受到涂尔干的指引，但他立志于封建制度史研究，很可能是受到古朗日著述的影响。古朗日的《古代法国的政治制度史》与《古代城邦》是古代社会研究之经典，显示了法国向域外古代社会寻求制度和文明起源的史学思潮。

事实上，古朗日在《古代城邦》中对法律、仪式、习俗、家庭制度的研究与涂尔干社会学所致力的问题是一致的，主要表现在三方面：首先，古朗日将事件史与制度史进行了详细区分，他对制度史的重视，直接影响了涂尔干，涂尔干将其制度史研究引入自己的社会学核心内容之一——制度学的起源和功能。其次，古朗日提倡将历史看作一门科学，历史学者应当在分析历史数据时摆脱所有个人偏见，这种观念深刻影响了涂尔干创立的社会学方法，即在社会事实中寻找事实，而非在个人意识形态中寻求。最后，古朗日极为关注宗教制度，认为宗教是人类社会的起源，力图证明很多后来的宗教社会形态都能在古代找到其简单形式。他对“神圣”的强调以及建立社会关系中仪式的作用，被涂尔干写入《宗教生活的基本形式》。① 尽管涂尔干的论点与古朗日几乎相悖，旨在论述社会制度决定宗教形式的形成，但不可忽视的是，古朗日首先对宗教与社会形态的关系进行了专论，作为导师直接启发了涂尔干社会学，是整个社会学史研究的先驱。

古朗日对葛兰言的影响也具体表现在三个方面：社会史研究理念、史料观和家族宗教制度观。

（一）古朗日的社会史研究理念对葛兰言的影响

首先，古朗日指出：“历史学必须要认识社会制度、宗教信仰、风俗、社

① 参见：Kenneth Thompson, *Emile Durkheim*, Routledge: London and New York, 2002, p. 20.

会的全体生活，包括思维方式、行为动机和指导思想。而这些方面也正是困扰我们的当前问题。”①其次，古朗日要通过梳理古代世界建立的原则，展示其组织的正确逻辑，重现其建构过程的各个阶段。他提倡按照古人自己的理解而非现代价值标准去理解古代社会，而不能用我们现在的想法去判断，还“自由”“民主”以当时的解释。② 古朗日对历史学的宏图理想是：“依靠工作组织的得法，所有的遗文都完全发现、洗净和整理就绪，并且一切所有事物的脉络都建设起来。到那一天，历史可算得建设成功，但是不能说那时候便一成不变。历史当然还是随着现今社会科学的直接研究而变化，愈是了解现社会的形式，愈能明了它的变化：因为对于现今社会事物的性质和根本上所得来的新思想，足以继续转变对于以往事物的观念。”③历史学并不会告诉我们将来应当如何去做，但是会帮助我们去探寻方法，探寻人类社会历史的根源和变迁关系。这就是古朗日对于历史学的根本观念。

古朗日曾说：“阅读记载过去时代的东西，要用他们自己的眼睛，不要用我们的眼睛。”④这无疑鼓励了其追随者葛兰言，选择《诗经》及其他先秦典籍作为研究对象，去了解生活在古代社会的人们的观念、崇拜、信仰及其建立的社会组织形式。葛兰言也认为：“既然原文是古代的东西，必然会成为古代的一面镜子，如果我们能够正确地理解原文，肯定也会了解古代的状况……”⑤中国儒家长久以来描绘了一个宽厚礼让的上古黄金时代，常想复行古制，而葛兰言对此不以为然，认为经学家们误解了周代早期社会和制度。正如古朗日所指出：“我们要着重弄清楚，古代人的社会与近代人的社会之根本不同在什么地方。我们所接受的教育方法，使我们……习惯性地……按照我们的历史去批评他们的历史……这种以近代人的眼光与事物来看待古人，误解他们就在所难免了。”⑥葛兰言认为，经

① Fustel de Coulanges, *Questions historiques*, Paris: Hachette, 1893, p. 406.

② Fustel de Coulanges, *Histoires des institutions politiques de l'ancienne France*, vol. 1, Paris: Hachette, 1891, p. 168.

③ 李璜：《法兰西近代历史学》，载《少年中国》第三卷第六期，1922 年 1 月。

④ [美]J. W. 汤普森：《历史著作集》下卷第四分册，第 511 页。

⑤ Marcel Granet, *Fêtes et chansons anciennes de la Chine*, Paris: Albin Michel, 1982, p. 6.

⑥ [法]库朗热：《古代城邦》导言，华东师范大学出版社 2006 年版。谭立铸等将其名字译为“库朗热”，本书中统一译为“古朗日”。

学家误读的另一主要原因，便是在道德上以现时的情况来衡量古时。处于上层社会的经学家坚守着男女授受不亲之道德准则，没有能力去想象古代民间的两性伦理，于是对这些诗歌加以历史事件性的解读，认为诗中描写的都是个别的荒唐事。他意识到，后人本着一种“现时中心主义”，认为“习俗是根据文献记载来安排的”[①]。习俗只能服从于史书，而不是习俗先于历史记载而发生，这样一来，经学家怎会有能力揭示出《诗经》中的民间习俗？他们无法理解这些上古歌谣——它们描绘了一个上古的道德体系，合乎那个远古时代的道德。因此，葛兰言继承了古朗日所开辟的古代研究的新思路，对中国古代的重新认识势必颠覆儒学传统，亦即颠覆历史记载和观念中的那个上古中国。

另外，在《古代法国的政治制度史》中，古朗日力求考察法国封建制度的来源。他指出两个历史变化的原则：一是两个民族互相接触、互相影响而生出新制度，非征服者的强权所能改变。如罗马征服高卢，取得政权，但两族人民渐渐接触并产生雇佣制度与利贷制度。二是一个新制度的诞生，总是残留了旧习俗。如尽管日耳曼等野蛮民族侵入欧洲取得政权，但采邑（Vasselage）的形式仍存在封建制度里面。与此相似，葛兰言在《中国古代的舞蹈与传说》的前言中也明确指出，毋需不同文明人群的融合或者外来者入侵，在同一社会中，城市贵族伦理与乡村农民习俗的对立完全有可能产生中国当时的封建制度。[②] 换句话说，即便新的贵族阶层和封建制度产生，农业社会和平民阶层的习俗依然会不可避免地残留下来。[③]

（二）古朗日的史料观对葛兰言的影响

古朗日认为，历史就是遗迹的安排，必须直接解析遗文，“应当使用尽可能古老的文献”[④]，并且“只相信史料中所展示给我们的东西”[⑤]。在评定往事时，应当排除所有宗教、政治、党派观念，“因为这样的立场会造成看

---

① Marcel Granet, « Coutumes matrimoniales de la Chine antique », Leyde: *Toung-pao*, vol. XIII, 1912, p. 523.

② 参见：Marcel Granet, *Danses et légendes de la Chine ancienne*, Introduction.

③ 参见：Marcel Granet, « Coutumes matrimoniales de la Chine antique », Leyde: *Toung-pao*, vol. XIII, 1912, pp. 553—558.

④ Fustel de Coulanges, *Questions historiques*, p. 407.

⑤ Fustel de Coulanges, « Une leçon d'ouverture et quelques fragements inédits», *Revue de synthèse historique*, 1901(2), p. 256.

待史料的主观个人化”[①]。古朗日的研究完全依靠对大量文本的分析，称最好的史学家是紧紧靠拢史料的人，仅需根据史料进行写作和思考。他告诫学生，为了不产生先入为主的偏见，不要先读并非原著的东西。历史研究者必须熟悉那个时代的精神和文字，不能曲解文字，或读出其中并不存在的东西。古朗日的实证主义方法是：(1)仅仅研究原始材料，而且是直接地、极其详尽地研究；(2)仅仅相信这些材料所表明的东西；(3)从过去的历史中坚决把可能由于方法错误而混入其中的现代思想剔除。

葛兰言在《古代中国的节庆与歌谣》的“导论”中明确秉承了这一史料观，指出了阅读《诗经》的原则：“无须关注经典的解释及其各种残留变体……(它们)绝对不能用来探索诗歌本身的原始含义”，应当“摒弃所有那些象征性解释或暗示诗人微言大义的解释”。[②] 葛兰言不但在中国古代仅存的文献中发现了先民信仰和习俗，还发现了民间习俗与封建礼制之间的密切联系，得出了后世不明所以的官方记载实则来自于上古民间习俗的论断。至于后世经学家无法解释清楚这些官方仪礼的根本原因，用古朗日的话来说就是“这些仪礼已不能再满足他们的信仰”，因此，“若仔细研究他们遵行的礼仪或引用的祷词，必能在其中找出生活在他们十五世纪以至廿世纪以前的人的信仰痕迹来”。[③]

我们在追溯葛兰言的社会学、人类学方法时，应当注意到：尽管他的视野极为开阔，但方法却谨慎甚至单一。由于中国考古学当时刚刚起步，出于谨慎，他没有使用考古成绩来互证[④]，也没有像弗雷泽(J. G. Frazer，1854～1941)等人那样在论证中大量列举不同地区、不同时代的人类学资料。他只是“以诗证诗”，在具有相同事实的文献之间互证，在研究中让文本自己说话，不理会服务于政治、崇尚礼教的经学家注释。葛兰言秉承古朗日释读文献的方法，向西方人展现了一个与传教士们从儒家经典中整理出的通史截然不同的研究，一个并非中国古代文人希望让人了解到的中国历史。

---

① Fustel de Coulanges, « Une leçon d'ouverture et quelques fragements inédits », *Revue de synthèse historique*, 1901(2), p. 262.

② 参见[法]葛兰言:《古代中国的节庆与歌谣》，第13～14页。

③ [法]库朗热:《古代城邦》导言。

④ 参见:Yves Goudineau, « Marcel Granet devant la Chine et la sinologie: entretien avec Jacques Gernet », *Préfaces: les idées et les sciences dans la bibliographie de la France*, n°7, 1991.

在批判传统注释之后，葛兰言进一步探讨这些注释中的误读原因，他表示："如果认为他们所运用的象征主义在实质上完全没有依据，便过于武断了。"[①]在这样的指导思想下，他意识到中国古代"天人合一"的人与自然的观念以及民间节庆向官方祭礼的转变可能。葛兰言之所以具备如此进步广阔的史料观，也应当得益于古朗日："（古代编年史文献）中所记载的即使不全是真的，但至少也是祭司信以为真的。如今，历史学家们想要找寻古代的真相，这些书便是很重要的资料来源，如果说他们不得不要面对那些错误，但至少他们不必面对虚假的史料。甚至这些错误仍是有价值的，因为它们是与史家所研究的古代同时代的，如果说这些事件的描写不是很详细，但至少是当时人们所坚信的。"[②]

有人批判葛兰言不加辨识地使用不同年代的材料作为论据，但他并不是随便拿一个晚近的材料来作论据。在他看来，如果晚近的材料与早期的材料中具备相同的主题和事实，则可以认为该种在早期材料中发现的事实在晚近材料里仍然存在，说明该事实（如习俗）具有延续性和传承性，因此不妨用晚期史料来作为认识早期历史的佐证。葛兰言关注事实的类型而非年代，因此他可以从《诗经》和后代的史书中梳理和推测出一些事实的变迁情况，如节日的变迁、婚俗的变迁、婚制的变迁和信仰的变迁等。[③] 事实上，早在《古代城邦》中，古朗日就已经使用了这种方法："试观伯利克利时代的希腊人或西塞罗时代的罗马人，他们尚保存有最古时代的真正表识及的确遗痕。……西塞罗同时人所用的语言，其语根传自更古，语根的初义常能表现古代意见或古代习俗。观念虽可改变，遗迹虽可消灭，但表现他们的文字长存，足为已遗失的信仰的永远证据"[④]……卢仙的嘲笑，亦足证明在他的时代，这种习俗仍旧存在。"[⑤]这种观点和论证方法在古朗日的著作中，比比皆是。正如李璜所言："历史科学是搜寻根源和变迁关系的科学，是推测人到将来的科学。历史学并不说对于将来

---

① Marcel Granet, *Fêtes et chansons anciennes de la Chine*, p. 53.

② 转引自吴晓群：《论古朗士的古史研究：社会转型中的历史学家与他所研究的社会转型问题》，载《云南大学学报》2007 年第 1 期。

③ 涂尔干也曾指出："历史学家关心的历史序列问题在社会学家看来没什么用处，社会学家只会去选择和提取那些他们认为有助于比较和观察的事实。"（参见本书第三章第二节）

④ 参见[法]古朗日：《希腊罗马古代社会研究》，李玄伯译，中国政法大学出版社 2005 年版，第 4～5 页。

⑤ 参见[法]古朗日：《希腊罗马古代社会研究》，第 8 页。

该当如何去做,不过它帮助我们去寻做法,这就是古朗治对于历史学的根本观念。"①

(三)葛兰言的家族宗教制度观与古朗日的呼应

葛兰言最初的研究计划是逐步梳理并解答以下问题:古代社会的封建制如何并在怎样的程度上取代了家族制?在当时的文明中,如何以家族形式来解释封建制?两种社会组织的并存引起了什么样的职责冲突又如何相互维系?他最初将课题拟为"关于中国家族组织的研究"②,以祭祖仪式来考察古代中国家庭的宗教制度与社会关系,与古朗日有深层的关系。《古代城邦》将社会学、神话学、法学等与古典学结合起来,对古代信仰、家庭俗制、城邦神话、法律制度等古代社会进行研究,对 20 世纪欧洲思想界产生了广泛而持久的影响。该书的主要观点是:人类的各种信念是社会制度形成的决定因素,古代家族制度是围绕祖先崇拜建立起来的。把死者的宗教看作最古的和最初的宗教,在西方完全是从古朗日开始的。③

古朗日认为,在最早期的时候,"死亡并不意味着人的消解,只不过是一种生命的变化而已"④,这种古代信仰产生了丧葬习俗以及祖先祭祀:家族就是一种宗教集合体,祭祀是家族的头等大事。葛兰言在古代中国出生仪式的研究中,对家族祭祖以及生与死的信仰研究都与古朗日遥相呼应;他在指出新妇必须通过祭祀夫家祖先以进入新的家族中时⑤,观点也明显与古朗日相合:"组成家族的人就是那些被许可崇拜同一家火并祭祀同一祖先的人。"⑥古朗日指出:"在我们看来错误和可笑的古老信仰,却曾深刻影响了一代又一代王朝。这些信仰主宰着人们的灵魂,作用着社会……是大多数家庭制度和社会制度的源头。"⑦无论宗教与制度究竟谁

---

① 李璜:《法兰西近代历史学》,载《少年中国》1922 年第 3 卷第 6 期。

② 参见 *Fondation Thiers*, *Rapport Année 1909—1910*, *Annuaire 1911*, Issoudun: Imprimerie Gaignault, pp. 9—10.

③ 参见[法]库朗热:《古代城邦》,阿尔多序。

④ [法]库朗热:《古代城邦》,阿尔多序。

⑤ Marcel Granet, « Coutumes matrimoniales de la Chine antique », Leyde: *Toung-pao*, vol. XIII, 1912, pp. 517—558.

⑥ 参见[法]库朗热:《古代城邦》,第 31～32 页。

⑦ 参见[法]库朗热:《古代城邦》,第 20 页。

为起源，在古朗日和葛兰言这里，宗教与社会制度都是研究古代历史的头等课题。

古朗日在《古代城邦》中致力于城邦与氏族制度这对深刻的矛盾群体，展示了在古代社会中，氏族如何导致城邦的形成，祖先和自然力的崇拜如何帮助城市兴起。他认为封建城邦组织形式以家族为模型，其法制源于家庭宗教。而葛兰言在《中国古代的舞蹈与传说》中表现出了与古朗日非常相似的推断：随着金属铸造业的发展，社会生产关系发生变化，城市贵族形成，以女性为权威的农民阶层与以男性为权威的封建贵族阶层分化开来。人们在铸造金属时同样需要男女的献祭才能完成，犹如节庆中的男女交媾，人们认为冶铁不单纯需要技术，更需要阴阳的神圣力量才能产生合金。冶铁技术只是掌握在某个族群，尤其是该族群的男性手中。这个族群由于军事力量的强大逐渐掌握了社会统治权力，父权制由此在统治阶层建立起来。这种权威性不仅转移到男性身上，还通过掌握技术的族群建立了垄断力量，形成都邑和国家。在周代，通过分封制将君主权威建立了起来，包括土地、稷神、祖先神等各路神明的神性都依附于天子身上。于是，封建王室利用人们素有的祖先崇拜，编写史书，建立族谱，将逝去祖先与现任首领的神圣力量联系起来；封建王室占有了土地，因而土地、稷神失去了原有的宗教价值，不再对土地具有掌控性，变为“山川之德完全依赖于君主之德”①，“天子成为丰收的第一宗教责任者”②。

影响葛兰言的这些实证主义先辈们仍有分歧——如朗格洛瓦提出历史是间接的知识，不是客观存在的事实，需要历史学家和文献学家推理而不是直接观察来得到；与之相反，古朗日强调社会制度（婚姻、亲属关系、所有权、继承权等）来自于宗教，而涂尔干则力证社会是宗教的基本形式和起源。但是，葛兰言没有固守某派，他十分善于将各种最适合中国古史研究的西方观点和方法拿来灵活运用，因此他的研究才能得以将人类学、宗教学、文献学等融会贯通，实际上推动并参与了法国“综合史学”的发展。在这一代史学家的努力下，法国史学在 20 世纪初重新活泼和振兴起来。

---

① [法]葛兰言：《古代中国的节庆与歌谣》，第 164 页。

② [法]葛兰言：《中国人的信仰》，汪润译，哈尔滨出版社 2012 年版，第 90 页。

第三节　转向:葛兰言与综合史学

法国历史社会学家布格雷（Célestin Bouglé，1870～1940)曾将18世纪以来德国的社会科学发展分为四个阶段:第一阶段是以康德（Kent)、黑格尔（Hegel)、费希特（Fichte)等人的思辨哲学为主;第二阶段是朗克(Ranke)及其弟子将客观主义的事实研究推向学术舞台中央;第三阶段是舍夫勒（schäffle)、利林费尔德（Lilienfeld)等人对朗克的反思;而第四阶段便是冯特（Wundt)和狄尔泰（Dilthey)所主张的,将社会事实与心理现象密切联系起来。[①]

深受德国影响的法国学术在20世纪初开始出现对实证主义史学的反思。我们可以明显看到葛兰言在学术发展过程中从传统的历史学向社会学、心理学的靠拢,他在几乎所有著述中将社会事实与思维观念密切联系起来。法国历史学的转向,昭示着以历史考据法为主的传统汉学终将在葛兰言时代焕然一新。[②]

一、法国历史学转向

19世纪晚期,秉承强调经验历史、事件历史的传统实证主义史学,不能达到触及历史本质和作用的目的,无法解释历史,已经无法满足当时古代史研究的需求。相对于17～18世纪受到固有伦理、宗教和政治意识影响的历史学家们来说,朗克和莫诺无疑是巨大的进步,然而在19、20世纪之交,人们开始反思这种理想的历史客观性——客观主义史学主张历史学家的工作只是发现、考证和批判原始资料,等于将事实和解释相分离,甚至撰写的仅仅是对事件的平铺直叙的编年史;而历史知识是在史学家与历史的对话过程中产生,史学家的心灵不可能如白板一般与历史沟通,他们的思维实际是借助先验的范畴。

于是,在法德两国历史学界,新史学初露端倪。在法国,泰纳提出"新史学"的口号,认为朗克史学是旧史学,以单纯记叙为特征,而新史学根据

① 参见:*Les Courants historiques en France*: *XIXe—XXe siècle*, p. 176.

② 关于葛兰言将历史学与社会学、心理学等结合起来的方法和渊源,可见本书第三章第四节。

归纳事实，力图寻找规律；旧史学编纂的是政治家和大人物的传记，而新史学着眼于人民群众和社会生活，编纂的是文明史。[①] 在德国，朗普莱西特声称自己代表了新史学的方向，批评朗克的史学编纂方法在很大程度上是史料学，是旧史学，忽视了社会历史发展的统一性和连续性，看不到社会进步和历史发展的深层原因，不了解经济和政治因素之间的关系，没搞清楚历史进程及社会活动的意义，对历史的解释无能为力。旧史学与新史学的主要对立面在于：旧史学认为诗歌和哲学依赖于观念领域，而历史必须依赖现实；既然历史学的研究对象是人类的具体经验或经历，那么历史必须独立于历史学家的思维，即研究对象的知识独立于研究主体的活动。

而新史学反对这种将研究主客体二分的方法，认为历史学家也应当像一个社会学家那样，以发生学的观点把社会看作一个整体，研究群众、社会的集体心理和集体成就，主张多元地看待历史。朗普莱西特试图以"文化史学方法"建立一门立足于社会学规律的历史科学。[②] 由此，欧洲史学继实证主义史学后开始新的转型。

在历史学转型过程中，巴黎高师开始成为涂尔干的社会学大本营。涂尔干提出当时历史学的两点缺陷：一方面，涂尔干认为古朗日的社会史研究还需进一步引入比较的方法，由于缺少了比较的方法，史学很难对具体社会事实形成完整的认识。因此，比较方法在人类学、民俗学、历史语言学逐渐大放异彩，加入比较方法的史学也就成为社会学化的史学。[③] 另一方面，涂尔干认为社会学对历史学的意义，即为朗普莱西特所说的"历史学的解释性"。因此，涂尔干主张进行社会史式的分析，即把最简单或最原始的形式作为研究的起点，以此来解释和理解当下以及复杂的形式。

事实上，涂尔干在《社会学年鉴》创刊号中提出："史学与社会学应当互相补充""（历史学应当）以社会学的方式进行研究"[④]之时，法国历史学家拉孔布（Paul Lacombe，1834～1919）在其名作《论历史作为一门科学》

① 泰纳通过古代文学作品如《拉封丹的寓言研究》(1852)、《英国文学史》(1856～1863)等来探讨民众心理的研究，可将其视为葛兰言以先秦文学研究中国原始思维的先声。

② 葛兰言借阅过泰纳的《意大利之旅》、两次借阅过朗普莱西特的《中世纪初法国经济状况研究》。（参见本书附录3）

③ 涂尔干的《教育思想的演进》(1938)就运用了比较史学的方法，是社会史研究的典范。

④ E. Durkheim, *Année sociologique*, vol. I (1896－1897), Paris: Félix Alcan, 1898, Préface.

(1894)中，也表现出同样观点，拒绝建立在政治伟人与历史年代叙事上的历史学，提出“历史事实”的概念，主张社会学，甚至哲学、心理学与历史学的结合。

进入 20 世纪后，狄尔泰（W. Dilthey，1833～1911)、克罗齐(B. Croce，1866～1952)等人开始批判和解构客观史学观念。狄尔泰提出历史知识的起源和基础在于“内部经验”，即体验。他认为，历史本质上是人类精神的历史，只有认识客观精神才能理解作为人类精神生命表现的历史，史学家要探讨文献、古迹等史料中所隐含的社会历史含义和社会精神思想，只能通过历史学家自己的体验，让历史在史学家的精神想象中复活。① 克罗齐在狄尔泰的基础上，提出了“一切历史都是当代历史”；科林伍德(R. Collingwood，1889～1943)更进一步归纳为：一切历史都是思想史，历史哲学是对历史思维的研究。② 在这种认识论的引导下，20 世纪初西方史学开始进入文明史、生活史的研究取向，开始将每一种文明形态看作一个有机体，以此为单位重新回顾人类历史的发展。

于是，19 世纪晚期到 20 世纪初，法国史学呈现出两方面趋势：一是从事件史、编年史转向社会史、文化史研究；二是开始重视历史写作过程中的精神思维。这两方面趋势恰恰与葛兰言的中国研究契合——他既着眼于社会文化史，同时又关注创造历史的思想过程：在考察中国社会发展史的同时，力求揭示中国人从具象思维到逻辑思维的发展过程，以及贯穿中国文明始终的阴阳、数字、谐音字等种种思维观念，并先后写出《中国人的文明》与《中国人的思维》两部著作。可以看出，对后者的重视也正体现了葛兰言超出涂尔干社会学之处。

葛兰言的中国研究著述主要集中在 20 世纪二三十年代，他在著述中突破以往对官方文献中的贵族大事件的叙述，补充了从《诗经》和传说中分析和归纳的民间事实，结合官方史料寻找从习俗到礼制的演变之规律，试图阐释中国文明史、文化史起源。这无疑是该时期西方史学革新的体现，也实际上参与了这场“综合史学”运动当中，该运动倡导历史学向其他社会科学学习，对历史进行整体认识，注重比较与解释，探讨历史发展趋

---

① 参见李红宇：《狄尔泰的体验概念》，载《史学理论研究》2001 年第 1 期；[法]狄尔泰：《精神科学中历史世界的建构》，安延明译，中国人民大学出版社 2012 年版。

② 参见[英]科林伍德：《历史的观念》，何兆武、张文杰译，商务印书馆 2009 年版，第 27、173 页。

势和解构。葛兰言的汉学是综合社会史学和比较社会史学发展的必然结果，甚至很可能在某种程度上影响了后来法国的"历史年鉴学派"。

二、"年鉴学派"与综合史学

法国"年鉴学派"的先驱人物拜尔（Henri Berr，1863～1954），于1900年创办了《历史综合学刊》（*Revue de synthèse historique*）[①]，他倡导的"综合史学"运动以"人类演进丛书"为标志，提倡结合哲学、史学、社会学三者的综合史研究，特别是社会学的方法，主张历史学研究应将人类的政治、经济、法律、文化、艺术等诸多方面的活动融为一体，探讨人类进化问题，以弥补早期法国侧重政治的史学偏颇。1920～1940年，是法国的社会学和历史学融合互鉴的时期：涂尔干阵营于贝尔的《日耳曼人》、葛兰言的《中国人的文明》与《中国人的思维》两部著作均在"人类演进丛书"内出版，拜尔多次与葛兰言通信，鼓励他聚焦于中国的"冒险"地研究[②]，拜尔的妻弟还与涂尔干之女结为夫妇。[③]

"年鉴学派"以《社会、经济、历史年鉴学刊》（*Annales d'histoire économique et sociale*，1929年创刊）为阵营，欲超越政治史、军事史和伟人史等事件史，进入经济史、社会史和心态史的编纂，提倡问题史学，强调分析淡化叙述，具有跨学科特征，主张历史研究向社会科学学习，主张使用各种方法和手段对所提出的历史问题进行研究，认为应以研究对象来确定方法。其创始人之一布洛克曾是葛兰言的同窗好友——两人均曾就读于巴黎圣路易高中，又一同考入巴黎高师的历史学专业（1904～1908），同样申请到了梯也尔基金（1909～1912），至少有一年曾同住在基金专供宿舍里，相互奉为知己。[④] 布洛克开创的"年鉴学派"认为，历史研究不再限

---

① 以此刊为阵地，历史学与社会学家曾为各自学科辩论长达7年，1901年赛诺伯斯发表了《历史方法在社会科学中的应用》，1903年作为回应西米昂发表了《历史学与社会学方法》。

② 如 Lettres entre M. Granet et H. Berr, 3 janvier 1920, 19 juin (sans date: 1922 ou 1923), 15 juin 1924, sans date, 1925, 25 juillet 1927, 3 janvier (sans date, 1934) (IMEC, fonds H. Berr, BRR2. E7—03. 2)等。（转引自：Thomas HIRSCH, *Le Temps des sociétés. D'Émile Durkheim à Marc Bloch*, pp. 213—217）

③ 参见：Giuliana Gemelli, « Communauté intellectuelle et stratégies institutionnelles: Henri Berr et la fondation du Centre International de synthèse », *Revue de synthèse*, IVe série, n° 2, avril—juin 1987.

④ 参见：Louis Gernet, « notice nécrologique » dans le *Bulletin des élèves et anciens élèves de l'ENS*.

于朝代的更替、帝王的变迁等狭小圈子，婚姻、家庭、死亡、宗教、风俗、神话等均成为年鉴史学研究的主要对象。这一学派强调从人类学、社会学、心理学等众多角度去研究历史，提倡把各个社会学科纳入历史科学范畴，从文献历史和事件历史向“问题历史”转变。这种“总体史观”的指导原则一直延续到当代法国年鉴学派的学风。

布洛克的代表作《创造奇迹的国王们》(1924)、《法国农村历史》(1931)、《封建社会》(1940)等，与葛兰言的贵族与乡村社会研究、封建制度研究逐一呼应。这些著述不再像 19 世纪的传统文化史那样关注上层文化和官方文献中的文化，开始关注农村、平民阶层的日常生活、习俗和群体的心态结构。社会学和历史学此时已经难以分家，开始出现历史社会学[①]、历史人类学[②]等学科的分类。这与涂尔干社会学派半个多世纪的积淀和“年鉴学派”的推动密不可分。1968 年，法国史学家路易·谢和耐出版了《古希腊的人类学》，是著名的历史人类学著作。路易·谢和耐与布洛克、葛兰言同样师出巴黎高师历史系，同在梯也尔基金的宿舍里共度学习时光[③]；对历史人类学在社会深层结构问题上影响极大的列维·施特劳斯，其亲属制度研究亦归功于葛兰言——家庭制度起源与观念演化，都可以视为法国历史学转向的结果，而推动这一转向的重要人物无不与葛兰言密切相关。在“布洛克亲密的学术关系”[④](见图 2-1)中，我们可以看到葛兰言在法国学术史上的位置：从古朗日、涂尔干再到葛兰言，呈现了法国近代历史学—社会学—历史社会学的发展过程。

---

① 参见[英]丹尼斯·史密斯：《历史社会学的兴起》，周辉荣等译，上海人民出版社 2000 年版。

② 1924 年，布洛克发表的《创造奇迹的国王们》研究了法国民众的风俗与信仰问题，引起了人类学家的注意。1929 年，法国历史年鉴派兴起，为开拓人类学这一新的研究领域创造了条件。1949 年，年鉴学派的第二代代表人物布罗代尔提出了关于历史发展的“长时段”理论，直接奠定了历史人类学的理论基础。他出版的《物质文明与资本主义》(1967)，成为历史人类学的代表作。

③ 参见：Louis Gernet, « notice nécrologique » dans le Bulletin des élèves et anciens élèves de l'ENS 以及 Rémi Mathieu, *Postface de La Civilisation chinoise*, Paris: Albin Michel, 1994, p. 529.

④ Marc Bloch, *Apologie der Geschichtswissenschaft oder Der Beruf des Historikers*, postface by Peter Schöttler, Stuttgqrtm Klett-Cotta, 2002, p. 262. (转引自：*Les Courants historiques en France: XIXe—XXe siècle*, p. 263)

Spinoza – Bayle – Montesquieu（孟德斯鸠）

Volney – Michelet 米什莱 – Cournot – Renan（勒南）

Fustel de Coulanges （古朗日）– Maitland

Vidal de La Blache（白兰什）

Emile Mâle

Gustave Bloch – Christian Pfister（普菲斯特）– Ferdinand Lot

Henri Pirenne

Henri Berre（拜尔） et *la Revue de Synthèse*（《综合史学刊》）

Emile Durkheim（涂尔干） et l'*Année sociologique*（《社会学年鉴》）

Antoine Meillet（梅耶）

Marcel Mauss（莫斯） – François Simiand（西米昂） – Maurice Halbwachs –

Charles Blondel

Louis Bloch

Marcel Granet （葛兰言） – Louis Gernet（谢尔耐） – Georges Davy – Paul

Etard

Georges Lefebvre

Lucien Febvre （弗费尔）et les *Annales*（《历史年鉴》）

André Déléage – Robert Boutruche – Philippe Dollinger – Robert Folz

图 2-1 布洛克（Marc Bloch）亲密的学术关系①

布洛克与费弗尔对法国历史学的改革，吸收了皮莱乃（H. Pirenne）的经济史学、涂尔干的社会学、白兰什（V. de la Blache）的地理学、瓦隆（H. Wallon）和布隆代尔（Ch. Blondel）的集体心理学以及梅耶（A. Meillet）的历史语言学等。葛兰言作为一名中国史研究者，在西方历史社会学科发展历程中占有一席重要地位。

然而，葛兰言为何转而加入涂尔干阵营？19 世纪末 20 世纪初，法国历史学界新派与旧派争执不断，宗教派和世俗派对立而战，当时不断改革

① 黑框部分由年鉴学派另一创始人费弗尔（Lucien Febvre）绘制，笔者译出本书所涉及的人物。

却无法脱离桎梏的历史学，犹如中国延续两千年的经学，难以彻底革新。从中学就热爱和苦读历史学的葛兰言看不清楚前进的方向，而涂尔干社会学第一次在法国的提出，给历史学带来的全新的理论和方法。于是，他没有与同窗好友在史学道路上走下去，而是转身投入了涂尔干阵营当中。

第四节　记忆：法国历史学发展与教育

介绍法国近代学术的著者众多，然而其中有二人身份特殊：我国民国学者李璜和李思纯，此二人是赛诺伯斯的中国学生，与葛兰言关系最为密切，而且是法国实证主义史学嫡传弟子。[①] 作为本章节的补充资料，笔者择录了李璜、李思纯二人将彼时法兰西史学情况介绍予国人的文字，以尽可能还原和帮助读者理解当时葛兰言所处的近代法国历史学环境。

李思纯（1893～1960），于1919～1922年就读巴黎大学，与李璜一同师从赛诺伯斯研究近代史及历史方法，后转去德国柏林大学留学，将朗格洛瓦与赛诺伯斯合著的《史学原论》（今译《历史研究导论》）[②]译介给国人（1926年由商务印书馆出版），书后有两篇附录分别介绍了法国近代中学和大学的历史教学方法和学科建设情况，对我们了解葛兰言从中学到大学攻读历史至毕业后在中学教授历史的情况能够有所帮助。

李璜（1895～1991），1918年赴法国留学，1924年毕业回国，历任武昌大学、北京大学、成都大学历史系教授，著有《学钝室回忆录》。李璜在法国学习期间学科涉猎甚广，对历史学和社会学颇有兴趣。[③] 为了完成巴黎大学的硕士学位[④]，李璜跟随赛诺伯斯学习历史学，1922年随布格雷学习社会学，跟随福柯奈（P. Faucounet，1874～1938）学习教育社会学，又通过福柯奈的介绍又在莫斯的课堂上学习比较宗教学，完成了关于中国西南苗族风俗信仰的学术论文。李璜在莫斯的课上认识了麦斯特（E. Me-

---

① 实际上，与葛兰言有师生情谊的还有杨堃、凌纯声、徐益棠、胡鉴民、高名凯等，但其他人对于法国近代历史学介绍较少，此处仅选录李璜、李思纯二人。

② ［法］朗格诺瓦、瑟诺博司：《历史研究导论》，李思纯译，中国人民大学出版社2011年版。

③ 1921年秋至1922年夏，李璜还在法国蒙彼利埃大学（社会学创始人孔德的出生地）学习了古希腊史、法国文学史、逻辑学与哲学。（参见李璜：《学钝室回忆录》，台北传记文学出版社1978年版，第49页）

④ 李璜解释当时硕士文凭（Licence）的要求是，拿到四门专业课的结业证明或者三门专业课结业加上一篇研究院的硕士论文。（参见李璜：《学钝室回忆录》，第46页）

stre，1883～1950)，麦斯特是葛兰言的学生，于是将李璜介绍给葛兰言。李璜参与了葛兰言在课上对《仪礼》的研究，并自称曾经帮助葛兰言对《山海经》《竹书纪年》《穆天子传》等古书断句。[①] 当时葛兰言正在筹写《古代中国的舞蹈与传说》，后来李璜受北京大学国学研究所之邀译述了这本书。

一、法国历史学如何走向实证主义史学

李璜曾撰文将法国如何走向实证主义史学的过程简要而清晰地勾勒出来。笔者略作校勘，摘录于此：

> 近百年来欧洲学术界的一个大潮流，便是各种专门科学的研究对于它从来所附属的哲学文学宣告独立。自然科学都较早地一个一个独立成科。……以孔德的科学知识那样宏博，哲思力那样精深，其影响于一时，足以使学术界治社会事务的都一齐留意到科学方法上面去。自然而然，法兰西的历史学界同时也受到这一影响，而历史的科学的研究和历史的哲学的综合这两种工夫便在法兰西历史学界渐渐地发展起来——其间也有德国历史学派的影响——从一向所走的文学、哲学的路渐到了科学的路上。不过凡为一种学术上的变迁都不是突然由此入彼的，都有一个变迁的过程。法兰西历史学由哲学、文学里到科学的变迁经过三个阶段：
>
> (一)第一阶段可称为破除蔽障的工夫，就是先将历史学界的习惯和迷信打破。历史要想成为正确的科学，其所最忌的便是偏僻的成见和神奇的迷信。因为成见和迷信都是对于客观的详确记载有妨害的。譬如，中国的古书寓有褒贬善恶的成见和迷信儒家正统的说法，便将真实的事体都变了色彩。欧洲人也是这样。由于中古基督教的影响，假神权以定君权，便将一部古史失了真相，即往往带有崇神尊君的色彩。这种恶习在法兰西史学界里以至十九世纪还未能改去。首先出来做这打破迷信和恶习的工夫，要数一个历史学家叫作埃内斯忒·尔朗(Ernest Renan，1823～1892)的。
>
> 尔朗本是一个熟于经典的天主教士，研究宗教甚有心得。因为他愈研究愈怀疑，后来便叛了教，到东方耶稣生活的地方去旅行。住

① 参见李璜：《古中国的跳舞与神秘故事》，中华书局1933年版，第1～10页。可见本书第四章第四节。

了好些时，便出了一部大著作，叫《基督教的起源》。这部史书中间最出色的一部分，便是耶稣生平记。他凭实地调查的材料，叙述耶稣的生活完全与常人无异，并无所谓神奇。并且他将耶稣的情欲嗜好都写了出来，大大与从来历史所纪神的耶稣是两样了。后来尔朗又出了一部犹太民族史，简直说明不但耶稣是常人，而且基督教的产生史不是神助，而是犹太那个社会环境所应该产生的。……他做了一部书叫作《科学的将来》，在这本书里他宣言道："历史传记要符合科学的各方面意义，才算得十九世纪的著作。这种著作是很艰难的，诚实的，勤劳的。并且要求不自私的热忱，才能坚实永久，与最终目的的高度相呼应。"尔朗既抱定了这种科学家态度，所以他下笔不但一点不苟，而且他毫无所顾忌于世俗之成见。……所以法兰西史学界经过尔朗这番工夫，便算逃出牢笼，从此向科学的路自由发展了。

（二）但是一种社会科学之成立，还要经过一种阶段，就是比拟或类推的办法，就是还不能直接融合科学的方法而用之，要完全用一种已成的科学来比拟或类推。这差不多是社会科学所必然要经的阶段：因为一方面由于思想律的连类作用，一方面由于一种已成科学势力的影响，社会科学便都会受着生物学的洗礼：所谓天演说、遗传说、环境说、感性说、机体说，在十九世纪中间即遍及于思想界，而历史学界也未能免。法兰西一位历史学界戴仑（Hispolye Taine，1828～1892）便是很能代表这个时期的作者。

戴仑也是孔德的崇拜者。他也是要本科学的原则来寻求历史事物的公律。……戴仑做《近今法兰西之由来》便应用他的这种生物学方法，先将事实排列起来，随后将事实归类，列为各种社会生活，然后再单独去研究这各种社会生活的趋向。就在这个趋向上面去寻一个民族的本能。他以为便是这些本能时时在驱遣历史事实。……

（三）经过了上一个阶段，法兰西史学界才从"拘泥的科学派"中超脱出来，站在独立的地位，而开始去自由使用科学的方法；不去先立主观的定见，先下哲学的假设，而纯听由方法整理出来的史事的教训。首先做这个工夫的是费斯特尔—德—古朗日（N. D. Fustel de Coulanges，1830～1889）。

古朗日不像先前所说的两位，虽有科学家的精神，终不脱哲学家的脾气。他不立成见，不作假设，不但不取哲学的假设，便是科学的假设他都不在史事未十分正确以前去乱下的。古朗日生平所奉的信条是“仅去搜寻”。他的原则是不要史家自己说话，让正确的史料有方法地集合成功，自然说出道理来。所以他用科学的方法先尽量地去搜寻。因此他生平著作并不多。除《上古城市》一部名著外，一部《旧法兰西建设史》还是死后才出完的。他在这部书的序上说：“历史的研究方法可以定在下面的三个条文内：1. 向最详细的方面去直接单单地考究史料；2. 只相信史料上所指明的；3. 最后摆脱一切对于古史由近代方法错误而得来的思想。”他并且说：“最高明的史家该当是最能专注意于史料的，他用一种最公正的态度去逐示史事，并且他不在史料之前去乱写一笔，乱想一下。”

法兰西的史学到了古朗日名下，真正算是能摆脱一切成见，不但是哲学的成见，而且是科学的成见。所以他才能够取唯一客观的态度，专事搜索遗籍，考究史料，如同物理学家在化验室一样的态度：这才算得真正科学家的研究。并且古朗日不但本其科学精神将历史脱出这学界，而且用其简洁文笔将历史拔出文学界。他曾说：“历史完全重在正确，文笔便无取乎点染，只要质朴而简明便是了。”

本着科学的趋势，又本着古朗日个人的魅力——并且这位史家同时是巴黎最高学府国立高等师范（巴黎高师）的校长——所以立刻在他左右聚集起一班少年历史学家，随着他的精深的探讨法兰西史学界因之有长足的进步。这些少年史学家，在今日都是名震世界的史学大师了；如拉威斯（Lavisse）曾著十二巨册的通史，十八巨册的法兰西史；又如欧乐（A. Aulard）曾著关于法国革命的史书多种；又如塞足博斯（Seignobos）著近今欧洲政治史。这些科学家能够做出这样精确的巨制来，为法兰西近今科学界增光不少，便是完全遵守古朗日的科学方法，而更能放大起来：他们也很留心于遗籍的探讨，也很留意于成见的化出。……

塞足博斯在他的历史学初步上曾指示几种工作之步骤：“为建立过往的一些变化和事实的知识，从考察遗籍起，所该当要做的工夫是很繁多的，所以有分工和合作必要！该当要一些专业的工作者去分任搜求，排立和暂时将遗籍分类的各种工夫；并且要调和彼此的用力，以便那考古的预备工夫在最经济最可靠的条件中间绝早的完事。他一方面该当要有部分的编纂人（对于地方或人物的分叙）、去为最宽广的总纂以便供给材料的工作；并且商定向一个方法去用功，以便每一个的结果，不必先再费一番考究，便能直接地为别一个去利用。最后该当要一些有经验的工作者、个人不必去做搜求的工夫，专门牺牲所有的时间去研究这一些部门的编纂稿件，以便用科学方法去参混，成功一些综合的建设。如果这些工作能够自然的在社会变化的原因和性质上抽出一些结论来，我们便可以建立一种真正科学的历史哲学。于是历史学家可以认他为历史科学的正式成功了。”

塞足博斯自己也确能抱定这个科学家的态度。拉威斯做法兰西史，便给了一部分的编纂的工作与他。他并不嫌弃这个助手的生涯。因为他深以为科学的工夫不是一个人该当包办，而要各尽其能事，以图综合的最大成功。他于一年前还在巴黎大学当历史学教授。每年开课必定要教训学生道：“研究历史该当寻源究尾地去搜求，不该当去由类推，而想很快地得着解释。这样干法乃是懒人，绝不能称为科学家。”他并且常说：“搜求史事，是为史事的本身，不是为辩护你早有了的意见。”他将这个历史学的大工作放在很简明的方式里教学生：1. 搜集史料；2. 考订所搜得的史料；3. 连贯所考订过的史料。换言之，一是徵求的工夫，二是批评的工夫，三是综合的工作。……①

二、法国近代中学和大学的历史教育

(一)法国近代中学和高校历史教学方法

法国自16世纪以来历史教育主要由教会学校来实施，耶稣会传教士致力颇多，但主要是研究古代语言文字。拿破仑时代大学开始设立历史学科。但是教学和考核方式以老师编写讲义，学生背诵讲义为主。这种讲义“遗漏（事实）一切具有特性之细节，仅撮举其大要为最通常，亦即最空泛之说明。……仅存若干专名、年月，而以不变形式连接之。历史之事，遂仅见其具列一束之战争、和约、政治改革及革命等事实，且各有确定之年月岁时而已”②，一直到第二帝国末期（梯也尔执政以前）皆是如此。

以外语学生作比，如果说历史教学只是“力谋注入，以使生徒容受，如

① 李璜：《五十年来法兰西的史学界》，载《觉悟》1925年1月。按，引文序号为笔者所加。

② ［法］朗格诺瓦、赛诺博司：《历史研究导论》附录。

讲演也、撮要也、诵读也、问难也、编述也、舆图复制”，就如同“学拉丁文之生徒，唯拘拘自限于诵习文规与选读，而未尝从事于翻译及拟作也”。1890 年左右，拉维斯等人所推行的教育改革后，教学方法大为改善，纵然不能完全舍弃上述被动学习之方法，但必须增加学生的练习，培养研究能力，要求学生“必须使能解析一切雕刻、图绘、记述、描写，以搜出一切事实之特性。其所为短篇文字及口头解释，皆足保证彼之既能明了领悟，是即给与生徒以一种习惯，使应用确切之辞语。此外又可使生徒作一绘画，或舆地略图，或同时事件之年月表，又或令彼辈编成两项殊异社会之比较表，及表示各种事实关联之图表”①。

（二）近代法国高等院校历史学科建设与教师培养

对于这一时期宏大的史学转型工作，还需要学术机构的支持和国家政策的扶持。法兰西第三共和国以前（1870），历史在法国中学不过是一种道德教育的辅助课程，在高等教育中也不过是文学和政治学的附带研究。法兰西学院（Collège de France）是自由探讨和科学研究之地，非教学机构，即便有教授历史者如米什莱（Jules Michelet）也是浪漫主义历史作家，非专门治历史之人；巴黎大学文学院中的历史学亦非致力于培养中学历史教师，主要承担知识宣讲任务以供“悦此高级通俗讲演之势力与辩辞而来者也”。

而巴黎高等师范学校（ENS）和法国古文献学校（École des Chartes）则不同。前者致力于培养未来的中学各学科教师。当时教育界公认的原则是“人若欲为一优良之中学教师，则对于其所教授之事物，必须通晓且能充分通晓”，因此巴黎高师所录取的学生均“妙选高材”。巴黎高师的毕业生中，“颇有屈指可数之第一等人才，非仅大学教师及思想家著作家而已，且校雠考证之专门学者亦出其中”。古文献学校专为徵求和整理本国档案公文和其他有关于史学的材料，本致力于培养图书管理员、档案员等，后改为培养志在研究中世纪法国史的青年学子，故“唯此一学校能将关于历史搜讨之一切基本知识、辅助知识，一一以有系统有方法之教授”②。

---

① ［法］朗格诺瓦、赛诺博司：《历史研究导论》，第 182～188 页。

② ［法］朗格诺瓦、赛诺博司：《历史研究导论》附录。

在这些旧有的高等学府之外，1886 年在巴黎大学内设了一个高等研究院——巴黎高等实践学院 (EHPE)。法兰西著名历史学家杜律伊在第三共和国做了教育部长，“平生大愿，便是想如何去发展和提倡他所研究的这门学问”①。他上任后便令全法中学校注重历史课程，高等院校注重历史研究，并不断建立各种研究历史的机构，如罗马学校 (École de Rome, 1874)、开罗学校 (École de Caire, 1880)，在法兰西学院和巴黎高师增加历史研究所，在各省大学增设各种历史的讲座。最重要的是成立了巴黎高等实践学院。该院最初分为语言学、历史学和比较宗教学系，“这三系的工作五十年来贡献于历史学界的益处真正不少，在这里，每个学生和导师都有一些发现，由探讨和整理的工夫所得来的结果多是可宝贵的”②。

① 李璜：《五十年来法兰西的史学界》，载《觉悟》1925 年 1 月。
② 李璜：《五十年来法兰西的史学界》，载《觉悟》1925 年 1 月。

第三章 葛兰言与法国社会学

尽管被公认为中国史学家，多年受到法国历史学的浸润，但是葛兰言更愿意接受崭新的法国社会学。他的学生石泰安（R. A. Stein，1911～1999）说："（葛兰言）首先给自己的定位是一位社会学家：由此可知，社会学既是他的方法，也是他的目的，亦是他主要的兴趣所在。"[①]他的另一位学生杨堃也说："（葛兰言）的确是一位史学家，但同时却又与史学家不同。因为若不具有史学家的精神，绝不会对于这些微小的轶事发生极大的兴趣，但若仅是一位史学家，而没有神话学家的天赋与社会学分析法的工具，亦绝不会在这样微小的事件中发现出极重大的意义来。"[②]

的确，葛兰言在博士论文卷首向导师涂尔干致敬，将博士论文的姐妹篇献给好友莫斯，将副博士论文致以埃尔[③]，这三人都是早期对他影响深刻的法国社会学家。同时，葛兰言反复强调："用社会学分析法研究中国神话就足够了""应以确切的社会学分析代替文字学训诂""社会分析法是一种有效的工具"[④]，足见他对社会学方法的认同。这门新学问革新了传统史学，也刷新了葛兰言的学术观。

1887年，涂尔干首次在波尔多大学教授社会哲学，1891年被任命为法国第一位社会学教授，1898年创建了《社会学年鉴》，这个学刊内容主要

---

① R. A. Stein, « Souvenir de Granet », *Études chinoises*, Paris: Association française d'études chinoises, 1985, p. 29.

② 杨堃:《葛兰言研究导论》(中)，载《社会科学季刊》1942年第1卷第4期。

③ 分别是《古代中国的节庆与歌谣》《古代中国的舞蹈与传说》《中国媵婚的古代形式》。

④ Marcel Granet, *Danses et Légendes de la Chine ancienne*, Paris: Presses Universitaires de France, 1994, p. VII, note 1.

分为学术论文与书评，领域涉及相当广泛，包括宗教社会学、民俗学、神话学、道德法律学、社会经济学、社会地理学等尚在萌芽中的新兴科学，因此也吸引了一批有志于新兴学术的青年学者。涂尔干为这门新兴学科明确地划定了原则与方法范畴，使之与其他传统学科（如哲学、心理学、历史学等）分离开来，致力于从各个方面研究以社会形式存在的人类活动。在整个西方世界，涂尔干社会学以崭新的理论和方法成为学界的一股新流，不仅吸引了史学出身的葛兰言，还吸引了哲学出身的一班年轻学者，如西米昂（François Simiand，1873～1935）、赫尔兹（Robert Hertz，1881～1915）、达维（George Davy，1883～1976）、福柯奈（Paul Fauconnet，1874～1938）、哈布瓦赫（Maurice Halbwachs，1877～1945）、布格雷（Célestin Bouglé，1870～1940）等，他们组成了一个社会学家团体，围绕在《社会学年鉴》周围。这一刊物便成为涂尔干社会学的大本营，在各个学科为涂尔干社会学发声：列维－布留尔（Lucien Lévy-Bruhl，1857～1939）在心理学方面，让·雷在法制学方面，莫斯、于贝尔在人类学方面，西米昂在经济学方面，路易·谢尔耐在古希腊史学方面，等等。而葛兰言专注于汉学方面，甚至路易·谢和耐的儿子[①]后来成为著名汉学家，也实际上继承了葛兰言的工作。葛兰言赴中国考察时，专门带去了一箱《社会学年鉴》[②]，甚至多年以后仍然向中国学生杨堃推荐这一刊物。可以说，《社会学年鉴》是葛兰言研究的灵感源泉。

作为涂尔干的高徒，葛兰言的中国社会史研究无论在方法论还是理论上都表现出了对法国社会学的传承。他对中国古代节日的研究，体现了涂尔干在集体意识、社会团结、外婚制等多方面的理论；得益于莫斯的指教，他对中国古代家族的“进入仪式”与身份认同的研究，超越了范－热内普（Arnold van Gennep，1873～1957）的“过渡仪式”论；他从《诗经》中考察中国古代汉语的字、词、句的形成和运用，并从中窥见中国人的原始思维特点，并将这一研究归功于列维－布留尔的直接启发……[③]得益于社

① 谢和耐（Jacques Gernet，1921～2018），著有《中国与基督教》《中国社会史》《中国人的智慧》等，谢和耐的父亲（Louis Gernet）与葛兰言曾是梯也尔基金学院的舍友。他对葛兰言非常欣赏，并为他的《关于中国的社会学论文集》作序。

② 参见：« LA MUTINERIE DU 29 FÉVRIER 1912 A PÉKIN vue par Marcel Granet，Introduction et notes de Marianne Bastid »，*Études chinoises*，p. 105.

③ 分别参见：《古代中国的节庆与歌谣》《置婴于地：古礼与神断》《中国人语言和思维的若干特点》。

会学与历史学在方法论上的良性结合，葛兰言将中国社会研究拓展开来，既在共时上考察宗教、制度、文学、仪式等各个社会事项，又在历时上推论各个社会事项由俗到制的变迁。

此外，比较的方法要求社会学者必须尽可能广泛地掌握各个民族，包括澳洲、美洲、非洲、远东等所有地域中的同类社会现象，《社会学年鉴》自从创刊起就为中国文明的社会学研究留出了一席之地[①]，希望通过在全世界各民族中的考察来验证和探索涂尔干的社会学理论。因此，涂尔干十分关注中国的宗教和社会情况，写有书评《中国妇女条件》(1903)，在与莫斯合著的《原始分类》中多次提到中国方面；莫斯写有书评《中国鬼神和巫术》(1910)、《中国鬼神》(1913)等。从这些书评可以看出，他们对当时已有的传教士或汉学家的中国社会研究并不满意，葛兰言作为涂尔干的学生，肩负起了这项重任。

第一节　趋同与分歧：历史学与社会学

经过漫长的基督教历史理论失范，近代西方历史学家重新开始了对历史认识论的探索。然而，在历史科学尚未产生的时代，哲学思想家们认为宗教信仰的基础由奸诈贪婪的神职人员构成，于是在否定神圣历史的同时也忽视了宗教存在的实体性。启蒙运动者们尽其所能地试图揭开宗教的神秘面纱，将宗教的本质定性为纯粹任意且人为的建构。那么，宗教的本质是什么？在没有神职人员的世俗时代，宗教是否存在？如果人类社会的根源只是建立在谬误和谎言之上，人类赖以生存的制度不可能长久持续且具有旺盛的生命力。究竟是什么凝聚了人类社会？如此一来，社会生活、宗教神话、政治制度史如何起源和发展成为社会哲学的首要课题。

早在18世纪，意大利学者维柯(G. B. Vico，1668～1744)已经在他的社会学大作《新科学》(1725)中开创了把文学作品与时代背景、作者生平结合起来研究的方法，以“发现真正的荷马”及史诗创作背景来研究古代希腊社会，认为荷马的创作遵从了他那个时代的情感和习俗，“因为只

① 参见：*Année sociologique*, vol. 1 (1896－1897), Table de matières.

有这种情感和习俗才向诗人们提供恰当的材料”[①]。维柯赞成荷马诗歌是希腊民族情感之表达，从中解读出希腊语言、文化和社会制度的起源。可以说维柯开创了对史诗的人类学研究，是社会史研究的鼻祖。他认为，通过随社会变化而变化的语言及承载语言的神话、传说，反映了创造它们的那种社会结构状况、思想意识和经济生活，是被歪曲了的历史回忆。这一观点对19世纪人类学、语言学、神话学、哲学都有深远影响。

进化论席卷19世纪欧洲史学，这一时期出现了大量关于西方社会史，特别是古代社会起源的史料研究。在葛兰言的阅读资料中，关于欧洲国家和民族历史起源的历史著作十分引人注目，如《古代法国起源》《法国历史资料（从最早期到1494年意大利战争）》《欧洲原始居民》《德国人或德国的起源和国家》《上古经济史》等。可见，对人类社会起源和制度形态变迁的研究，成为西方史学转型后的又一方向。实际上，在历史学范畴里，社会法律制度史是与后来诞生的法国社会学最为接近的方面。

孟德斯鸠（Montesquieu，1689～1755）是最早把不同时期和地区的制度、风俗、习惯、法律、思想等分类进行比较的学者之一，其《论法的精神》目的就是解释政治制度和政府法律的起源和发展，他认为需要同时深入社会史和经济史的研究，包括最初人类风俗制度的研究。孟德斯鸠还强调自然条件对社会历史发展的影响，认为气候影响社会政治制度和民族性[②]，这与重农派杜尔格（Jacques Turgot，1727～1781）的主张十分相近，他认为，历史并非人名和历史事件的简单合成，不是由偶然事故或外部力量所支配，而是有历史内在的力量推动前进，这就是一个社会本身自行发展的过程。杜尔格的学说直接影响了孔多塞（Condorcet，1743～1794），在《论人类精神的进步史纲》中抛出人类理性发展推动社会进步的主张，影响了圣西门（Saint-Simon，1760～1825）和孔德（Auguste Comte，1798～1857）等人。在他们的提倡下，人们将实证科学方法应用到社会研究上来，使对人类社会的概括性和类型化研究从历史学和哲学中分离出来。

---

① ［意］维柯：《新科学》，朱光潜译，人民文学出版社1986年版，第383页。

② 在法国汉学家中，毕欧（Biot）受此学说的影响至深，其史地方面的著作有《中国古代气候研究》《黄河下游改道论》《中国山岳与洞穴考》等。他在对《诗经》的研究中所强调的“社会事实”方法可视为葛兰言方法论之先声。（参见卢梦雅：《葛兰言与法国〈诗经〉学史》，载《国际汉学》2018年第2期）

在此之后，社会学与历史学仍然难分难舍。古朗日在《古代城邦》(1864)一书中展示了研究历史的一种社会学的新方式，后来他在《古代法国政治制度史》(1875)中进一步指出："几年前人们就发明了'社会学'这个词，而'历史学'这个词实际上和人们理解的意思是一样的。历史学是社会事实的科学，也即社会学本身。"①

事实上，19 世纪晚期，强调经验历史、事件历史的传统实证主义史学达不到触及历史本质和作用的目的，由于古代文献史料的缺乏，尤其无法满足当时古代史学研究的需求。随着社会学、人类学、历史语言学等人文社会科学逐渐发展起来，相继浸润史学领域，使得古代史学研究有了新气象——在史学界，法国历史学家拉孔布主张社会学、哲学、心理学与历史学的结合，拒绝建立在政治伟人与年代叙事上的历史学，提出"历史事实"的概念②；新兴的社会学，亦将"追溯社会的历史源头"作为重要课题，涂尔干系统地提出"社会事实"这一全新概念③，使得社会史研究不再拘泥于历史事件，从而为研究罕有书面史料直接可证的古式社会（包括上古社会和未开化社会）提供了可能。

因此，涂尔干指出："历史学与社会学应当互相补充……（历史学应当）以社会学的方式进行研究。"④涂尔干指出当时的历史学没有充分使用比较的方法："一旦历史学具有了比较学科的特点，就与社会学没有什么区别了。"⑤的确，古朗日也表示："如果比较法占了上风，那么历史学将不再是一门科学。"⑥

当时的历史学家通常局限于单个民族的研究，关心一种制度在发展过程中的不同阶段。古朗日也承认："比较的方法不可或缺"⑦，但是在研究氏族时他尝试抽取不同社会的同类家庭来进行类比的制度研究却并不

---

① Fustel de Coulanges, *Histoire des institutions politiques de l'ancienne France*, vol. 4, p. IV.

② 参见：Paul Lacombe, *De l'histoire considérée comme science*, Paris, 1834.

③ 最初，涂尔干受到艾斯比纳斯《动物社会的比较心理学研究》的启发，将"社会事实"引入人类社会研究。（参见 Kenneth Thompson, *Émile Durkheim*. Routledge: London and New York, 2002. p. 23）

④ E. Durkheim, *Année sociologique*, vol. I (1896—1897), 1898, Préface.

⑤ E. Durkheim, *Année sociologique*, vol. I (1896—1897), 1898, Préface.

⑥ Robert Leroux, *Histoire et sociologie en France: De l'histoire-science à la sociologie durkheimienne*. Paris: PUF, 1998, p. 47.

⑦ N. D. Fustel de Coulanges, *Questions historiques*, p. 87.

充分。涂尔干指出，虽然古朗日曾一再重复“真正的社会学是历史学”[①]，却在当时无法广泛利用某类家庭在民族志意义上的各种类比形式，因而无法理解此类家庭的真实特征。当然，在古朗日时期，比较法尚未成熟，更多的是在古典学家那里表现出随意的参引。因此，涂尔干在他的社会学理论建构中首先重新定义了比较的方法：“比较只有在范围非常广的情况下才会是真正有效的。”[②]这无疑需要依赖于社会学——历史学家无法同时研究各种社会个体，而社会学却可以比较各民族中发现的历史事实，以尽可能完整地认识研究对象，特别是在涂尔干社会学后期，社会学与民族学几乎画上了等号，重在研究未开化社会的民族文化。

在涂尔干看来，一方面，所有历史学的东西都是社会学的；另一方面，对于道德、法律和宗教的哲学思辨，社会学家也很感兴趣，社会学是兼容并蓄的。[③] 他认为，历史学家的主要工作是依照时间次序去追溯特殊历史事件的前后关联，以及构成特定人口的历史表面上的前后次序，如朝代、战争、谈判的次序等传记类的东西。而社会学家无论是讨论习俗、法律或宗教信仰，只要确认它们是社会事实，便可以将这些可理解的、可进行科学考察的社会现象关联起来，通过方法上的反思以发现其中的既存规律。因此，对社会学家来说，历史学家关心的历史序列问题没什么用处，社会学家只会去选择和提取那些他们认为有助于比较和观察的事实。[④] 因此，历史学与社会学应当互相补充，“历史学应当以社会学的方式进行研究”[⑤]。可以说，在涂尔干看来，社会学方法是对历史学方法的一种革新，苦学多年史学的葛兰言之所以转向社会学也是这个原因。

如果将朗格诺瓦和赛诺伯斯合著的《历史研究导论》(1897)中对人类活动的历史事实之分类，与涂尔干主编的《社会学年鉴》创刊号(1898)之栏目分类对照起来观察的话，我们会发现，与其说涂尔干社会学是从哲学上分离出来，毋宁说是从历史学衍生出来的。

---

① E. Durkheim, *Année sociologique*, vol. I (1896—1897), 1898, Préface.

② E. Durkheim, *Année sociologique*, vol. I (1896—1897), 1898, Préface.

③ E. Durkheim, *Année sociologique*, vol. I (1896—1897), 1898, Préface.

④ E. Durkheim, *Année sociologique*, vol. I (1896—1897), 1898, Préface.

⑤ 参见[法]爱弥尔·涂尔干：《乱伦禁忌及其起源》，汲喆等译，上海人民出版社 2006 年版，第 295 页。

《历史研究导论》“人类活动的历史事实分类”：

下列之分目，即吾人为历史事实之分类分组故，而试拟为一种大程式，由人类活动之“实况”与其“表现”之性质上制定。

(1)物质概况

(甲)人体

(A)人类学、人种学、解剖学、生理学、生理变态与病理学

(B)人口学（男女、户口、年龄、生死、疾病等）

(乙)地理

(A)自然地理（地形、气候、沼泽、土壤、特产植物、特产动物）

(B)人文地理（农事、房屋、建置、道路、器具之类）

(2)心灵现象

(甲)言语（文字、章句、音韵、训诂）

(乙)艺术

(A)静象艺术（图绘、雕刻之制出情形，其用意方法及工作）

(B)动象艺术（音乐、舞蹈、文学）

(丙)科学（其产生及方法与效果）

(丁)哲学与道德（其概念、训条及其目前之实际应用）

(戊)宗教（其信仰及仪式）

(3)人事习惯

(甲)物质生活

(A)饮食（食物、其储食方法、刺激食品）

(B)衣服装饰

(C)家宅器用

(乙)私人活动

(A)燕居（修饰、卫生）

(B)社会礼仪（丧葬、婚姻、节日及一切礼式）

(C)娱乐（运动、田猎、游戏比赛、会客、旅行）

(4)经济习惯

(甲)生产

(A)农业与股本囤积

(B)矿产之开拓利用

(乙)工艺(转运与工艺制作、专门做法、分工及交通方术)

(丙)商业(其交换售卖与信托)

(丁)分配(其财产制度、传授移转、契约及其债息)

(5)社会组织

(甲)家庭

(A)组织(其家长、妇女与儿童之状况)

(B)经济(其家庭财产及继承)

(乙)教育(其宗旨、方法、职任之人)

(丙)社会阶级(其分业之原则、确定此关系之定律)

(6)政治制度

(甲)政治条律

(A)主权(其职任之人与行使之方式)

(B)行政事务(军事、司法、财政等)

(C)选举(选举权及集会、选举之团体及其行使方式)

(乙)宗教条律(主权者及其行政与选举)

(丙)国际条律

(A)外交

(B)战争(战争习惯与其军事方术)

(C)国际法与通商①

《社会学年鉴》第一期栏目:

第一部分　原著

第二部分　文献分析和注释

一、社会学概论

引论

1. 哲学社会学

2. 生物社会学

3. 心理社会学

二、宗教社会学

1. 理论方法

① 参见[法]朗格诺瓦、瑟诺博司:《历史研究导论》,第125～127页。

2. 原始宗教

3. 家庭宗教

4. 死亡信仰和仪式

5. 民间信仰（尤其是农业）

6. 仪式

7. 神话

8. 封建贵族信仰与制度

三、法律与道德社会学

1. 法律与道德理论

2. 风俗研究

3. 家族

4. 婚姻

5. 刑罚

6. 社会制度

7. 财产法

8. 其他

四、犯罪社会学

1. 道德统计学

2. 犯罪人类学

A. 犯罪与人种

B. 犯罪的特殊因素

C. 不法行为的特殊形式

D. 俚语

E. 其他问题

五、经济社会学

1. 经济理论

A. 价值与价值衡量

B. 社会主义与经济学

C. 社会经济的新概念

D. 其他

2. 职业群体

3. 劳动史

4. 商业演变

六、其他

1. 社会人类学

2. 社会地理学

3. 人口学问题①

以《社会学年鉴》为阵地的涂尔干学派，并非将历史学与社会学对立起来，而是希望对具体的历史事实建立起一种实验性的、比较性的、阐释更为确切的方法，掌握尽可能多的民族和地区的事实。② 莫斯多次强调社会学与历史学需要密切合作："对不同社会文明更好的历史性描述需要建立在我们（社会学）研究的很多观点之上。"③"历史是我们不可或缺的工具，可以为我们提供事实的依据并确保其准确性。"④莫斯的合作者于贝尔也曾说过："真正的社会学分析能够从原始的历史研究中获得一切，从而为我们提供有关社会事实的零散线索。"⑤在他们看来，历史学家呈现事实，而社会学家通过其普遍联系将这些事实集合起来以说明问题。

尽管社会学从历史学分离出来，在涂尔干和莫斯那里，我们仍可以看到两者既相互区别又紧密联系，因此葛兰言的汉学注定是社会史学式的。当代法国汉学家马修（Rémi Mathieu，1948～）曾评价道："尽管葛兰言受的是历史学和汉学的训练，然而他身在20世纪20年代，对其精神和学识产生更为深刻影响的毋宁说是社会学。他的研究方法首先是'社会学的'，也就是他眼中的'涂尔干式'和'莫斯式'的社会学，无论从情感上还是理性上，他都愿意选择这种社会学方法。"⑥

---

① 参见：*Année sociologique*，vol. I（1896—1897），Table de matières.

② 参见：Robert Leroux，*Histoire et sociologie en France：De l'histoire-science à la sociologie durkheimienne*，p. 154.

③ M. Mauss，« Divisions et proportions de la sociologie »（1927），*Œuvres*，vol. 3，1975，p. 182.

④ M. Mauss，« Compte rendu de Teil »，*Année sociologique*，vol. II（1897—1898），1899，2，p. 188.

⑤ H. Hubert，P. -D. Chantepie de La Saussaye，*Manuel d'histoire des religions*，Paris：Colin，1921，Introduction.

⑥ Rémi Mathieu，*Préface de la Danses et Légendes de la Chine ancienne*，1994，p. VI.

第二节　走向社会学:葛兰言与涂尔干

一、涂尔干的社会学方法

涂尔干毕业于巴黎高等师范学校,是法国社会史学家古朗日的学生[①],他的博士论文《社会分工论》(1883)及副博士论文《孟德斯鸠对社会学建设的贡献》(1892)无不显示出建设和发展社会科学的决心。[②] 涂尔干将副博士论文致以古朗日。事实上,他不但继承了古朗日的社会史学研究,而且远远超过了古朗日。他的社会学研究扩展到各种社会个体的社会史比较研究以及对各种现代社会问题(包括道德、家庭、教育、自杀等)的分析和解决,建立起一门解释社会的科学和一套系统的方法论。

涂尔干的社会学方法能够脱离任何形而上学的系统而独立发展,得益于他主张以客观社会来解释事实的实证方法,而不是用哲学思辨的方式。他在《社会学方法的准则》中说:"一件社会事实的决定原因应该在先前发生的社会事实中寻求,而不应该在个人意识的形态里寻求。"[③]这无疑是一种实证主义的态度。涂尔干继承孔德的实证主义,首创将实证主义应用在现实社会问题研究中,早年其《自杀论》(1897)中的统计学分析法将实证主义社会学方法展现得淋漓尽致——葛兰言看过该书后大为震撼,他说:"对于我及其他人,并不是《社会学方法论》(1895)或《社会分工论》使我感动或征服我,我认为社会学家可以分为两类:一是受到《自杀论》启发的,一是不被启发的。"[④]《自杀论》是涂尔干解决现代社会问题的代表作,首创性地运用了社会统计的实证方法,将定量分析引入社会科学,批判了以个体心理学解释自杀现象的传统理论,建立了用社会事实的因果关系分析自杀的理论,成功地通过这项研究将社会学与心理学分离开来。

---

① 古朗日任巴黎高师校长期间(1880～1883)差不多正是涂尔干在那里读书期间(1879～1882)。[参见:François Héran, « L'Institution démotivée. De Fustel de Coulanges à Durkheim et au-delà », *Revue française de sociologie*, 1987, 28(1), p. 69, note 5]

② 参见[美]J. W. 汤普森:《历史著作史》下卷第三分册,第 99 页。

③ [法]迪尔凯姆:《社会学方法的准则》,狄玉明译,商务印书馆 2011 年版,第 125 页。

④ 雨堂:《汉学家法国葛兰言先生》,载《新东方杂志》第 1 卷第 9 期,第 160 页。

作为涂尔干的追随者，葛兰言唯一一篇探讨社会现实问题的长篇论文《反酗酒论——一项社会主义举措》(1911)，是一项明显呈现出"《自杀论》式"的社会学研究。酗酒问题在当时备受关注[①]，《自杀论》最后也谈到法国人酗酒与自杀的关系。葛兰言在这项研究中以大量实证数据论证了酗酒对个人和社会的危害、酗酒现象在法国社会的恶化，进而从个人心理、生活条件、酒的生产与买卖等方面分析造成酗酒的主观原因和客观原因，最后揭示了法国大资产阶级政府无法根本解决这一问题，从而提出反对酗酒是一项紧迫且社会主义式的斗争，在介绍其他国家的成功经验基础之上，提出工会与合作社的发展可以在反对酗酒中起到的关键作用。这项研究通篇使用了统计学和数量分析，从个人与社会两方面分析酗酒的因果关系，秉承了涂尔干在《自杀论》中的研究范式，从提出问题到解决方案，较为完整和透彻地分析了研究对象。

事实上，《反酗酒论》一文是葛兰言尝试解决现代社会问题的一次实践和检验，印证了他完全有能力使用实证方法去分析和解决社会问题研究。在这次自我证明之后，葛兰言便全心投入了对历史长河的研究。杨堃认为，葛兰言是一位喜欢史学并受过史学训练的学者，对《社会学方法论》或《社会分工论》中抽象的理论并不投趣，而《自杀论》一书中所举出的事例都是具体的社会事实，以量化的方法而不是心理与道德的主观解释，展现出一个整体的社会事实与进化的历史的社会事实，这与葛兰言的社会进化史学思维是相吻合的。[②] 当然，涂尔干利用概率统计学的方法与现在普遍意义上的实证主义社会学研究方法相近，但是葛兰言的古代史研究显然不适合直接使用这种方法。要想从古史资料中进行客观分析，需要的正是涂尔干在其《社会学方法论》中从事实出发研究事实、并发现新事实的社会学分析法，对于社会史这样无法进行定量分析的研究对象，涂尔干的社会事实论更为实用：如何选取具有共同外在特征的社会现象作为研究对象，如何去定义和分类，如何解释一种社会现象产生的原因，等等。

在中国史研究中，葛兰言受到涂尔干社会学理念的影响主要表现在

---

① 如：Désiré Descamps，*L'Alcoolisme et la question sociale*，1900；Joseph Reinach，*Contre l'alcoolisme*，1910 等。

② 参见杨堃：《社会学与民俗学》，第 112～113 页。

四个方面：

(1)以社会事实为研究对象；

(2)以解释习俗和制度演变为研究目的；

(3)以宗教的社会性为前提来解释人类文明起源；

(4)以未开化社会来理解古代社会为研究方法。

(一)把社会事实当作对象来研究

这是涂尔干社会学方法论的第一条，是涂尔干社会学研究基础。受到艾斯比纳斯(Alfred Espinas)《动物社会的比较心理学研究》(1877)的启发，涂尔干将"社会事实"(fait social)引入人类社会研究。这个概念在他的副博士论文《孟德斯鸠对于社会学建设的贡献》(1892)中反复出现："孟德斯鸠很清楚地看到所有这些个别事物是一个整体。如果每个事物分开考虑，而又不互相兼顾，我们对它就无法了解。"[①]孟德斯鸠认为，研究某一历史事实是容易的，但研究历史变化的原因却十分困难，应当从事实出发，对历史事实进行综合、归纳、比较和推理。孟德斯鸠的真正目的便是建立一门解释社会的学科，他认为这门学科要建立在从收集到的事实中推断出的结论之上。涂尔干继承了孟德斯鸠的观点，指出社会学的一个主要贡献，就是意识到那些极为分散的、断断续续的事实之间有密切的相互联系，并且完成了孟德斯鸠的志愿——建立起一门专门解释社会的科学，并且与其他学科区分开来。

当时历史学、心理学等其他学科的目的是考察和描述特殊的事实，研究个体现象，而不是建构类别并确立相互关系。在《社会学方法的准则》(1895)一书中，涂尔干为社会学确立了有别于哲学、心理学、生理学的独立研究对象：社会事实。社会事实的存在不取决于个人，它先于个体生命而存在，并且比个体生命更持久，它以外在的形式强制和作用于人们的行为和意识。因此，社会学方法是将宗教、法律、道德和经济现象看作整体的社会事实，同特定的社会环境联系起来，同确定的社会类型联系起来，去描述或解释这些事实。[②]

"社会事实"这一全新概念的系统提出，使得社会史研究不再拘泥于

① Kenneth Thompson, *Émile Durkheim*, p. 23.

② 参见 E. Durkheim, *Année sociologique*, vol. I (1896—1897), Préface.

历史事件，从而为罕有直接书面史料可证的古式社会（包括未开化社会和古代社会），提供了可以进行研究的前提和方法。在葛兰言的古代神话解读中，他以“固有主题”（schème obligé）来联系各种社会事实。他认为：“这些文献尽管相隔三四百年，但其文献价值是差不多的，因为它们讲述的是同一传说，这些传说从久远的过去就被记录下来，一直支配着人们的思想和行动。”[①]例如葛兰言提取了与“兰花”有关的事实：“当人们在喷薄激荡的泉水边涉水采摘兰花时，便汲取了先灵的力量，祖先的灵魂从地下随着泉水而出，得以转世（《诗经·溱洧》）……郑国后妃怀有兰花之子，这既是与丈夫的结晶，也是祖先的馈赠；割下兰花，这个叫兰的孩子也就死去了。（《左传·宣公三年》）”[②]在这些先秦文学中，他发现了节日祭祀、兰花与祖先崇拜之间的关系，将古人对生死信仰与家族制度联系起来。在《古代中国的舞蹈与传说》中，葛兰言也一再使用“事实”（fait）一词，如“社会事实”“历史事实”等[③]，正是莫斯将“社会事实”这个概念理论化、具体化，他说过：“社会事实是可以弄明白的，因此可以成为科学的对象。”[④]

葛兰言将成书时间不同的书籍、传记故事与正史记载、甚至现代注释等各种材料混同使用。比如在描述舜的妻子时，他将《列女传》《史记》并置；在描述共工等被放逐之事时，他同时参引了《书经》和《神异经》，把《书经》《竹书纪年》的现代注释放在一起参引；他还把志怪小说《述异记》《拾遗记》与《左传》《国语》联系在一起，甚至用《拾遗记》来解释《史记》，等等。[⑤] 这样去建立社会事实之间的联系，必然要求一种“观念联想”（association d'idée），在几个或者更多的神话素材及社会学概念之间的联想，以建立这些因素之间的逻辑关联。[⑥] 然而葛兰言可利用的恐怕只有这些中国的古代文献，因此就带来了论证时的矛盾和困难，其所描述的社会或历史“事实”是否真实就成为无法回避的问题，当然这也是莫斯和其他人类

---

① Rémi Mathieu, *Préface de la Danses et Légendes de la Chine ancienne*, 1994, p. XV.

② Marcel Granet, «Chansons d'amour de la vieille Chine», *Revue des arts asiatiques*, vol. 2, n°3, sep. 1925, pp. 24－40.

③ 参见：Marcel Granet, *Danses et Légendes de la Chine ancienne*, 1994, Introduction.

④ Rémi Mathieu, *Préface de la Danses et Légendes de la Chine ancienne*, 1994, p. IX.

⑤ 参见：Rémi Mathieu, *Préface de la Danses et Légendes de la Chine ancienne*, p. XV, note 1.

⑥ 参见：Rémi Mathieu, *Préface de la Danses et Légendes de la Chine ancienne*, p. XX.

学者无法解决或躲避的问题。[①] 他因此受到了来自汉学家的批评，认为他不加辨识地使用不同年代的材料作为论据，忽视了其意识形态的背景。[②]

诚然，这也同时说明了法国传统汉学为何不能理解和接受社会学的方法——在涂尔干这里，社会事实对于社会学分析的重要性在于类型和规律，而不是顺序。葛兰言在《诗经》研究中，将包含民间歌谣的文学文本和注本、记载官方礼制的律法文献、历史书籍等各种古代文献不区分年代和地区地加以使用，目的是从手头仅有的一些先秦、秦汉及至魏晋时期的古文献中提取能够说明社会和历史问题的同类事实，进行归纳、比较和说明；在《古代中国的舞蹈与传说》中，一方面，葛兰言只挑选了一部分可以说明情况的神话传说，另一方面，他又将不同年代文献中相关的"历史事实"结合起来阐释。这种方法在秉承传统史学方法的汉学界难以得到认同。莫斯却称赞道："葛兰言……在其一系列丰硕的著作中，不仅使用了最为严谨的史学方法，也是用社会事实来解读社会事实的成功范例。"[③]涂尔干把能对个人意识产生强制作用的行为方式或思维方式视为社会事实[④]，然而汉学界一直到当代才开始在了解涂尔干社会学基础上认可这种做法——当代汉学家谢和耐称赞葛兰言"是第一个在中国古史研究中将人类行为和人类心理作为社会事实来研究的人"[⑤]。

(二)婚姻、家庭的习俗、制度研究

这是葛兰言汉学的基本出发点，也是涂尔干社会学的研究出发点。涂尔干把"一切由集体所确定的信仰和行为方式称为 institition（制度）"，这种制度是被社会约束的行为和思维方式，把社会学界定为"关于制度及其产生与功能的科学"[⑥]，而家庭是社会的最小单位，研究社会问题和集体活动必须以家庭和婚姻制度为起点。涂尔干曾在波尔多大学和巴黎大学

---

① 参见：Rémi Mathieu, *Préface de la Danses et Légendes de la Chine ancienne*, p. IX.

② 这种批评主要来自于高本汉（B. Karlgren）。（参见：Rémi Mathieu, *Préface de la Danses et Légendes de la Chine ancienne*, 1994, p. XX, note 1.）

③ Marcel Mauss, « La sociologie en France depuis 1914 » Extrait de la Science française, vol. I, Paris: Larousse, 1933, pp. 36—46.

④ 参见[法]迪尔凯姆：《社会学方法的准则》，第 16 页。

⑤ Yves Goudineau, « Marcel Granet devant la Chine et la sinologie: entretien avec Jacques Gernet », *Préfaces: les idées et les sciences dans la bibliographie de la France*, n°7, 1991.

⑥ [法]迪尔凯姆：《社会学方法的准则》，第 19 页。

开设了“家庭（或者家族）”的课程，在《社会学年鉴》上设有“结婚仪式”“家庭”的专栏，在这方面发表了不少书评和文章。[①] 可以看出，涂尔干在研究社会学理论、社会团结、社会犯罪、社会主义、宗教、道德教育之外，对婚礼风俗和仪式、家庭伦理、家庭制度等方面致力颇多，婚姻和家庭是涂尔干社会学体系不可分割的重要组成部分。

涂尔干致力于将社会学从其他与社会科学相关的学科，如心理学、哲学中分离出来，成为独立的学科，在《就韦斯特马克著述论人类婚姻的起源》(1895)一文中，涂尔干抛开心理学或生理学上对乱伦禁忌的分析，开始从社会学角度思考乱伦禁忌的起源，继而写成《乱伦与禁忌的起源》(1897)，将外婚制追溯为乱伦禁忌的根源，这是涂尔干早期关于家庭制度和宗教的经典著作。1887 年，涂尔干首开社会学专业时便以《家庭社会学导论》(1888)作为开课讲义，论述了研究家庭习俗之于整个社会制度研究的重要性，他告诉学生：“我们要尽可能地深入过去，同时我们也不能忽略现在。即使我们所描绘的是最原始的家庭形式，也不是为了满足人们的好奇心，而是为了逐步获得有关西方家庭的一种解释。”[②]社会制度研究是涂尔干社会学的核心，而家庭习俗是这一研究的起点。

在涂尔干的社会学中，习俗应该是具有某种程度的权威性的事实，带有强制性特点，能够表现最初秩序的集体事实，是有别于个人意识的产物，这些事实能够展现出社会含义。社会学家可以通过松散地保留在带有舆论色彩的民间道德——尽管有些模糊不清，却依然可以作为一种制裁形式具有约束力——或者逐渐固定为实定律法的文献中找到这些事实。[③] 于是，涂尔干认为，在进行家庭社会学研究寻找归纳的实质时，所依凭的资源主要就是“以民族学和历史学的方式提供给我们的法律和道德”[④]。对照葛兰言的中国研究，我们可以看到他尤为重视《仪礼》《礼记》《周礼》等官方礼法文献的记载，又尝试在《诗经》的民间歌谣中找到民间道德的遗留，同时又使用民族志资料，以中国少数民族及周边国家地区至

---

① 如《联姻家族》(1892)、《中国的妇女地位》(1903)、《犹太人的婚姻法》(1905)、《希腊语罗马神话中的性风俗》(1903)、《妇女地位》(1904)、《关于澳大利亚社会的婚姻制度》(1904)、《阿尔及利亚的婚礼》(1904)、《古代德国的性生活》(1904)、《埃及的婚礼》(1905)、《协议离婚》(1909)等。

② [法]爱弥尔・涂尔干：《乱伦禁忌及其起源》，第 285 页。

③ 参见[法]爱弥尔・涂尔干：《乱伦禁忌及其起源》，第 290～291 页。

④ [法]爱弥尔・涂尔干：《乱伦禁忌及其起源》，第 291 页。

今仍保存的风俗来佐证。对于这种强制性的习俗规范，葛兰言甚至在《诗经》中发现了证据——诗歌的套语，这些程式化的套语体现出对赛歌失去感情色彩，成为例行的集体社会活动。①

涂尔干的社会学受到斯宾塞社会进化论的极大影响。他认为，若要对整体社会进行研究，必须将古今有联系的事实联系起来，甚至将各民族有关系的事实关联起来，遵循历史缓慢发展的足迹。只有看清楚社会事实的最初形态，才有可能在后来大量紧密交织在一起的各种要素之间构建客观正确的理论。

婚礼、家庭制度→图腾制度→宗教信仰→社会组织形式起源→现代社会组织形式出现的问题→伦理道德与教育的问题

这是涂尔干的研究轨迹，我们可以从中总结出这样的学术思路：若要解决当下的社会问题，需要追溯社会的起源，于是涂尔干早期研究家庭制度、图腾制度、宗教定义等问题在世界上各个国家和地区的古代社会或未开化社会的存在形式——弄清楚问题的源头才能正确认识问题的当前形态，问题才能得到有效的解决。因而，极具使命感和责任感的涂尔干，晚年在伦理道德与教育学问题上致力颇多，担任了巴黎大学教育部主席，在社会学之外对法国的教育学也贡献极大。

事实上，很多社会学家都秉承这样的理念进行民族学研究，从启蒙时期开始，伏尔泰的巨著《风俗论》就已经以世界各地风俗资料为基础，来考察各种社会的形态。由此我们便能理解葛兰言为何着眼于中国古代民俗，特别是婚俗与家庭研究——这是社会学研究的起点和重要基石。涂尔干的家庭俗制变迁理论深刻影响了葛兰言研究——他开始着手博士论文时，曾以“封建社会中的威望的比较研究”为题，他坚信：“只要假设中国的家庭制度和政治制度之形态乃同源同质，具有极大相似性，那么中国的家族制度研究能够成为洞悉封建君主间威望竞争的一个良好媒介。”②

中国的家庭制度课题贯穿了葛兰言学术生涯的始终。在其副博士论文中，他研究了平民婚姻文化之外的贵族婚姻制度，后者以父权式为特征，但是在家庭礼制中，如昭穆制度、群婚制、外婚制等，均可见母系制婚

---

① 参见[法]葛兰言：《古代中国的节庆与歌谣》，第 212 页及“附录一”。

② Yves Goudineau, « Une vérification expérimentale dans la Chine de 1912 », *Gradhiva 14*, 1993。

姻的遗迹。早在1912年，葛兰言来中国考察的主要内容便是中国社会的亲属关系问题。在家庭和婚姻问题上，他不断深入研究，《中国古代仪式的封建家庭研究》一文虽一直未发表，但是1922～1924年，他在巴黎高等实践学院任教期间一直就该文研究成果进行授课。[①] 直到去世前一年，他发表了长达254页的《中国古代的婚姻类别及亲属关系》，《社会学年鉴》将该文作为专号出版。[②] 葛兰言始终认为，中国的父权制度与罗马的家长制度不同，中国的家族制度残存着古老的母系氏族遗俗，这种庞大的家族逐渐缩至父系氏族，而封建制的消失导致了中国家族向罗马式父权制家族意义上的演变，因此父权制家族是中国家族制度的演变终点而非起点。此外，这篇长文对涂尔干学派基于澳大利亚土著所得出的外婚制、乱伦禁忌、亲属关系等研究均有新的延伸和修正，该文的重要意义"不仅在中国古代宗教与中国古代家族之研究一方面，而且是法国现代社会学派近十年来最重要的一种表现"[③]。

（三）以宗教的社会性为前提来解释人类文明起源

1886年，涂尔干认识到，宗教与法律、伦理一样，是规范社会行为的一种主要机制，应当开始将宗教作为一种社会现象来研究。[④] 涂尔干先后发表了《乱伦禁忌及其起源》(1897)、《从宗教定义到宗教现象》(1898)、《宗教生活的基本形式》(1912)等以宗教信仰为主要研究对象的著作，认为宗教信仰甚至包括语言、律法等都是独立存在于个人的意识之外的社会现象。他认为宗教的神圣性来自于社会，它不过是被实体化、人格化了的团体力量，即道德力量，这正体现了宗教的社会功能。因此，宗教社会学的课题是解决社会起源问题的根本。涂尔干成为宗教社会学的创始人。

涂尔干在《社会学年鉴》第二卷序言中，特别提出"应把有关宗教社会学的分析放在首位"[⑤]，他认为这种具有首要地位的社会现象，是产生其他

---

① 参见：Rémi Mathieu, *Préface de la Danses et Légendes de la Chine ancienne*, 1994, p. XIX.

② 参见：*Annales sociologiques*, collection de l'Année sociologique, série B, Paris: Librairie Félix Alcan, 1939.

③ 杨堃：《葛兰言研究导论》(下)，载《社会科学季刊》1943年第2卷第1期。

④ 参见[加]马赛尔・福尼耶：《莫斯传》，赵玉燕译，北京大学出版社2013年版，第41页。

⑤ E. Durkheim, *Année sociologique*, vol. II (1897—1898), Préface.

社会现象的根源。也就是说，从宗教中分离出来的因素，转化成为集体生活的不同呈现形式，比如亲属关系、惩罚、契约、赠予、效忠等是带有赎罪、合约、公共、荣誉等性质的祭祀仪式的转化形式。“恰恰因为宗教是一种原始的现象，只能逐渐让位于它所产生的新的社会形式。为了理解这些新的形式，人们须把它们同宗教的起源联系起来。”[①]涂尔干认为，社会学不是单纯研究当下的社会形态，而是寻找其久远的文化起源：有什么样的制度，一定有其习俗的源头，惯俗的约束力也保存在制度中。在他看来，只有远古时期的宗教才能够使我们理解人的宗教倾向，这是人性中永恒和本质的方面，只有了解宗教迄今所知最原始的形式，才能理解现今状态下的人们。[②]

涂尔干的宗教社会学不仅深化了对未开化社会的研究，也深刻影响了古典学的研究，英国古典学家哈里森（Jane Ellen Harrison，1850～1928）最终也走向了社会年鉴学派。她在《古希腊宗教的社会起源》（1912）中特别感谢了涂尔干，声称：“在涂尔干教授《宗教现象定义》（1898）、《个体与集体表象》（1898）和《宗教社会学与知识论》（1909）的启发下，我弄清了……集体的意识，某一神祇所采取的表现形式反映了该神祇所属群体的社会结构……我赞同涂尔干教授提出的宗教起源于集体行为和集体情感的观点。”[③]涂尔干学说强调仪式的社会性，对泰勒、弗洛伊德的心理学分析宗教起源观自是不以为然，与“神话—仪式”学说也不尽相同。涂尔干认为这一切都根植于社会集体活动，对集体意识发生作用，并通过社会集体得以延续。涂尔干认为，仪式是一种加强集体情感与团结的手段，通过参加集体活动，成员达到一种情感上的一致性，这就是宗教的本质。涂尔干的宗教社会学从根本上影响了葛兰言，葛兰言在《诗经》研究中所论述的中国上古圣地节日的集体狂欢、习俗仪式，在这种集体行为下体现出的族群认同、社会团结等社会功能以及原始思维的时空分类、阴阳分类等观点，均得益于涂尔干的宗教社会学理论。

---

① E. Durkheim, *Année sociologique*, vol. II (1897—1898), p. V, note.

② 参见[法]涂尔干：《宗教生活的基本形式》，渠东、汲喆译，商务印书馆2011年版，第1～2页。

③ [英]赫丽生：《古希腊宗教的社会起源》前言，谢世坚译，广西师范大学出版社2004年版。

(四)涂尔干以比较的方法革新了社会史学，以社会进化论的视角开拓了对未开化民族的社会学研究

涂尔干认为当时的历史学没有充分使用比较的方法，历史学家通常局限于单个民族的研究，关心一种制度在发展过程中的不同阶段。历史学家无法同时研究各种个别的社会，而社会学，特别是民族学（近似于现在通常所说的人类学）可以将在各民族中发现的历史事实进行比较，以力求完整地认识研究对象。涂尔干在他的社会学理论建构中，首先重新定义了比较的方法："比较只有在范围非常广的情况下才会是真正有效的。我们不能通过比较属于同一类型的两三种事实就去构建理论……要与所有同样类型的家庭相比较……绝不能忽视最低级的种类"，社会学的任务就是"推进这些范围广阔的比较，并以此证明这些比较对历史学来说是非常有用的"[①]。对《社会学年鉴》的编辑们来说，民族志的意义最为重要，因为社会学只能是比较性的，而比较的基础必然是民族志事实。这种民族志方法要求社会学家必须尽可能广泛地掌握各个民族包括澳洲、美洲、非洲等所有地域中的同类社会现象，因此涂尔干的社会学阵营中必须要有研究各个民族的分工。

葛兰言投身中国研究与社会学采用的比较方法有直接关系。《社会学年鉴》创刊号中在"宗教社会学"栏目的刊录文章，表明了涂尔干学派在世界各个地区的宗教关注。这部分由莫斯负责，我们可以看到中国占有一席位置，并且他关注的范围基本上也是葛兰言的研究范畴：

1. 综合论述宗教史；以哲学、心理学等方法研究宗教
2. 普遍意义上的原始宗教
   A. 马来半岛
   B. 印度和印度支那的未开化部落
   C. 非洲
   D. 大洋洲
   E. 北亚
   F. 古代印欧人
   G. 开化民族中的原始宗教残留

① E. Durkheim, *Année sociologique*, vol. I (1896—1897), 1898, Préface.

3. 国内宗教崇拜

4. 关于死亡的信仰与宗教仪式

A. 史前

B. 未开化民族

C. 宗教人类学

D. 古希腊

E. 中国

F. 埃及

5. 普遍意义上的民间信仰，尤其是农业崇拜

A. 普通宗教信仰与民间传说

B. 宗教和神话中的树崇拜

C. 仪式、祷告和巫术

6. 神话

A. 比较神话学

B. 原始人

C. 民间传说

D. 神话

E. 基督神话学

7. 有组织的崇拜、修道制度

A. 教会的形成与建立

B. 希伯来和以色列的教理发展与章程

C. 犹太教章程

D. 基督教的产生与发展

E. 佛教

F. 伊斯兰教①

因此，若要进行世界各地的民族志研究，除了要深谙涂尔干的社会学理论，还必须具备良好的语言能力以处理文献。葛兰言所在的巴黎高等研究实践学院，老师和学生都具备双重素养：作为老师，梅耶（Antoine Meillet，1866～1936）是第四系的文献学家，不久也成为一名社会学家，与涂尔干合办《社会学年鉴》；莱维（Sylvain Lévi，1863～1935）是第四系的

① 参见：*Année sociologique*，vol. I（1896－1897），1898，Table de matières.

梵语教授和第五系的印度教教授;沙畹也同时在第四、第五系兼任汉语和中国宗教教授。作为学生,莫斯学习梵语、古波斯语;于贝尔投身于闪米特语言;葛兰言则开始学习古汉语。我们可以发现,在这一时期,巴黎高等研究实践学院以及"社会年鉴学派"的学术风向是一致的:研究语言是为了探索各种文明和宗教的起源和流变,对社会发展早期进行研究必然要精通目标民族的古老语言;莫斯的梵语老师莱维,与葛兰言的古汉语老师沙畹有不少宗教方面的合作。①

可见在当时,法国的社会学与民族学联合起来,已成为一般的趋势。因此,葛兰言从老师那里学到的并不仅仅是一些术语和概念,更重要的是利用民族志佐证的方法。在他的第一篇汉学论文《中国古代婚俗考》中,葛兰言使用了不少少数民族风俗作为论据,包括《上东京倮倮人和拉卡人的语言及风俗研究》《归顺的云南蛮人(滇系)》《龙州地区的土著风俗》《云南东南的部落婚姻》等②。在这个基础上,他在博士论文中增加了大量中华文化圈内的节日风俗志,包括《日本古事记》《突厥斯坦与西藏科学考察》《傣族节日》《南诏的奇特故事》等③,从而使两千多年来的《诗经》研究焕然一新。

二、法国近代社会学发展

1914 年,因为参加旧金山国际博览会,法国政府特聘三十余位法国一流学术专家分门编著了《法国科学》(*La science française*)一书。该书是当时法国社会学发展史的重要文献,涂尔干为其撰写了一篇知识普及性文章《社会学》。这篇文章与涂尔干指导葛兰言博士论文写作时期最为接近,也最能够说明涂尔干社会学的由来及在他领导之下的发展状况。葛兰言的嫡传弟子杨堃曾将该文译出,笔者略作整理,摘录于下:

> 社会既是人组成的,故许久以来大家全认为他是由于人类的自

① 沙畹对佛教的研究延续至晚暮之年,在他临终前还与莱维合撰了《印度佛教教总职名考》(1915)与《护法十六罗汉考》(*Les seize Arhats protecteurs de la loi*, 1916)两篇论文。《中国三藏中节选之五百神话故事及寓言》(*Cinq cents contes et apologues extraits du Tripitaka chinois*, 1910—1911)收录了许多印度佛经故事及其源头民间传说,这是他应印度学家莱维之请翻译印度佛经的系列成果之一。

② 参见:Marcel Granet, « Coutumes matrimoniales de la Chine antique », Leyde: *Toung-pao*, vol. XIII, 1912.

③ 参见[法]葛兰言:《古代中国的节庆与歌谣》,附录三"民族志"。

由意志而自始存在。他是以人类的意志为意志,并不能在人类所赋予他的意志的行动以外另有本质,大家都认为这乃是极明显的一件事,在此种情形之下,他当然没有成为一种科学的对象之可能。因为既然把他当作是一种变化无常、性质无定的东西,当然没有余地去叙述他、分析他,并且去寻求他所根据的原因和所依附的条件等等。仅有一个问题在此可以成立的,就是知道社会在怎样的方式之下,方能与科学之对象相适合?现在要想创设一种真正的社会事实之科学,便应该在社会里面去寻出一种与别的科学成立时所具有的同样的真实。并且应该知道社会有一种本质为我们所不能随意改变的,有一些定律是必要从这个本质内演绎出来的。换句话说,就是社会学之成立,全仗着能将物理和自然科学内之必然主义的观念,施用到社会的秩序上。

仅有到了十八世纪,赖有百科全书派的哲学之影响,始将这种必然主义的观念推广到社会的事物上。在百科全书派的人们看来,科学是一体的,因为世界是一体的。这样,当然不能承认已经适合于其他自然界的必然主义,说他不能适合于社会界。孟德斯鸠(Montesquieu,1689～1755)和龚斗尔赛(Condorcet,1743～1794)就有这个情感,所以这两位思想家便替社会学打开一条出路。不过对于社会生活的定律,他们的意思还很飘忽。一直到十九世纪,此种新的概念,始正式地得以构成。

要算是圣—西蒙(Saint-Simon,1760～1825)第一个定出公式:他首先宣言人类社会自有他的真实存在,自有他的确实根据,与其他自然界的事物,根本虽有异,但同为必然主义所管辖,乃是一样的。社会的有机体应该拿来作科学的对象。而此种科学是与研究个人的有机体之科学可以相互比较的。因此圣西蒙便名为“社会生物学”。有一个顶明显的事实,可以表明这个科学成立的必要……——就是进步。“我们个人的力量,不能消除这进步的势力和他的行动。正如我们不能随意改变地球绕日原有的动力一样。”进步既然不是我们的作品,我们乃仅有一个发现他的定律的能力。这个能力,就是观察。我们先建设许多类的历史事实,范围愈广愈好。在这些事类里面,我们便可以发现人类进化的意义了。因此,这门新科学的方法,主要地便是历史的方法。但是这里所说的历史,并不是事实之堆集,他自身亦要改变过，而能成为真正的科学才行。

但是圣西蒙所定的这门科学之纲目，超过了他所具有的施行的能力。在他的著作中，他虽将进步律当作社会界之万有引力的定律，但是他关于这个进步律之探索，堪当作科学方法之企图的，简直一点还说不上。一直到了孔德（Auguste Comte，1768～1857），才把圣—西蒙所怀想的大计划，开始使之成为真实。

在某方面看来，孔德社会学之根本观念，在圣西蒙的著作内均可找得到，而孔德仅是承受师说就是了。但孔德不仅承认那些根本观念可以作这门科学之基础即算了事，他还着手去完成这门科学。他规定了这门科学的方法，并组成了这门科学的范围。他所倡导的分类法，至今尚有一大部分可以存在。他将社会学分为两大部：社会静学、社会动学。静学之对象是厘定社会各分子在静止状态或在演进中的一刹那之间，之彼此连带的关系。动学是寻求人类社会在时间上演进的定律。这门科学的计划既定，孔德想慢慢用他个人的力量来一一证实。在静学上，他仅是指出了问题和着手去作解决。但在动学上，他却有意给我们一部完备的专著，并且认为这乃是一部完成的，而不容后人删改的作品。他的《实证哲学讲义》（*Cours de philosophie positive*）一书之后二本，便全是用来说社会动学的。

到今日，孔德的学说，在详细的内容上能站得住的已经不多。他的“三阶定律”不过仅有一种历史的意义。他在提出问题时所用的方式多使人难于索解。他相信有一种唯一的定律存在，人类社会大都照着这个定律去发展，他便以寻求这个定律为职志。因此，他承认人类在他的全体上看来，可以成为一种同样的社会：他的变化是常常全体向着一个方向前进。其实人类在他的同处看，虽然不过同是一个有理性的东西，但那真实存在的乃是各种特殊的社会（部落、民族、都市及其他各种国家）都是各有不同：或生存、或死亡、或进化、或退化，各有各的样式，各有各的结果，当然不是一样。各种的进化并不是在一条长线上，一节一节彼此相连接起来，成功一个完全的进化。人类变化之复杂，实为孔德所未料及。

但是他相信所能达到的实证的结论，虽然很少能站得住的，然而他的著作却仍不失为宏大，这是毫无异议的。一种新科学本来要慢慢增加，方能完备。圣西蒙算是社会学的先驱，孔德才真是社会学的父亲。有孔德社会学才开始成立。社会学(Sociologie)这个名称就是孔德造的。我们觉得这个名词虽不甚妥,但是不能更换的。因为这个字义所表明的,不是社会事件之任何的研究,而仅是用自然科学的精神之相类的精神可以统辖之社会事件,始是她的对象。并且在孔德的学说内,虽说仍有许多可以讨论的地方,但他对于社会真实之认识,则每每有一种锐敏的感觉,总是到处存在着,这就是顶好的社会学研究之门径。

但这个伟大的作品出现以后,一时继起无人。七月王朝与第二帝制之下,在孔德所创的这门科学上,毫无贡献。古尔诺(Cournot, 1801～1877)虽然在他的《人类知识之基础》(*Essai sur le fondement de nos connaissances*)一书和他的《根本思想之连环》(*Enchainements des idée fondamentales*)一书之第二册以内,说出许多问题均与社会学有关,但他并不是有意在物理学和生物学上建筑一个讨论社会事件之新的证实的科学。他乃是用哲学家的态度,来谈论历史。

仅到了一八七零年的战争以后,社会学的思想才复活。在这中间,孔德的企图曾被斯宾塞(Herbert spencer, 1820～1908)拿到英国去研究。他也如同孔德所想,要将社会当作自然物一样,故努力证明社会制度演进的定律,亦仅是宇宙进化公例之几种特别的方式。他特别注意于社会组成与生物组成之相似性,好把社会当作一个有机体看待。艾思毕纳(Espinas, 1844～1922)在《动物社会》(*Les sociétés animales*, Paris,1877)一书内,就是要证实并发挥这个概念。在这本很引人的著作里,作者想把多年觉得在人类社会与其余宇宙万物中间的一种沟壑,使之填满。使人看见各种动物既已有了社会,但他们彼此的关联,是基于本能的。并且从这种简单社会一直到高等动物的复杂社会,都有一种关系。不但有物质的关系,并且有心理的关系。社会界照这样说法,好像是生物界的一种花苞,乃是连繁在生物界上,而未曾断间的。

但是直到现在,在社会学还没有脱出哲学的泛论。上面所说的那些思想家,想把社会学归纳为一个唯一的问题:就是要知道一般的社会演进,是为那一个定律所统辖(孔德的学说),或宇宙演进之定律是否能适用于社会(斯宾塞的学说)。孔德并且以为社会学在他手里,不仅创立,而且已经完成。殊不知一种科学永不会完成:因为他所取的问题是特别的，有限制的，在规定内的事物之上的，并且是应该彼此分开来研究的。但是彼此亦全有连带关系，而这些连带关系又是随着科学的进步，而慢慢地始发现出来的。故社会学如真能成为一种实证的科学，则仅有舍弃包容一切社会真实的空想，反而从分析入手，把各部分以及各种特别现象，凡可以作为特别问题的，均一一加以分析，始能奏效。

就因这个缘故，本文的作者才同着许多社会学专家，来分工合作。我们有种志愿，要想如孔德所说，开社会学的特殊研究之新时代。一种真正的分工，已经组织好。尤其是以下三组的事实，已经加以研究：宗教的事实、道德与法律的事实、经济的事实。我们不作社会学之一般的研究。有的致力于宗教社会学，有的致力于道德与法律社会学，有的则致力于经济社会学。这个分法，这是过于宽泛。在每种特殊的社会学内，又分为许多有限制的问题，以作研究：如《牺牲》(*Le Sacrifice*)、《魔术》(*La Magie*)归于白尔（Hubert)及摩斯(Mauss)两人来研究；《宗教生活之原始形式》(*Les formes élémentaire de la vie religieuse*)归杜尔干；《自杀》(*Le Suicide*)归杜尔干（涂尔干）；《近亲禁婚》(*La prohibition de l'inceste*)及原始婚姻各问题，亦归杜尔干；《族婚制度》(*Les régime des castes*)归布格雷(Bouglé)；《工薪金》(*Le salaire des ouvriers des mines*)、《工人阶级与生活制度》(*La classe ouvrière et les niveaux de vie*)归韩瓦特(Halbwach)。最近又新致力于思想方式与逻辑运用所依附的社会条件之研究。在此种努力之下，已有杜尔干及摩斯所合著的《分类之各种原始形式》(*Essai sur certaines formsprimitives de classification*)、于白尔的《时间之表现》(*La représentation des Temps*)，同时还有雷布儒(Levy-Bruhl)的《初民社会之心理作用》(*Les fonctions mentales dans les sociétés inférieures*)一书，亦与此种努力有关。

固然这些研究的对象，有一部分已属于社会学以前的各种学科，或在社会学以外，已另组成专科：宗教比较史、法律道德比较史、道德统计学、政治经济学。但是因为这些研究，未受到社会学的势力，故他们的对象，有一部分尚付缺如。因为对于他们所研究的现象之本质失了观察，即是说未看到他们的社会性，故不知道这些现象是从何而来？从何而去？他们所依附的环境是什么？足致将他们悬于空虚,而终究得不到说明。其实,我们如想懂得这些社会现象,仅有将他们彼此的关系以及他们所发生的社会环境,拿来作一比较的研究,始能办得到。并且这些著作,时常是缺乏定律之概念,故与其说他们是科学,毋宁说他们是属于文学或属于考据学,方为适当。因此,故与社会现象有关的各种研究,便呈现出以下的形势:一方面是议论许多事物,并不与科学相一致。虽同有一个对象,但不知彼此的关系,不知彼此所研究的事实之统一性,仅是泛泛地感觉到合理就是了。另一方面,社会学虽能意识到被表面的偶然性所蒙蔽着的深密的秩序与统一,但又每每翱翔空际,离社会的真实太远,而不能有所行动。故最紧急的改良,是要将社会学与这些特殊的科学,作一深切的联合,使之结为婚姻而打成一气。如此,则社会学可得到一向所缺的材料。而那些特殊的科学,因为有了社会学的观念,亦就能成为真正的社会科学。为保证这个联合,并使之益为亲密计,一种定期出版物,名为《社会学年鉴》(*Année sociologique*)便在一八九六年创刊了。这个刊物之对象,是将每年内把觉得对于社会学家特别有用处的,如宗教史、法律道德制度史、道德统计史和经济史等等,分门别类,编纂出来。①

第三节　靠近民族学:葛兰言与莫斯

涂尔干继承了孔德、斯宾塞等先驱,在其早年著述中多呈现出社会哲学的方法论。然而,从《宗教生活的基本形式》一书中,可以看到他晚年转向民族学的态度,他不仅在民族学内搜寻资料作为理论基础,甚至创造出许多民族学的理论,这也体现了近代法国社会学的一大转向。涂尔干晚年所开拓的宗教社会学领域,并非以其一己之力,其外甥莫斯 (Marcel Mauss, 1872～1950)的协助功不可没。他是涂尔干的继承者,也是巴黎民族学院的开创人。

一、民族学及周边学科

民族学最初的研究范畴是现存的野蛮社会或自然民族。19 世纪后半

① [法]涂尔干:《法国社会学史略》,杨堃译,载《鞭策周刊》1932 年第 2 卷第 7～8 期。

叶，欧洲史学转型，历史学运动思潮兴起，改变了一切社会科学的面目，也影响到了民族学。

欧美均出现了“历史民族学派”，民族学与历史学发生了密切关系。又因此时史前考古学发展起来，比较研究法兴盛，于是很多学者将史前时代的初民社会与民族学上的初民社会作比较研究。在英国，古典学家泰勒（E. B. Tylor，1832～1917）、弗雷泽等人运用比较的方法，以现代未开化社会的习俗去诠释文明社会的乡村社会，民族学又与民俗学融合起来。法国社会学派在莫斯的领导下，民族学在当时几乎等同于法国社会学的研究范畴，类似于狭义的人类学①，与英美的文化人类学相似，指以未开化民族文化为研究对象的学科。因此，后来被莫斯继承下来的法国社会学派实则与我们所说的民族学或文化人类学更为接近。

在当时，法国社会学与英国古典人类学联合起来已成为一般的趋势，涂尔干学派十分关注弗雷泽：针对弗雷泽的《图腾信仰》（1887），涂尔干写出《关于图腾制度》（1901）、《乱伦禁忌及其起源》（1897）等文；莫斯对《弗雷泽全集》写有长文评述②；葛兰言也对弗雷泽的民俗学巨著《金枝》（1890）中将孤立的事实简单地比较进行过批评③；弗雷泽的《图腾与外婚制》（1910）又启发了葛兰言对中国古代媵妾制度起源的研究。④ 我们可以看到，从弗雷泽的《金枝》到《〈旧约〉中的民俗》（1918）、《自然崇拜》（1911）、《死亡崇拜》（1913）等著述，均与葛兰言在《诗经》中解读民俗、自然崇拜、祖先崇拜、出生与死亡观念等课题遥相呼应。

实际上，19 世纪晚期，人类学、民俗学发展很快，涌现了大量关于世界各地风俗信仰的研究论著，如兰斯伯格（B. de Reinsberg-Düringsfeld）讲述比利时古今民间仪式、民间宗教节日的《比利时风俗与传说》（1870），高延（De Groot）对中国南方春夏节日的论述《厦门中国人的节庆风俗》（1883），莫斯论述民间宗教与集体意识的《北印度的风俗与民间宗教》（1898），等等。葛兰言曾多次借阅不同年份的《两个世界：习俗、行政与政

---

① 法国的民族学几乎可以等同于我们现在常说的人类学，为了统一起见，下文一般均称“人类学”。（参见杨堃：《社会进化史绪论》，载《中法大学月刊》1932 年第 1 卷第 3 期）

② 参见：Marcel Mauss，« L'Œuvre sociologique et anthropologique de Frazer »，*Europe*，17，1928，pp. 716－724.

③ 参见：R. A. Stein，« Souvenir de Granet »，*Études chinoises*，1985，p. 30.

④ 参见：Marcel Granet，*La polygynie sororale et le sororat dans la Chine féodale*，Paris：Ernest Leroux，1920.

治辑录》，这是法国最古老的期刊之一，创刊于 1829 年，旨在为人们了解法国及欧洲其他地区、美洲等提供平台。“两个世界”就是指法国和法国以外的世界，这一刊物为法国学界提供了全球视野，也说明法国学者很早就开始重视异民族和异文明，以人类学资料来了解欧洲以外的社会。此外，法国语言社会学也对葛兰言产生了或多或少的影响，比如语言学界的权威、莫斯的老师梅耶和莱维。杨堃认为，梅耶的《字义如何改变》(1906)一文，在社会学方法论内是一篇重要的文献，很有可能影响到葛兰言方法论的形成。①

毫无疑问，这些西方新兴学科都深刻受到了 19 世纪中期诞生的进化论影响——这种以史为鉴，要找出生命生存规律和发展方向的系统性的科学理论，在 19 世纪晚期深入人文社会学科。尽管斯宾塞（Herbert Spencer，1820～1903)的适者生存社会进化论受到各种批评，然而其他学科却以此为突破口，开始了卓有成效的对宗教思想、社会制度以至人类发展过程的丰富研究。前文说过，涂尔干的社会学将因果律引入社会现象研究，这种原则与孔德、泰勒等人的早期社会进化论不无关联，并且必然会在此基础上向以未开化社会研究为主的民族学、人类学转变。当然，此原则也为历史学与其他学科的结合提供了可能性。

二、葛兰言与莫斯

莫斯不但继承了涂尔干开创的宗教社会学，还将这一学科向前推进了一大步，他对于“祈祷”“巫术”“夸富宴”等概念的研究在学界广受赞誉。莫斯的原始宗教研究成绩斐然——著有《献祭的性质与功能》(1898)、《巫术的一般理论》(1902)、《论祈祷》(1909)等，并在巴黎高等实践学院担任“原始宗教”教席（1901 年起）。葛兰言跟随沙畹学习古汉语时就已经开始在巴黎高等实践学院听莫斯的“原始宗教”（1908～1911)②，后来在这里他们成为宗教学系的同事（1913 年起）。此后，我们便看到葛兰言在《中国媵婚的古代形式研究》(1920)中提到莫斯，将其代表作《古代中国的舞蹈与传说》(1926)“献给莫斯”。他坦言：“莫斯在论文里的一则注释，对

① 参见杨堃：《社会学与民俗学》，第 117 页。

② 参见：Thomas HIRSCH，*Le Temps des sociétés. D'Émile Durkheim à Marc Bloch*，Paris：Éditions de l'EHESS，2016，p. 205.

于我研究的构建起到至关重要的作用。”①可见在涂尔干之后，莫斯对葛兰言的影响之大。葛兰言引莫斯为知己好友，《古代中国的舞蹈与传说》一书得到了莫斯极大的帮助和鼓励，他与葛兰言讨论了此书中的一些观点，并建议在书后附以详尽的文献索引，葛兰言对此表示感谢②，并在引言中说：“我在这里首先要表示的是，读者皆知道我是沙畹和涂尔干的学生，我承认这点……莫斯的友谊让我把他的名字置于此书扉页之上。”③

葛兰言的《置婴于地：古礼与神断》一文受到莫斯的直接启发。他在篇首引用了莫斯的一句话：“我们应该再从中去发现社会情感和社会结构，其中包含的事实也是一种表达，其神话方面只是表象，其仪式方面也只是行为方式。”④因此，葛兰言在该文中并未止步于对相关神话传说的初步探索，更在人生仪式中提出“接近过程”（le procédé d'approche）的概念，并进一步指出：“人们感受到的那些概念，不仅是民间自由的、自发的东西，更是社会的东西。”⑤宗教观念与家庭制度息息相关，实现了一个社会学者超越古典学者之处。在《传统中国葬礼中所见之悲哀语》一文中，葛兰言表示，撰写此文并不是为了推倒莫斯在《澳洲葬礼口头仪式中情感的必要表达》(1921)一文中得出的结论而重新论证，只是选取了与莫斯的澳洲土著不同的一个已经具有智慧和复杂文明的民族作为研究对象⑥；莫斯的社会形态学研究《论爱斯基摩人社会的季节性变化》(1906)中对爱斯基摩人的季节性社会结构变化的论述，很可能启发了葛兰言更加留意春秋季节交替与农业生活节律的问题。

葛兰言的代表作《古代中国的舞蹈与传说》明显受到莫斯的影响。莫斯在《礼物》(1922)中创立了“整体社会事实”的概念，包括经济的、文化的、宗教的、法律的等各个维度，并用社会事实定义了神话是集体活动的产物⑦，为葛兰言的这一神话学力作奠定了总体上的研究方向。此外，他

---

① Marcel Granet, *Danses et Légendes de la Chine ancienne*, Introduction.

② 参见：Marcel Granet, *Danses et Légendes de la Chine ancienne*, p. 56.

③ Marcel Granet, *Danses et Légendes de la Chine ancienne*, Introduction.

④ Marcel Granet, *Le Dépôt de l'enfant sur le sol — Rites anciens et ordalies mythiques*, *Revue archéologique*, vol. XIV, 5e série, 1922, p. 338.

⑤ *Année sociologique*, vol. IV (1904—1905), Paris: Félix Alcan, 1906, p. 266.

⑥ 参见：Marcel Granet, *Le Langage de la douleur, d'après le rituel funéraire de la Chine classique*, *Journal de psychologie normale et pathologique*, n°19, 1922.

⑦ 参见：Rémi Mathieu, *Préface de la Danses et Légendes de la Chine ancienne*, 1994, p. VIII, note 3.

还在该书中借用了莫斯的“夸富宴”“献祭”等概念。葛兰言在这本书中用了 700 多页的篇幅，从中国先秦文献中提取了从夏禹、商汤到春秋战国的各种有关献祭和祭祀仪式的记载，进而尝试说明献祭与建立政治道德、时空秩序、君主威望之间的关系。莫斯在《论献祭的本质与功能》(1899)中给出了献祭的宗教社会功能：“献祭是一个宗教行为，当有德之人完成了圣化牺牲的行动或与他相关的某些目标的圣化行动时，他的状况会因此得到改变。”①莫斯指出，献祭具有同属一体性，应当以此为出发点去描述“献祭的图式”，并根据献祭图式完成的功能去描述其各种变体。献祭的同属一体性并非指祭祀都具有同样的种属来源，而是说具有同样的功能，即：“通过牺牲——也就是祭礼中被摧毁的某种东西，在神圣与世俗世界之间建立一种沟通。”②

同样，葛兰言以夏、商、周三代的祭祀仪式为起点和核心内容，来推断和揭示上古社会制度和文化的发展。葛兰言发现，在中国古老的传说中，周公、商汤、夏禹这些开国君主都留有献祭行为的痕迹，并且春秋战国时代君主仍然以祭祀和献牲来获取威望；他进而推论在新旧秩序、道德、君主更替之时，献祭行为具有相同的宗教意义和政治功能。与此同时，除揭示古代社会上层建筑之间的关系之外，他还在神话传说中发现了先秦社会发展的根本动因——社会生产力的发展。他推论，在上古时期，君主既为族群圣地的统领者，也是在圣地举行舞蹈仪式的主持者；他既是城市的创造者，也是这个朝代驱除鬼怪武器的铸造人，即掌握冶金技术的人。因此，建立首领制度和城市社会的时代，也是实现封建制度和军事社会的时代，而这个时代中城市和乡村的阶级分化，正是由新技术的发明以及由此带来的先进生产力所决定的。该作极具突破性之处便在于葛兰言以历史的眼光考察整体社会事实，他将历史学与社会学创造性地使用在中国古老的神话中。《古代中国的舞蹈与传说》使葛兰言第三次斩获了“儒莲奖”。

1896 年，莫斯开始关注民族学，他评论了德国民族学者斯坦梅次的

① ［法］马塞尔·莫斯、亨利·于贝尔：《巫术的一般理论：献祭的本质和一般功能》，杨渝东等译，广西师范大学出版社 2007 年版，第 182 页。

② ［法］马塞尔·莫斯、亨利·于贝尔：《巫术的一般理论：献祭的本质和一般功能》，第 240 页。

《宗教与刑法起源》，开始确信民族学对宗教学有益。[①] 这是针对原始民族社会现象展开的一项研究，民族学优越于普通社会学之处在于，普通社会学的研究对象是现代社会，而民族学的研究对象则是现代社会的原初形态，更容易观察到彼此关系更直接、更简单的社会现象。莫斯始终强调一种“发生学”的研究方法：每一社会事实必须首先去研究它的最原初形态。在《论祈祷》(1909)中，莫斯更加细致地阐明了这个“好用的方法”：不是从一般到特殊，而是从所研究现象呈现出来的最早形式开始，逐步延伸到其复杂形式，以展现出后者是如何从前者发展出来的。莫斯认为，第一种从一般到特殊的方法即框架式方法，所要建立的是一种层次化的思想，一般性与特殊性现象是一种逻辑意义上的关系。[②] 而第二种方法是一种发生学的方法，是要重塑所研究现象在时间上的相继，或一个出自于另一个的关系，也就是建立它们产生的先后顺序。莫斯将这种方法用于其对祈祷的研究，以寻找在所有已知祈祷形式中最早的那种形式，随后确定从此演变出得更好一级的形式以及演变的方式，然后继续使用这种方法，直到其最晚近的形式。

对具有连续性的中国古代社会制度，葛兰言认为采取这种发生学的方法更为合适。莫斯认为，如果所研究的一种制度经历了持久的发展，并且在这一过程中产生了种类繁多的形式，那么上述第一种框架式的方法就不能对现象进行正确的解释，因为它不是从历史角度出发的。[③] 因此，对于一类持续发展的现象，如中国封建社会的婚俗与婚制、献祭风俗与官方祭祀制度之间，就不太可能确定一个界限，而这类现象的历史传承成为社会学者解释的关键。正如葛兰言在《古代中国的舞蹈与传说》“导论”中所言：“我们面对这个解释体系的优点在于（除了在问题周围通过各种途径以意识到其复杂性的优点），引导我们清晰认识到以下的选择：或者，在研究制度事实时需要借助完全的统计学方法；或者，如果想要寻求历史性的解释，则首先找到与封建制度发展相关的，至少能够呈现其源头的实际社会条件之资料。”[④]显然，葛兰言选择了后者，也即莫斯的发生学解释方

① 参见[加]马赛尔·福尼耶：《莫斯传》，第 63 页。

② 参见[法]马塞尔·莫斯：《论祈祷》，蒙养山人译，北京大学出版社 2013 年版，第 50、51 页。“框架式方法”是莫斯在《献祭的本质和一般功能》中主要使用的方法。

③ 参见[法]马塞尔·莫斯：《论祈祷》，第 52 页。

④ Marcel Granet, *Danses et Légendes de la Chine ancienne*, Introduction.

法。这样做的优点是:“发生学依据现象之间的先后顺序,其连续性使疏漏更难以发生;另外,当我们追溯到现象的源头时,也更容易把握现象的本质;第三,发生学的方法可以为框架式的方法奠定基础,在进行了对现象起源的回顾和总结之后,对有层次的系统整体研究会有更大的完善作用。”①当然,这种思路也正是后来涂尔干在书中的意见:“在低级社会中……所有这些因素都简化到必不可少的地步,简化到若没有了它们就没有了宗教的地步,那么它们就是最为本质的要素。”②葛兰言正是在早期的著述里,对中国古代各种俗制使用了发生学的追本溯源的方法,对封建制度、宗教思想、社会文明等有了本质的、正确的、根源性的研究和论断,才得以在后期关于中国古代的综合性著作中,形成有层次的、庞大的系统论述。

葛兰言对莫斯的追随并不是一厢情愿的,莫斯在著述中也常常参引或称赞葛兰言:“葛兰言不仅是一位杰出的中国学专家,同时也是一位中国社会史的理论家。他在一系列丰硕的成果《古代中国的节庆与歌谣》《古代中国的舞蹈与传说》《中国人的文明》中……不仅使用了最为严谨的史学方法,也是用社会事实来解读社会事实的成功范例。”③莫斯还说:“葛兰言的进步之处在于将神话学与‘表象’一同融入研究……他不无道理。”④莫斯关于身体技术的论文主要来自于葛兰言对道教呼吸术所作的描述,由此提出了一个基于技术上灵效行为的社会—心理—生物研究。⑤在一则有关氏族间财富交换的注释中,莫斯说:“葛兰言认为在古代中国也已经找到这种制度。”⑥可以看出,莫斯是将葛兰言视为自己的同道。他说:“葛兰言向我们展示的中国文明的壮阔画卷,是一位社会学者用社会

---

① [法]马塞尔·莫斯:《论祈祷》,第 53 页。

② [法]涂尔干:《宗教生活的基本形式》,第 7 页。

③ Marcel Mauss, « La sociologie en France depuis 1914 » Extrait de la *Science française*, vol. I, Paris: Larousse, 1933, pp. 36—46.

④ Marcel Mauss, *Intervention à la suite d'une communication de Marcel Granet*, « La droite et la gauche en Chine », in Marcel Mauss, *Œuvres*, vol. 2, Paris: Editions de Minuit, 1968, pp. 143—148.(转引自:« Mauss, Meyerson, Granet et Gernet », *Sociologie et sociétés*, vol. 36, n° 2, automne 2004, pp. 27—31)

⑤ 参见[英]迈克·罗兰:《祭祀对世界“中间状”的物化》,赵秀云译,载《民族学刊》2014 年第 3 期。

⑥ Rémi Mathieu, *Préface de la Danses et Légendes de la Chine ancienne*, 1994, p. XI, note 1.

学的语言描绘出来的。”[1]

对于二人的亲密关系，我国历史学家孙作云这样评价：“葛兰言是莫斯的继承人，是莫斯以后法国社会学派真正的继承人。”[2]莫斯是葛兰言的兄长，葛兰言却先他而去，莫斯为其写下了墓志铭，足见二人感情之深。[3]

第四节　见证：法国社会学的高等教育

我国著名的民族学家、民俗学家杨堃（1901～1998）于1921年赴法国里昂大学留学，取得理学硕士和文科博士学位，曾在巴黎进修两年。最初，他在里昂大学师从汉学家古恒（Maurice Courant，1865～1935），由于其博士论文题目是“中国家族指导原理：祖先崇拜研究”，古恒介绍他去巴黎找葛兰言，又经葛兰言结识莫斯。杨堃在巴黎进修的两年中写下了《在法国怎样学社会学》[4]，直观地介绍了葛兰言其时的法国社会学发展情况以及法国高校的社会学教学实况。[5] 从该文中我们得知，葛兰言当时在巴黎大学汉学研究所（IHEC）内开设的“中国文化”课程系属社会学专业的课程之一。此外，我们还可从中看到，涂尔干阵营的成员们分散在法国各个教育机构教授和传播着社会学各支。笔者现将文章略作校勘和删减，摘录于此：

> 法国社会学与英美社会学颇不相同，英美多着重于应用方面而法国则偏重理论。但二十世纪的社会学，已由圣西蒙（Saint-Simon）、孔德（Comte）诸人的社会哲学，进而为科学的社会学了。在科学的社会学领域内，法国学派的贡献，颇为伟大。但此处所要说的，不是法国学派的贡献是什么问题，而是来法国想学社会学的要怎样地去预备，怎样地去研究一个问题。

一、巴黎社会学

法国的一切学术，全集中在巴黎。如想真正地研究社会学，尤非

① Rémi Mathieu, *Préface de la Danses et Légendes de la Chine ancienne*, 1994, p. XI, note 1.

② 雨堂：《汉学家法国葛兰言先生》，载《新东方杂志》第1卷第9期，1940年。

③ 参见：Édouard Mestre, « Marcel Granet (1884－1940) », *École pratique des hautes études, Section des sciences religieuses. Annuaire 1940－1941 et 1941－1942, 1939* , p. 41.

④ 杨堃：《在法国怎样学社会学》，载《中法教育界》1930年第44期。

⑤ 参见米有华：《杨堃传略》，载《晋阳学刊》1991年第1期。

在巴黎不能成功。巴黎尚没有一个社会学院，能将一切社会学专家及社会学各种组织全集中在一块，但我们如拿着国内一般人之所谓社会学的眼光，到巴黎来寻社会学几于处处全可以遇到社会学。如认为社会学是一种科学，是“人类制度于社会生活有关的之综合的及比较的研究”，或认为社会学是“人类社会之叙述的，比较的及说明的之研究”时，则巴黎主要的社会学之所在，即可说是在巴黎大学文科之内。

(一)文科内的社会学

一为“道德学于社会学”，一为与“社会学”有关的课目“中国文化”“宗教史”“民族学”“教育学”等等。除“道德学与社会学”为法国各大学文科哲学系必有课目外，其余全是巴黎大学文科特有的课目。

1.道德学与社会学

此课之主人教授，自社会学大家涂尔干逝世(1917)后，即由其弟子福柯奈(Fauconnct)继承。福柯奈教授对于道德社会学及法律社会学是一专家。他的《责任论》(*La responsabilité*)一书，久已成为社会学上的名著了。他所教的功课，每星期共两次：一为正课，一为演讲。他今年(1929～1930)的正课，第一学期讲的是“社会学参考用书”，第二学期讲的是“家族与婚姻”，讲演则大半是由他定出题目，指出参考书，由学生讲演，他加以指导及批评。另外有所谓“接待”一课，每星期一次，专为接见学生，指示一切研究的方法，大半是为预备博士的同学而设。

如想选修此课目，仅上他的课并不够用。他仅想告诉一种方法，指出一种门径，好使诸同学自动地去研究。如仅拿出讲义，或抄笔记的本领而不另看参考书，则在考试之时，绝对不令侥幸的。他新开出的参考书，举不胜举；但他每年规定一种课目大纲，凡是这个大纲上所载明的，即他讲不到，学生亦应自动地去参考。在笔试或口试的时节，他是一定要问的。仅将他今年定出的大纲抄在下面，以见一斑：

Ⅰ. 生活之主要概念。上古及近代之主要代表者

玄学与道德学

科学与道德学

Ⅱ. 孔德以前之政治哲学、孔德之社会学、孔德以后主要社会学之理论及方法

社会形态学:社会团体之构造

社会学与历史学:道德及法律制度的比较史之举例

社会学与民族学:初民社会的研究

用统计学来研究社会事实

社会学与政治经济学

社会学对于人类科学之贡献(宗教、道德、科学、艺术、技术)、社会学心理学、社会学与道德学

Ⅲ. 道德意识——善、义务、权利、道德、人格

责任与制裁——义务的类别:个人对自己之义务

正义与慈善;宽恕;连带性

家族与家族道德、祖国:国家;民主政治;公民道德;国际道德

道德与经济生活:劳工;职业;合作与互助;社会正义

2. 社会学

此课的讲座名为"社会经济史讲座",从前是生物派社会学家艾斯比纳斯(Espinas)担任此职,现为布葛雷(Bouglé)教授担任。布葛雷教授在法国现代的社会学家中要算史最有名望的一人了。他对于社会学的主要贡献,在于政治社会学。但他的学识异常宽博,对于社会学史、普通社会学等科全有研究。他是《社会学年鉴》内"普通社会学"一栏的总编辑,他所著的《什么是社会学》(*Qu'est-ce que la sociologie*)及《社会学上的价值论》(*Leçons de sociologie sur l'évolution des valeurs*)两书,以及他所主编的《社会学学生指南》(*Le Guide de l'étudiant en sociologie*)及《社会学精华》(*Éléments de sociologie*)两书,全是法国社会学出版界最流行的书籍。他每年所讲的全是经济社会学。如想预备此课,则除布葛雷教授的功课为必修课外,尚须在"社会经济史""经济思想史""政治经济""宗教史""工会及劳工组织"五科内任选一科以作副课。而这五科军不是文科以内的功课,必须在法科或在高等学术院(指巴黎高等实践学院 EPHE)或在艺术及职业研究院始能学到。故须在学年开始之时,即向他言明想在此五科内选修某科,并请他指出要往某校上课或指示参考书出来。……布葛雷教授一科今年所定出的课目大纲如下:

Ⅰ. 经济事实与社会事实

唯用的动机与群众心理

私人经济与国家经济

Ⅱ. 生产与消费之演进:与集合的信仰又与社会形态之关系

Ⅲ. 习惯与时样;门阀与阶级

Ⅳ. 分工与社会分化

Ⅴ. 唯物史观;技术与法律;经济价值与观念价值

Ⅵ. 政治经济与道德:工业民制的问题

3. 中国文化

法国人对于中国学 (Sinologie)的贡献虽说很大,但能站在社会学的立场来研究中国社会史的,要以葛兰言教授为第一人了。他的《中国古代的跳舞与神话》(*Danses et légendes de la Chine acienne*)与《中国文化》(*La civilisation chinoise*)两书,是法国现代社会学界两本名著。巴黎中国高等学术院 (指汉学研究所 IHEC)从去年起,规模已渐完备。此院直属于巴黎大学之下,文科内的"中国文化"一课目即系此院内的一门功课。葛兰言教授是此院教务主任,兼"中国文化"一讲座之教授。他是大社会学家杜尔干及中国学家沙畹的弟子。他的年岁尚在壮年又肯努力不倦。他将来的造诣,一定是更为伟大的。想来巴黎研究中国社会学的同学,可光访中国高等学术院秘书麦斯特 (Mestre)先生。他对中国同学特别客气,每星期六午后二时以后是他专为接见中国同学之会客时间。

4. 宗教史

法国学术界最特出而最值得景仰的学校,要算是巴黎大学的高等学术院 (即高等实践学院 EPHE),这是纯粹一学术研究机关。法国顶出色的学者,大半全是此院之教授或讲师。此院共分五系,仅有"语言历史学系"及"宗教学系"刻已正式成立,设在巴黎大学以内。宗教学系内之课目颇为繁多,但与社会学直接有关的,乃是"初民宗教学"一科。此科主任为莫斯教授。他是杜尔干唯一的继承人,《社会学年鉴》的主笔,民族学院的总秘书及教授。在法国当代社会学家中之造诣最深、学识最博、思想最精到的,恐怕要以他为第一人了。但他从不肯去写点通俗的东西,故他的名望尚不如布葛雷教授为大。他的拿手好戏,即是初民宗教学与民族学。想听他的课,必须具有较充分的预备学识,方能彻底了解。而《社会学年鉴》内"宗教社会学"一栏,乃是最好的参考资料。另有他的于贝尔共著的一本《宗教学史》(*Mélanges d'histoire des religions*),亦为必读之书。他曾写了一本《祈祷》(*La prière*)在初民宗教学上可称杰作。

5. 民族学

民族学是文科内一课目,亦兼是理科内一课目。惟全在民族学院内上课,此院是直辖于巴黎大学之下,而其性质则颇与美国的史密森尼学会(Smithsonian Institution)相类,想将法国民族学上的研究及一切设备全集中于此。但在已表现的成绩上来看,较美国实为幼稚。惟该学院内民族学教授莫斯乃一世界上少有的民族学专家。他再次所授的功课,在民族学上亦为极难得的一种宝藏。可惜他过于审慎,不肯轻易发表。现代社会学,颇趋重于民族学研究,来法研究社会学者对此门不可不加注意。

6. 教育学

法国教育学在设备上,可说不如美国,但在学理方面,乃绝不可忽视。杜尔干以社会学为出发点的教育学说,在教育学上,自成一派。他的《教育学与社会学》(*Éducation et sociologie*)及《道德教育学》(*L'Éducation morale*)两书,为来法国研究此学者必读之书。现文科内之教育学教授为达敏(Thamin)先生,但想站在社会学的立场来研究教育学时,最好时在福柯奈教授指导之下来做工夫。

(二)文科以外的社会学

1. 巴黎大学法科

法科内·莫尼耶(Maunier)教授乃社会学专家,他所著的《社会学入门》(*Introduction à la sociologie*)一书,为来法研究社会学者最良好的一种参考书。今年二月间,新成立一"法律民族学"的课目,专以民族学与社会学的立场来研究法律学及法律学史。莫尼耶教授即此科之主任,呈另请有社会学活法律学专家来作演讲。约每星期一次,在星期三午后五时欠一刻举行。而莫尼耶教授于每星期三午后在法律民族学研究室内接见学生。室内藏有图书多种,有志此学的这真是一良好之机会。另有莫尼耶教授和吉法(Giffard)教授共著《社会学与罗马法》,即是由这门"法律民族学"的演讲稿子出版的。

2. 法兰西学院

此学院乃纯一学术研究机关,内有很多课目,全是此院所独有。它在法国学术史上的贡献颇为伟大,故在法国学术界所占的位置最高。1929～1930 年该院所授之课目与社会学最有关的是马里翁(Marion)教授的"社会与经济的事实"、纪德 (Gide)教授的"合作教育"、勒纳 (Renard)教授的"劳工史"、布吕诺 (Brunhes)教授的"人文地理"等等。全可自由去旁听,用不着什么入学手续。

3.职业及艺术研究院

此学院的本旨,乃在于养成研究应用科学及技术的一个补习学校。故功课则多系夜班,亦纯系自由研究的性质。内中政治经济一科,其教授为西米昂 (Simiand)先生。这是法国现代一位顶有名的经济社会学专家,专授以社会学的眼光来批评及研究现代经济学及经济事实。他的《经济学方法论》(*La méthode positive en science économique*)一书在法国社会学界久已成为名著。

4. 统计学院

科学的社会学简直可说是统计学。统计学方法亦几乎成了社会学唯一的方法。在现代想研究社会学,如不懂点统计学,这是绝对不成的。该院的教授如马赫 (March)、于贝尔诸人全是法国现代顶有名的统计学专家。马赫教授的"统计学方法"、于贝尔教授的"人口统计"全是与社会有关的。

在统计学院以外仍有两门统计学的课程可做参考,一为阿福达里昂 (Aftalion)教授在法科内的统计学,一为西米昂教授在高等学术院的统计学。阿福达里昂教授是站在经济学的立场,为预备经济学博士班内讲的课程。但能纯粹站在社会学的立场上来讲统计学的,在法国则仅有西米昂教授的贡献最为伟大。他在巴黎大学高等学术院语言历史学系内教授"经济的统计及历史"一课程,这乃事在法国经济学、社会学界极可宝贵的一门功课。但亦需有较充分的预备工夫,方能在听课时彻底了解。他所著的《统计学与经验》(Statistique et Expérience)颇可参考。

二、外省的社会学

(一)波尔多大学

法国大学内最初设有社会学讲座者,不是巴黎大学,而是波尔多大学,由杜尔干特设。自杜尔干 1902 年升到巴黎大学以后,此讲座归理查 (Gaston Richard)教授继任。利差教授最初亦是杜尔干派一位健将,《社会学年鉴》的一个编辑,后以哲学上的意见与杜尔干思想不同,乃脱离了《社会学年鉴》而自树一枝。他所著的《社会学概论》(*Notions élémentaires de sociologie*)及《普通社会学》(*La sociologie générale*)两书亦颇可参考。

(二)斯特拉斯堡大学

外省诸大学,大体上讲当以此处为第一。在此担任社会学一科的为哈布瓦赫(Halbwachs)教授。他在杜尔干派内,虽是一位后进,但造诣颇深。他对于经济社会学、心理社会学、宗教社会学等全有研究。能在他指导之下去学习,当不致误入歧途也。

(三)第戎大学

此处的教授是达维(G. Davy)先生。达维教授在杜尔干的弟子内虽属后进,但造诣颇深。在政治社会学、法律社会学上的贡献颇为伟大。

(四)里尔大学

该大学哲学教授胡贝尔(René Hubert)是一位社会学专家,他那本《社会学概论》(*Manuel élémentaire de sociologie*)乃初学必读之书。在此大学直辖之下,有一"社会学院",理论与实用并重。

(五)普瓦捷大学

此处的哲学教授埃塞提耶(Daniel Essertier)对社会学亦即有研究,他所著的《心理学与社会学》(Psychologie et sociologie)一书,在法国社会学最近出版界内,要算是一部较有价值之书。

(六)里昂大学

里昂大学法科内的列维(Emmanuel Lévy)教授乃一社会学专家,对法律社会学极有研究,能在法国现代思想界自成一说。

第五节　葛兰言与观念社会学

一、葛兰言与观念社会学

19世纪晚期到20世纪初,无论社会学家还是历史学家都在争论社会历史结构与文化观念之间的关系问题。在法国近代学术的发展过程中,历史学已经呈现出两种声音:一种声音,在历史学界以莫诺为代表,表现出对客观主义的维护:历史学不是对心理的描述;另一种声音,来自泰纳、达尔德、古朗日等人，强调精神意识对人类社会历史的作用，这也是在法国史学界，古朗日社会史学与莫诺实证主义史学注定分道扬镳之根源。而在社会学界，也出现了社会与观念的关系争执。欧洲社会学界存在上述两派思想家：一派承认观念的社会功用；一派否认观念的社会功用。

涂尔干阵营的布格雷、莫斯、列维一布留尔等成为承认观念的社会功用一派，他们均重视思维和意识作为社会现象的功能。布格雷强调："心理学是社会科学的灵魂。"①确实，《社会学年鉴》每期的第一部分"普通社会学"一直辟出了"心理社会学""个人与集体人格""群体精神"等栏目，专门讨论观念、意识与社会制度、活动的关系，莫斯也发表过《心理学与社会学的实际应用关系》《人的观念、"自我"的观念》等文章②。他们认为社会学、历史学和心理学不可分离，正如布格雷指出的："社会生活将……由历史学来描述而由心理学来说明。"③

事实上，葛兰言虽师承涂尔干，却在社会心理学说方面受到莫斯、布格雷、列维一布留尔的影响更多，认为人们宗教的、文化的、思维的精神意识来自于相应的社会组织形式，这种精神意识又反作用于社会制度的形成和维持。在葛兰言的著述中不仅可以看到莫斯的广泛影响，列维一布留尔的《低级社会的精神功能》(1910)直接影响他去研究中国古汉语及原始思维特点——葛兰言在《古代中国的节庆与歌谣》《中国人语言和思维的若干特点》中对布留尔反复引用，并与列维一布留尔保持通信；1935年左右，列维一布留尔还将《原始神话》(1935)等新作寄给葛兰言。④

葛兰言没有表现出对老师的盲从，更倾向于主张物质与意识两方面的互相依存与影响，他不否认任何一种社会现象，包括思维意识对社会活动的作用。正如杨堃所言："他（葛兰言）所寻求的，仍然是'古代中国人之社会制度'与'中国思想之制度的事实'。"⑤他所要探索的是中国的封建制度究竟是建立在怎样的思想体系之上。葛兰言在博士论文《古代中国的节庆与歌谣》中已经明显抛出这一立论：既论证了个人意识由社会决定，

---

① Célestin Bouglé, *Les sciences sociales en Allemagne*, Paris: Alcan, 1896, p. 144.

② 参见林宗锦译:《人类学与社会学五讲》，第5～28页、第53～81页。

③ Célestin Bouglé, *Les sciences sociales en Allemagne*, Paris: Félix Alcan, 1935, p. 19.

④ 该信息由当代出版典藏研究院（IMEC)图书馆负责人 Marjorie Delabarre 提供，葛兰言与列维一布留尔在1935～1937年曾有两封通信，葛兰言在信中感谢列维一布留尔给他寄去《原始神话》等著述。

⑤ 杨堃:《葛兰言研究导论》(中)，载《社会科学季刊》1942年第1卷第4期。

又进一步阐述了原始思维对人们活动的影响。他以《诗经》论证了中国古人的阴阳观、具象思维等精神意识与节日集体活动、习俗仪式的相互支配性，既认为观念是社会性的，也表明了社会是观念性的。

抛开与仪式有关的文章不算，单从葛兰言对中国人思想和心理的专门研究来看，他所撰写的《中国人语言和思维的若干特点》《汉语的思想表达》《中国人的宗教精神》《中国人的心理》《中国人的思维》等著述，从数量上就已经说明了其汉学特点——对中国社会结构与中国人思想观念的用力均等。《中国人的思维》至今仍是西方汉学对中国人观念思想认识的启蒙书，也是法国汉学首次在中国社会制度史研究的基础上，对中国文化思想史作出的有力综述。作为葛兰言的继承人之一，谢和耐亦著有《中国的智慧：社会与心理》(1994)。他指出："毋庸置疑，葛兰言是第一个在中国古史研究中将人类行为和心理作为社会事实来研究的人。"①

二、法国观念社会学的发展

我国社会学家胡鉴民（1896～1966）于1921年去法国勤工俭学，后考入法国里昂斯坦斯堡大学，攻读社会学、心理学等，以毕业论文《中国社会的分析》获社会学博士学位，后又赴德意志、比利时等地继续研究社会学。他十分熟悉当时欧洲的社会学发展情况，早年写过多篇向国内介绍西方社会学的文章。在他留学欧洲之时，西方已经基本结束了"社会决定论"和"观念具有社会功用"的两派思想的争辩，西方社会学开始普遍认为：一切社会现象都有一种功用，但无论哪一种社会现象都不能绝对地支配其他社会现象。纵向来看，观念是社会生活的产物；但在观念产生以后，反转来又足以支配社会生活；横向来看，观念要受自然环境、经济环境、人们的生理与社会制度的支配；但同时也能支配这些现象。因此，胡鉴民的结论是：社会现象是相互依存的，都是有相对功用的东西，因此观念与其他社会现象有互相决定的关系，也是一种变格，有相对的功用。实际上，这正是在莫斯带领下的法国社会学对发展趋势。莫斯曾指出："感情、感觉，更确切地说身体的运动和状态直接决定社会状态，而且也受社会状态的

---

① Yves Goudineau, « Marcel Granet devant la Chine et la sinologie: entretien avec Jacques Gernet », *Préfaces: les idées et les sciences dans la bibliographie de la France*, n°7, 1991.

制约……对身体、思想和社会的三重考虑应当是齐头并进的。”①

由于此篇《观念社会学》客观说明了葛兰言时代欧洲社会学思想的发展历程，笔者加以整理分类，摘录于此：

（一）什么是社会学意义上的“观念”？

在孔德（Aug. Comte）与斯宾塞（Spencer）时代的社会学，是合观的社会学。他们不问社会的内容怎样复杂；各种社会现象的性质怎样不同，他们只着眼在社会全体的关系上。现在社会学的研究已进了一步；除合观的研究外还致力于分观的研究。因为这个缘就产生了许多特种的社会学，如农村社会学、都市社会学、教育社会学、经济社会学等。我们这里所说的“观念社会学”（sociologie ideologique）也可算是特种社会学的一种。

最先用“Idéologie”一字去代表一部分社会现象的是马克思（K. Marx）［见他的《经济学批评》（*Gritique of Political Economy*）］。以后用之者有波丹诺夫氏（Von A. Bogdanow）［见他所著《社会的进化与知识》（*Die Eutwicklungsformen der Gesellchaft und der wissenschaft*）］，哥斯脱氏（A. Coste）［见他所著《客观社会学原理》（*Les Principes D'une Sociologie Objective*）］，布葛雷氏（Bouglé）［见他与拉福尔氏（T. Raffault）合著的《社会学大纲》（*Élements de Sociologie*）］，巴雷多氏（U. Pareto）［见他所著《社会学总论》（*Traité de sociologie generale*）］。

关于观念社会学的对象一层，各家的见解都不一致。照马克思说来，除了经济的生产情形外，其余如政治、经济、宗教、哲学、艺术等都是观念的东西；哥斯脱氏则以为观念的事实（idéological facts）只包括美术、诗歌、哲学理论科学等，政治、经济、宗教等都是社会的事实（social facts）。布葛雷氏的见解与哥氏近似，但把宗教亦归入观念事实之内。波丹诺夫氏则以为一切代表社会意识的现象，如语言、思考、道德、艺术等都是观念的东西。

照我们看来，马克思把法律政治等社会制度也列入观念的一方

① ［法］马塞尔·莫斯：《人类学与社会学五讲》，林宗锦译，广西师范大学出版社2008年版，第27页。

面似乎把观念的范围看得太广。哥氏与布氏的见解,以观念为一切高等意识的产物;似乎又太狭,波氏说观念是一切的社会意识现象;但所谓"社会意识"实可有广义的狭义的种种解释。

我们以为用社会心理学的眼光去看观念可以包括一切社会现象——从具体的以至于抽象的,若用社会学的眼光去看,观念应当是未成为社会制度以前能够自由消长的一切思想:

(1)语言,风俗,信仰……

(2)哲学,科学,艺术……

我们所以把这些观念的现象列为两类,因为其间也有种种不同的地方。语言风俗信仰等是自然的无意的产物,哲学科学艺术是有意的产物;前者是社会生活的结果,后者是社会生活的反映;前者是社会生活的直接表现,后者是社会生活的间接的表现;前者为完全地社会心理,后者则含有一部分个人心理在内。前者是民族的智能(sagesse du peuple),后者是知识阶级的智能。

这两类现象的性质虽然不同,但是其为观念则一。并且两者之间关系非常密切,语言、风俗、信仰是一个社会的中心思想,哲学、科学、艺术是这个中心思想的一部分表现。所以我们不妨把他们联合起来,都作为观念社会学的对象。

(二)观念的社会性

感觉 (sensation)是心理现象的起点;是高等动物与下等动物所同具。我们如果细心观察一个小动物,当他感觉危险物的时候,他知道迅速的逃避;若逢着事物,便知攫取。他这种行动似乎非常简单,其实至少含有感性与智性两种要素。他的进退非全由于对象的知觉,亦非全由于对象给他的快感或苦感,实至少含有感性与智性两种要素。他的进退非全由于对象的知觉,亦非全由于对象给他的快感或苦感,实同时受智觉 (perception)、情绪 (affection)两者的支配。

一切感觉实都含有这感与智的两方面。例如我们观看一幅图画,或倾听一个音调,除得到一种快感或痛苦外,还得到这种图画与音调的意识。这种意识所留的痕迹便是意象。意象经过了社会化便成为观念。以上是感觉的分析及其结果。我们现在所须说明的有两点:

1. 情绪的个人性

情绪可分为两种一种是与有机体连贯的低等情绪。一种是社会生活发达以后而产生的社会情。前者如由饮食男女等欲望直接产生的苦乐。后者如建筑在社会生活上的友谊博爱等。第一种低等的情绪是一种主观的，藏匿在有机件内部的东西。非至“群众交感”的情形下决不能客观化与社会化。所谓“群众交感”的情形实非人类社会生活的常态。所以我们可以说，与有机体连带的低等情绪是具个人性的东西。

但是高等的社会情绪也可说是具个人性的东西吗？不朽的法国心理学家波氏（Ribot）曾说：“如果我们使感情生活与社会制度……脱离，所谓感情生活便落空了。”作者的老师白龙台尔氏（Ch. Blondel）也说：“欲观察人类的情绪，非经过社会环境不可；因为在情绪上都刻着社会环境的痕迹”又说：“一切具体的情境（états affectifs）及其表现，都随社会观念而变迁。……所以我们平时所见到的情境，都已社会化了。”情绪的社会化当然是不能否认的事实；但是我们要知道情绪的本身是没有客观存在的东西。他的社会化与一个人的社会观念的发达相连带。观念逾发达则情绪丰富。情绪的社会化实为观念发达的结果，观念不发达，情绪就不会发达。并且他并不是观念的永久伴属品；有许多观念是远离情绪作用的：例如数学、推理、科学论理等。

由此看来，情绪一面是有机体的附属物一面，是相对的伴属于观念的东西。但是我们说他伴属于观念，并非承认他有客观性，不论是低等的或高等的情绪，总是属于主观方面的东西。例我们谈到法国的革命史，我们的思想便随着革命的行为与事实跑到十八世纪的法国去了；但是革命史所引起我们的自由、平等、博爱等高超的情绪，却紧紧地随着我们的心灵。所以情绪始终是个人的现象不是社会的现象。他是图尔格姆（Durkheim）所谓个人的涵藏物（incarnation individuelle）和其他的个人现象如欲望、本能等一样。

2. 观念的社会性

我们既然知道了情绪的个人性，便不难了解观念的社会性。

前面已经说过人们的感观与外界接触的结果便产生一种意象。意象经过了社会化以后，便成为观念。我们现在要问什么是意象，什么是社会化。

意象是客观现象的相等物（équivalence）。斯宾塞氏说："持久的印象，因为是从持久的原因而来的结果，所以通常可视为原因的本身或相等物。"不过我们不敢说是绝对的相等，因为从同一的对象，人类与动物所得的意象可以不同。这种事实便可证明意象与对象不是绝对相等。我们这里所说的相等是仅指人类而言。意象既是现实的相等物，所以他有客观性。并且是有形有质的东西。因为这个缘故，他便可以有一定的名称，成为人类心理交通的利器——成为观念。

意象在没有得到一定的名称——出之于语言或见之于文字——以前还是个人的东西，不能作心理交通的利器。所以意象之有名称，即意象的社会化，亦即意象的成为观念。由此说来，在起源上观看，观念已经是社会的东西了。

图尔格姆氏在他所著《宗教生活中的原始形式》之中，说观念是与感觉意象等个人现象对待的东西。个人现象常变，而观念则有比较的不变性（immuabilité）；个人现象函藏在个人的内部，而观念则有交换的可能性(communieable)，个人现象都是人格的，而观念则为非人格的（impersonnelle）。

(三)观念的社会能动性

在社会思想史上，有一派人否认观念的社会功用；有一派人承认观念的社会功用最大，社会的变迁以观念的变迁为唯一条件。

1. 代表前一派的思想家有马克思（K. Marx）、哥比诺（De Gobineau）、斗木郎（Demolin）等：

马克思在他的《经济学批评》与《共产党宣言》里面，都承认精神现象随物质现象而变迁。政治道德艺术哲学等观念的东西，都是社会的经济基础上面的上层建筑。经济足以支配观念，观念不足以支配经济——没有社会的功用。

哥比诺氏于一八五五年在巴黎发表他的《人种不平等论》(*Essai sur l'inégalite des races*)；首倡"人种史观"；说国家与民族的兴衰存亡的因子，不在风俗，宗教、政治、地理、文化，而在人种。人类的历史是高等人种（指白种黄种，尤其是白种。)创造的。人类的退化，民族与社会的灭亡，都由于人种的混杂。人种的重要既是哥氏的中心思想，所以文化或观念在社会中的功用当然为他所忽视。

法国地理社会学派的领袖斗木郎氏著《路途怎样造成社会的形体》(*Comment la route crée le type social*)。在这部书里,他说大家都喜欢用人种去说明各种民族的不同,其实人种的本身是结果,不是原因。要说明人种与民族的殊异,须从一个民族所经历的路途(或地理环境)方面去看。一切人种与社会的形体都是路途的产物:生活于草原的民族皆属家庭集产,实行父系家族制度;生活于苔原的民族亦属家庭集产,但父系家族制度不甚谨严;生活在海湾的民族都实行私产制度与小家庭组织。一切民族的职业亦随地理而异;旁海则渔,在林则猎,居平原则农。决定社会的组织的因子既然是地理,当然就不是文化或观念了。

经济、人种、地理三者虽各不相同;但三者都是物质一方面的东西。马克思、哥比诺、斗木郎三人都是唯物说者。他们不承认观念的社会功用,实出于论理上的必须。

2. 代表后一派承认观念的社会功用者有孔德、古朗齐(F. de Coulanges)、罗培典(Roberty)、弗伊耶(Fauillée)、达尔特(Tarde)等。

孔德虽不是唯心论者,但是他的人类进化观念与前述诸家都不同。大家知道他把人类的历史分作三个阶段。第一事神学期,第二是玄学期,第三是科学或实证期。他以为人类的进化就是知识的进化。并且他所说的知识还是抽象的知识(savoir abstrait)。他说:"我敢说一切的具体的科学终非我们的微弱的智力所能参透。"所以在他的社会学中,仅以得造成抽象的学理为满足。因为有了学理,有了观念,便造成了社会进化的因子。

古浪齐实在他所著《古代社会》(*Cité antique*)里面,提出他的宗教史观。他说:"社会史即是宗教史;宗教成立,则社会成立,宗教改革,则社会变迁;宗教消灭,则社会根本改造;古代的历史如此而已。"宗教是属于观念的东西。他承认宗教足以支配社会,就是承认观念的社会功用。

罗培典氏在他所著《社会学的新程序》(*Nouveau Programme de sociologie*, 1904)里面,承认思想的实力。说知识是社会进化的最重要的因子;思想是能力(énergie)的最高形式,有指导物理化学及生物力的功能……他说孔德的三期进化律中,每期都以一种综合的宇宙观为准标,这是孔氏的一种短处。因为能决定一切其他的思想形式与人类的历史进化的是一种科学的或分析的思想。例如初民社会中科学的分析的思想不发达，所以在初民社会中的宗教哲学艺术都甚幼稚，在社会学家之中，抬高观念的社会功用最趋极端的罗氏实为第一人。

胡伊耶氏在他的最重要的著作《观念力的心理学》(*Psychologie de l'idée force*)里面，也和罗培典氏一样说观念是一种实力。他说观念本是社会的产物。观念之个人意识，便是个人的社会化。……当某种观念发现的时候，个人的意识必为之一变，心理过程既然变动，神筋过程当然也随着变动；所以像“祖国！”“人类！”等观念，都能引起种种的感觉与强烈的情绪。

塔尔特氏是纯粹的心理学的社会学者，他的重视观念自不待言。在他的名著《模仿法则》(*Les lois de l'imitation*)里面；他用两种心理现象——发明与模仿——说明人类的历史于全部的社会现象：全体个人的种种发明都赖模仿的法则社会化；社会化的结果便造成社会各分子间的心理的类似 (ressemblée lancementale)，社会即建筑在这种类似的基础上面。所以照塔尔特看起来，社会的基础是观念的。[①]

① 胡鉴民：《观念社会学》，载《国立中央大学半月刊》1930 年第 1 卷第 14 期。

第四章　葛兰言与法国汉学

历史学—法制学—社会学—民族学—汉学—中国社会史学，葛兰言的学习历程体现了整个西方近代学科发展、细化的进程。随着航海技术和海外传教的兴盛，欧洲学界各个学科都将学术视野扩大至全世界，探索其他文明的需求呼之欲出。汉学的研究领域无法继续局限在神学、历史学之内，在沙畹、葛兰言等人的革新和推动之下，开始向中国社会文化史学发展。

第一节　回顾：法国近代汉学概况

中世纪时期，基督教世界史的统一观建立在人类共同起源、具有共同道路[①]、王室谱系都可追溯到中东的基础之上。这是一种倒退的史观。随着新航路的开辟和地理大发现，非洲、美洲、中国等一系列民族和文明的出现，这种史观逐渐被质疑和推翻。尽管如此，直到18世纪，教会内部仍然不断有人为摇摇欲坠的西方基督中心主义的历史观强烈辩护，法国耶稣会士中的“索隐派”便是一例：白晋（Joachim Bouvet，1656～1730）、傅圣泽（J. Foucquet，1665～1741）、马若瑟（J. de Prémare，1666～1736）、韩国英（P. M. Cibot，1727～1780）等神父各自编撰了中国编年史，企图对中国典籍进行“天儒合一”之论证，用世俗的历史来证明基督教义的真理性与神的计划。事实上，发端于法国汉学的整个西方汉学，从传教士时代已经开始出于不同目的，试图以不同的观点、理论去解读中国古籍。早期

① 即乐园—堕落—惩罚—末日审判—复归。

传教士基于证明中国人是上帝的子民、诺亚的后代，从上古就信奉基督的目的来解读中国历史文献，却导致了“前亚当文化论”，成为 18 世纪启蒙运动的利器。

然而，在经过漫长的基督教历史理论的失范后，17 世纪对历史认识论的探索和 18 世纪的理性主义史学使得基督教士的研究也起了变化。于是，来华“索隐派”耶稣会士的反历史进步观念，即便在教会内部也遭到各种批判和抨击，冯秉正 (J. M. de Mailla)、宋君荣 (A. Gaubil)等以中国历史文献的互证和天文观测数据与史书记载的互证，来反驳索隐主义史观；法国历史学家弗莱雷 (N. Fréret)学习中文，亲自对中国古书辨伪，发现后世编纂者陆续增加上古的时间长度，将神话、历史、天文、历法综合使用，得出了更加进步的中国历史的编纂史情况。[①] 这些历史研究都体现出启蒙时代的历史学特色，随着世俗汉学的创立，汉学家开始在世界历史范畴内对中国文明更加客观地认识。

1742 年，法国皇家学院开设汉语课。1814 年，法兰西学院[②]成立汉学专业。汉学家重新探索可能正确理解中国文化的途径，开始引入新兴的社会科学知识体系，三代法国汉学大家的成功，无不得益于此。既然人类和社会的根源不是上帝，那么世俗历史究竟是怎样的？在世界史研究框架之下，古老的中国文明其社会生活、宗教神话、政治制度史如何起源和发展，成为近代法国世俗汉学的重要课题。

这些汉学家不是基于神学或者殖民目的，较少持有西方中心主义思想，而是基于纯粹的学术目的（尽管手段有时并不友好，如伯希和），希望从中国古籍中发掘中国文化的源头、语言的源头、宗教的源头、制度的源头……概言之，他们意欲探讨出整个中国文明的来龙去脉。法国第一代汉学家，如巴赞、儒莲、毕欧等，大多致力于中国古典文学的翻译和研究，从沙畹开始，对中国古代宗教和信仰才开始有系统的研究，法国汉学也由此从文学、语法学开始转向宗教学、历史学。

---

① 参见卢梦雅：《试论法国汉学界的中国上古神话研究——兼及对中国“古史辨”派的关照》，载《历史教学问题》2017 年第 2 期。

② 此指法兰西公学院 (Le Collège de France)，是法国历史最悠久的学术机构，前身是法兰西皇家学院，1530 年由法国国王弗朗索瓦一世成立，但 Collège de France 法国官方网站的中文翻译为“法兰西学院”，上海译文出版社出版的《法汉词典》中也将其译为“法兰西学院”，与法兰西学术院 (Académie Française, 1635)、法兰西学会 (Institut de France, 1795)是三个不同的机构。为避免与我国翻译习惯冲突，下文对该学院一律译为“法兰西学院”。

李璜在译述葛兰言的《古中国的跳舞与神秘故事》时，曾将沙畹的《法国汉学小史》译出附在书后。笔者略作校勘，将其呈现于此。我们可以从中看到葛兰言以前及当时法国汉学的一些面貌：

> 19世纪开始，汉学的各种研究便在法国国内组织起来。1814年，政府便给亚伯尔·勒米萨特（Abel Rémusat，1788～1832）在法兰西学院设立"中国语言文学"讲座[用他的《中国文法要义》（*Eléments de la grammaire chinoise*），1822]，这位新教授便发现对于中国语文的理解的认识，用他的《双城记》（*Histoire de la ville de Khotan*，1820]他便做了至今还追究的中央亚细亚文化古中心地的探讨先锋。法显的《佛国记》的译本，印行于一八三六年，已在勒米萨特死后，这本书打开以后对于游僧一大部分研究的先河，并且这本书使我们在这个艰苦的行客的述叙中，得着许多地理历史最上等的报告。最后，在他的《鞑靼语文研究》（*Recherches sur les langues tartarcs*，1820）书中，作者使学术界留意到了蒙古、新疆和西藏；他算是第一个要想将这些与中华帝国有关系的所有西北民族一并研究的人；近年来的发现虽已证明勒米萨特对上面所提议的问题不如是其简单，然而这种光荣是当给他，他总算是第一个着手于这些命运与中原民族密切关联的民族的语言研究。
>
> 承继勒米萨特在法兰西学院教授的是斯达里斯拉斯·玉连（Stanislis Julien 1799～1873）他一直教授四十年，从1832年到1873年，要算是当时最好的汉学者。他的《玄奘传》（*Mémoires sur les contrées occidentales*，1857～1858）译本，在这个有名的游僧的观察中，立刻使我们明察公历历史纪元第七世纪的中央亚细亚和印度；直到今日，一般印度学家还随时在这书中考究和在这里搜取史地辩论上的许多材料。做这个工作的时候，玉连便常常很痛苦地去对照梵文与中文，他认为中文字是梵文字的一种变象（Transcription）；所以他会试来创立这个变象中所有的规则；1861年发表的方法论，算是用完全常识的眼光把这个规则建设起来；但只不过说明某一中国字等于某一梵文字罢了。而他甚至未曾想到音学方面，这才可以追求中国字的古音，而且才能较科学地去寻这个变象，在中国最初所译的佛经上面，然而他已算将这个问题明白地表示出来，虽不能一定便寻出中文字的梵文根源，但至少可以将许多假设的范围限制住了。用了

很长期的工夫，玉连最后将他的《中国语文结论新编》(*Syntaxe nouvelle de la langue chinoise*，1868～1870)印行，在这里面，他很明澈地指出句法中间每个字的地位价值。

玉连的学生中，最出色的却要算爱都亚·比约（Édoward Biot，1803～1850)，但是他比岁数刚长他一点的老师还死得早，除了一些聪明的叙述外，他给我们留下一部《中国教育史论》(*Essais sur l'histoire de l'institution publique en Chine*，1845～1847)，在那时候，这个题目还从未被人做过，而不易考察。在考据的知识上，比约最主要的工作，便是《周礼》的翻译（在他死后的 1851 年出版)，这算是正宗派的经书，在里面将纪元前数世纪的周朝时代的行政组织陈述出来。

玉连和比约的同时人：巴柒（Bazin，1799～1870)会对于中国戏剧有可宝贵的工作，波伭野（Pauthier，1801～1870)的历史认为这强于他的音学能力。

玉连死后，法国汉学的出产，在一时期中出现疲缓，在这时候，英国人对于汉学的研究执了牛耳。在我们国里，这时期只有举出几个名字：埃威德圣德里子爵（Le marquis d'Hervey de Saint Denys，1823～1892)会译唐代名诗，以及《马端临通考》中的《蛮夷考》；加卜里业尔·德威（Gabriel Devéria，1844～1899)的最好著作要算《中越边疆的研究》，在里面，他会用力辨别出中国和安南东京中间所有边地民族的复杂的风俗情形；最后，安博特·虚亚尔（Imbault Huart，1857～1897)的《中国讲义》(*Le cours de chinois*)虽然没有得他应得的一般重视，但对于台湾的研究、满清朝代的战争，以及近代袁子材的诗歌，都还有一看的价值。……

在巴黎，亨利·戈伭业先生（Henri Cordier)，在他接着两版（1878～1885、1904～1908)印行的《中国研究图书汇报》(*Biblitheca sinica*)上，将所有关于中国学问的科学成绩立出一个清单；这张清单同着一种精细的心思造了出来，对于研究者以至学问家都非常的有益处。戈伭叶先生著述所及的范围甚广博：《阿多里克·波尔特罗伦（Odorie de Pordenone)的游记》刊行，(1891)他曾不惜花费许多的注释，足见他有正确尔渊博的考据工夫；在他的大作《自 1860 年到 1900 年中国与西方列强的关系史》上，他的中西关系的探讨会得着了褒奖。在东方现代语学校(École des langues orientales vivantes),魏西野尔先生(M. Vissière)在《汉语第一课》(*Premières leçons de chinois*, 1909)上会给予中语实习知识的坚固基础。

沙畹先生,在1893年,继续着埃威·德—圣—德里王子爵,在法国西学院教授,曾印行司马迁史记前五册的完全译本,他有贡献于创立中国考古学研究,在他的《两汉时代中国的石刻》(*Scrupture sur pierre en Chine au temps de deux dynasties Han*, 1893)书中,一如在他的《北中国考古旅行记》(*Mission archeologiqus dans la Chine septentrionale*)书中,后书还附有照相印图488张。他曾有一本专著叫做《泰山》(*Tai chan*, 1910)泰山是古中国古信仰所围绕的一个圣迹。他曾参加中央亚细亚的考察大运动,去搜集并翻译《关于西突厥的史料》(*Documents sur les Tou-kiue occidentaux*, 1903)并去解释阿来尔斯泰隐君(Aurel Stein)所发现的新疆东部沙中的《流沙坠简》(1915)。

中央亚细亚的考古家能指示我们以一个新的世界的,保禄·伯希和先生要算其中一个最知名的。在他的中国书籍目录学的深细研究和中央亚细亚的古地理研究上便已很知名,这位少年科学家从1905年到1908年,同着华扬博士(Dr. Vaillant)完成一个旅行,其所得结果非常壮大。只就他的很动人的发现上来说,他曾有幸运的,在阿来尔斯泰隐之后不久,到了敦煌的千佛岩,能去考察一万五千到两万本,在公元第九世纪被地陷所封藏着的写本书籍,并且得着了一大部分,搬来藏在巴黎国家图书馆中,中间一大半是中文和藏文书,但还有波罗米(brahmi 印度最古文字)和回鹘(ouigoure)文字写的。这一大堆的材料需要许多年月去整理,才能完全被使用:中国古书的手抄本;认为已经失掉而不可复知的一个印度旅行叙述,关于佛教、道教、波斯马伦教、来斯多里演教(Nestorianisme 基督教之一种,波斯最流行,至11世纪方衰)的著作:片段记载材料,不大为人认识的语言文字的样本;在这些上面可以引起所有一个时代的工作者去有方法地向未开的路上走去;伯希和先生因此在1911年便被任为法兰西学院的中央亚细亚语文历史和考古学教授,他当然是这新学派的特定首领。

在里昂,一个中国讲座在1900年创设了,便请莫里斯·古昂先生（Maurice Courant）担任，这位先生以其高妙的《高丽书目》（*Bibliographie coréenne*，1895～1897）知名，在这本书中，他汇列并解剖一八九零年以前所有高丽出版的书籍。自此以后，古昂先生又曾写出一本《中国音乐史论》（*Essai historique sus la musique des chinois*，1912）和一本《中国口语文范》（*Grammaire de la langue chinoise parlée*，1914）。

使得中央亚细亚的研究能够和他的研究的目的地相接触，远东法国学院（Ecole française d'Extrême Orient）便于 1898 年 12 月 15 日创立，设于印度支那，在这个中国和印度的文化接触的交通中心里面，这个学院自然地将他的大部分精力都用在中国方面，并且他早已养成好些将来最有希望的支那学者。继着被召还巴黎的伯希和，继着早死的精力深锐的音乐家余贝尔（M. Huber），现在亨利·马斯伯乐先生和来阿拉尔·阿尔罗索先生（M. Léonard Auroussean），都在远东法国学院的汇报中，关于中国部分，有最高价值的科学贡献。

当其《远东法国学院汇报》（*Bulletin de l'école d'Extieme Orient*），自 1901 年在河内刊行的时候，《通报》（*Toung-pao*）便自一九零四年，被两位法国人，戈低业与沙畹两先生主持，在荷兰乃德（Leyde）地方印行。这是对于远东的科学研究的两个定期刊物。此外，《亚细亚学报》（*Le Journal asiatique*）也常常收集关于汉学的著述，但是他的研究范围教广，既然他的目的在注意整个东方在这学报的第一卷（1913）上关于中央亚细亚的叙述，曾被国家学会出钱特别印行，第二卷（1914）的《亚细亚艺术》（*Ars Asiatica*）被威克多尔·戈鲁卜吾先生（M. Victor Goloubew）主持印行，其中差不多全载中国题目，其书的开张甚大，可以夹甚美的插图。

如上所述，一般学界将 1814 年雷慕沙在法兰西学院主持第一个汉学讲座作为西方汉学之起点，雷慕沙及弟子儒莲共同代表了西方汉学的草创阶段。但他们从未到过中国，使用的是传统的语文学方法研究中国古籍，近似于我国清代的文献治学。到了 1893 年沙畹主持法兰西学院汉学讲座时，西方汉学有了全新的面目。因为沙畹不仅继承了语文学研究文献的传统方法，更能运用近代新兴人文科学的新方法，他推崇历史学，对考古学、语言学、宗教学、民族学等学科触类旁通，并且走出了欧洲，两次来华亲自实地考察，与中国实际社会接触，亦与中国近代学者有良好的互动。

第二节　继承:葛兰言与沙畹汉学

沙畹毕业于巴黎高等师范学校哲学系,早年研究康德,拥有扎实的希腊、罗马人文科学和德国研究的知识功底。该校校长、著名希腊考古学专家佩罗特 (Georges Perrot)对他青睐有加,鼓励他把中国作为研究方向。沙畹原本打算将中国思想哲学作为研究的主要方向,但是考狄建议他涉足当时仍被汉学界忽略的中国历史,例如选择《二十四史》之一进行全文翻译和评述。[①] 沙畹选择了《二十四史》第一史《史记》,但他并不是用传统的事件历史视角来审视这本史书,而是结合宗教学,从对古代中国山川祭祀的研究开始他的汉学生涯。沙畹在《史记》的翻译与论文《古代中国社神》中,明显表现出了这方面的成就,此二作也应当是对葛兰言最有影响的沙畹作品。[②]

沙畹以前,法国汉学主要使用的是翻译和语文考据法,继承了中国清代训诂家以小学治经史,专注文字语言的工作。自沙畹起,则在语文考据之外又结合了史学方法,即史语的方法——整理、鉴定、分析史料,再综合其考古、宗教、语言、艺术等各个学科博识,使得其著述资料广博、议论新颖。因此,沙畹的研究对象不局限于古代典籍或当代社会,而是整个中国文化、整个鲜活的中国社会。沙畹的贡献和成就极大,在碑铭、语言、地理、文献、历史、敦煌、突厥等领域均有不同程度的建树。沙畹的研究方法开创了现代汉学,并深刻影响了后世几代汉学家。来自荷兰、俄国、瑞士、德国的学生投师其门下,他们在法国学成回国后散居各地,普及了现代汉学。

葛兰言赴中国考察显然不是法国社会学的方法,应该是来自沙畹的鼓励。沙畹曾经两次造访中国,共五年之久。[③] 1908 年起,葛兰言跟随沙畹在巴黎高等实践研究院学习"远东宗教"并在法兰西学院学习"中国语

① 参见[法]沙畹:《沙畹汉学论著选译》,邢克超等译,第 374～375 页。

② 葛兰言的博士论文便是从上古的山川节日庆典和土地崇拜开始论述的。(参见杨堃:《社会学与民俗学》,第 110 页)

③ 1889 年 1 月至 1893 年沙畹考察了泰山和云冈、龙门等石窟,写成《泰山志》《中国两汉石刻》等,1907 年 3 月至 1908 年 2 月将考察资料整理成《华北考古图谱》。

言文学”①。在沙畹的指导下,葛兰言的博士论文方向由法国与中国封建制度比较转为立足于中国文明起源的课题。在三年的汉语学习期间(1908～1910),葛兰言深受沙畹在文献学、历史学和宗教学三方面的影响:

(1)沙畹对文献的社会作用研究与葛兰言的社会学文献分析法契合。葛兰言十分重视古代文献中记载的古代婚丧仪式,沙畹在课上对相关古籍的分析具有重要的启发和参考意义。

(2)葛兰言的“节日圣地”研究以沙畹的泰山神、土地神研究为基础,融入了西方社会宗教学的理论。

(3)沙畹的上古史与传说研究、对孔子祭祀与中国人对伟人崇拜观念的课程,对葛兰言的《中国古代的舞蹈与传说》的写成亦有重要影响。

纵观葛兰言的汉学,几乎完全继承了沙畹对中国上古史、原始宗教和先秦文献的重要观点,又融入了法国社会学理论和方法,实现了对老师的超越以及对法国汉学的突破,为中国古代宗教史发现了很多新材料,对中国文明起源作出了深刻的探索与新颖的阐释。

一、文献历史学

沙畹与前人的汉学研究不同。自 1814 年汉学专业成立以来,大多数汉学家是语言学出身,并且专注于语言研究和文学译介工作。即便是 19 世纪后期和 20 世纪初期出现了关注中国宗教的研究,如雷维尔(A. Réville)的《中国宗教》、何赖思(Ch. de Harlez)的《中国早期宗教》和《中国宗教:历史和批评》、戴遂良(L. Wieger)《中国宗教信仰和哲学史》等,但沙畹将历史考证法引入了 20 世纪的汉学:不仅沿承文字训诂、经书辨伪等我国学者的传统治学方法,而且更加注重史料中所反映的社会事实和着眼于中国社会情况的科学考证,关注文献中的事实。沙畹在法兰西学院的就职演说《中国文献的社会作用》(1893)一文中强调:“任何文学都可以被看成一个事实的集合,为了真相而研究这些事实是很有意义的。”②可见,沙畹对中国文献不止于语言学和史学的研究,更重要的是揭示其在

① « Résumés des cours d'Édouard Chavannes de 1908 à 1911 », *Annuaires du Collège de France*.

② Édouard Chavannes, « Du Rôle social de la littérature chinoise », *La Revue politique et littéraire*, vol. 52, 1893, pp. 774—782.

古代中国社会研究中的作用。

对于文献的利用，沙畹指出应当从后来成书的文献中提取可能真实的信息，包括历法、天文观测、村落描述、法令、婚丧仪式等。[①] 由于中国早期文献的存世无几，为了解西周以前的中国历史，沙畹指出："需要专门的工作将最古老的文献《尚书》和《诗经》中的社会事实提取出来，以呈现中国最早期的信仰和习俗。"[②]沙畹坚信，孔子所倡导的礼乐制度应当出现自更加遥远的时代，也就是说中国封建社会的礼制并非凭空而成，而是有着古老的习俗渊源。[③] 他认为："事实上，不仅有大量的历史文献帮助我们考察中国历代变迁，还有珍贵的仪式习俗尚未被好好研究，能够帮助我们深刻考察远东社会制度；另一方面，中国的独特文明在世界文明史舞台上，从最久远的时代到当代从未间断，因而观察当代习俗能够帮助我们理解过去的状况。"[④]葛兰言的博士论文《古代中国的节庆与歌谣》是西方第一部对于《诗经》的专论，出色地完成了沙畹所指出的那项"专门的工作"。

沙畹这样的中国上古史观与欧洲"进化论"思想深入人文学科分不开。他强调尽可能利用历史文本中的社会事实的方法，这与 19 世纪中晚期的历史学转向密切相关这一时期欧洲史学开始从历史事件写作转入社会史、文化史的研究，西方学者不仅不再关注重大事件或英雄人物，还开始以比较的视野希望了解其他社会和文明。事实上，涂尔干也将"社会事实"视为社会学方法论的第一要义[⑤]，沙畹则将这一概念引入汉学研究。

在 1895 年出版的《司马迁〈史记〉》"导论"中，沙畹不仅把司马迁的《史记》定性为"事实"（fait），还赋予这一"事实"双重含义：其一，《史记》是历史著作，本身是历史事实的载体；其二，它本身的存在，即为"历史事实"，是一个"多维度地体现了复杂的因果关系的事实"，也"即有关历史的建构的历史"。[⑥] 葛兰言对于先秦文献，甚至对于经学家的注释，均秉承了

---

① « Résumés des cours d'Édouard Chavannes de 1908 *à* 1909 », *Annuaires du Collège de France*.

② Édouard Chavannes, *Les Memoires historiques de Se-ma-Ts'ien*, vol. I, Avant-propos, Paris, 1967, p. CXXXVII.

③ 参见：« Rapport sommaire sur les conférences de l'exercice 1909－1910 », *Annuaire de l'Ecole pratique des hautes études de Paris*, *Section des sciences religieuses*.

④ Dossier aux Archives nationales, *Missions de l'Instruction publique*, cote F/17/17272.

⑤ 参见本书第三章第二节。

⑥ 参见马骥：《沙畹之〈司马迁史记导论〉：评介与摘译》，载《国际汉学》2017 年第 2 期。

沙畹的这一文献观。在《古代中国的节庆与歌谣》中,他首先将诗歌原文与历代经学家的注释组合在一起,构成了“历史事实”的载体,从中提取事实进而进行整合与说明;然后又站在中国人思维立场上,试图对这些参与了历史建构的经学家注释的“误读”进行阐释。

1900～1917年,沙畹在法兰西学院主讲“中国语言文学”课程。该学院的教授由同行根据科学和知识的发展演变而自由推选出来,新成立的教席既可以部分承袭过去教席的工作,也可以从事全新的教学。与法兰西学术学院不同的是,该学院的首要使命不是传授那些已经定型了的学问,而是“正在形成的知识”[①],因此学院教授每年都会讲授新课程,这些课程与其研究成果或相关领域的最新发展密切相关。沙畹在法兰西学院每年开设两门课程,一门课程偏重历史,另一门侧重讲解古代文献。葛兰言的中国文献学和史学功底就是从这些课程中打下的。[②]

另外,在1909年的课程中,沙畹着重探讨了中国伦理是如何统一的,孔子在这一进程中产生了什么影响;国家领土是如何统一的,中原是如何逐步吞并边疆民族及融合多民族文化的。[③] 上古史正是葛兰言的研究旨趣,在这一课程中,沙畹教授了如何使用历史文献之外的材料来发掘和还原上古史,为葛兰言的研究提供了重要的方法论。特别是这一学年,沙畹通过讲解《诗经》以介绍西周社会,葛兰言的博士论文方向极有可能是这一年确定下来的。

早年沙畹在翻译《史记》时,便注意到了中国历史书写与民间传说之间的关系,认为应以故事的眼光看待中国上古史。在《司马迁〈史记〉》第一卷中,沙畹不但发现了中国史书层累地增加上古时代和历史人物这一突出问题,还明确指出中国早期历史事件吸收了各地传说,反映了中华民族的早期文化,甚至其中很多反映了周边少数民族文化。[④] 在附论《西王母国游记》中,沙畹考证了一些对上古人物(如穆王西游、禹帝事迹)的记载,认为这些记载都是吸收了异国传说并结合中国环境和历史情况的叙

---

① “不是给予听众已经获得的真理,而是赋予他们一种自由研究的精神。——梅洛—庞蒂”这句话用金字印在法兰西公学院一个大厅的梁上。

② 参见本章第四节。

③ 参见本章第四节。

④ 参见:Édouard Chavannes, *Les Memoires historiques de Se-ma-Ts'ien*, vol. V, Paris, 1967, p. 485.

事结果。[1] 他指出，与君王有关的传说与后人著书的政治背景密切相关：如《五帝本纪》开篇第一句“黄帝者，少典之子”的“少典”被司马贞解释为诸侯国名，乃是为了调和古老传说中不合理之处的权宜之计[2]；黄帝蚩尤之战的传说赋予了黄帝超自然的形象以彰显其至高无上[3]；《尚书·禹贡》是一篇上古地理志，里面关于大禹的传说不过是后来窜入的[4]。通过译注《史记》，沙畹建构了不同于晚清以前中国的考史、纂史和释史方法，他将中国研究逐步解构为历史、碑铭、宗教、民族、民俗、文学、神话等方向，开启了西方现代汉学。

沙畹的上古史观被两位徒弟马伯乐和葛兰言在两种不同的方向上继承下来。由于沙畹指出中国早期历史书写中包含有大量传说成分，马伯乐认为历史学家“不必坚执在传说的外形下查寻从未存在过的历史的底子，而应该在冒牌历史的记叙中寻求神话的底子”[5]，认为中国神话被历史化，因此要将历史记载“还原神话原貌”。这种观点成为日后许多中国学者如茅盾、梁启超等人进行上古史研究的方法与准则。同时，沙畹也指出，这些传说结合了一定史实一并写入史书。对此，葛兰言的观点则不尽相同，他坚信，尽管有关上古的记载大部分不是信史而是神话传说，但依然具有历史价值，这些叙事虽然并非真实反映它们所叙述时期的历史，却真实反映了产生这些叙述时的人们的观念，反映了当时的社会生活和制度。因此要利用神话传说“还原历史社会原貌”。在这一指导思想下，葛兰言将社会学概念应用于神话研究，对共工蚩尤、夸父逐日、后羿射日等神话重新解读；从大禹神话中看宗教仪式、舞蹈；从神话片段中窥探出冶铁、青铜器制造与中国早期封建制度萌芽的社会状况；从这些神话碎片中剖窥中国上古社会的生产力发展和与之相适应的宗教思想情况。由此看来，葛兰言与沙畹的上古史观一致，并不全然否定中国的古史记载，只是需要从后来成书的文献中提取可能真实的信息。

沙畹在法兰西学院的历史文献课程从先秦一直讲到清代，并不断加入考古、艺术、碑铭、政治、佛教等各个领域的相关主题研究，为现代汉学

---

① 参见：*Les Mémoires historiques de Se-ma-Ts'ien*, vol. V, Appendice II.

② 参见：*Les Mémoires historiques de Se-ma-Ts'ien*, vol. I, p. 27, note 2.

③ 参见：*Les Mémoires historiques de Se-ma-Ts'ien*, vol. I, p. 25, note 3.

④ 参见：*Les Mémoires historiques de Se-ma-Ts'ien*, vol. I, Introduction.

⑤ [法]马伯乐：《〈书经〉中的神话》，冯沅君译，商务印书馆 1937 年版，第 1 页。

开疆拓土。比如他在两汉历史的研究中使用了斯坦因(Stein)在汉长城发现的竹简以研究汉朝在新疆地区的军事战争,参考了罗费尔(Laufer)最新的陶器研究来解释中国的丧葬习俗,通过考察大量汉画像以呈现汉代艺术,通过《艺文志》讲述中国文学史,等等。[①] 如此一来,沙畹向西方人展现的便不再是一种儒家典籍里纪年体的中国汉代,而是一个生动立体的、在领土的不断扩张中与中亚、甚至欧洲文明开始发生接触的中国历史上最为繁荣之一的朝代。这样极具启发意义的课程对于每个学生来说都是至关重要的,无怪乎沙畹门下高徒济济。

二、原始宗教学

随着欧洲殖民扩张的需要和世界文明史的研究需求,汉学学科逐步成熟,亦尝试与宗教学、社会学研究结合起来。当时,沙畹除了在法兰西学院和巴黎东方语言学院的汉语语言历史的课程之外,还在巴黎高等实践学院教授中国宗教。巴黎高等实践学院的"宗教学"于 1886 年从第四系分离出来成为第五系,课程包括"未开化民族宗教""远东和印第安美洲宗教""印度宗教""埃及宗教""闪米特宗教""希腊罗马宗教"等。1907 年,沙畹从罗斯奈(Léon de Rosny, 1837～1914)手中接过教鞭之后,远东地区才与美洲宗教分开单独开设课程,并且沙畹专门讲授中国宗教。[②] 可以窥见,19 世纪晚期,西方宗教人类学的研究对象已经开始覆盖到远东地区,沙畹使得法国现代汉学开始向宗教学转向。尽管沙畹的古代中国文化研究尚未全方位对中国古代文明做出有力的整合,但是他将宗教学、社会学引入文献研究的途径,对其后几代汉学家产生了深远影响,功不可没。

宗教社会学与汉学的碰撞是时代的必然。追本溯源,早在 16、17 世纪,明清传教士西传的中国伦理道德自启蒙时期就引起了欧洲社会的思想巨澜:传教士的原始资料激发了知识分子的灵感,他们所讲述的中国人的日常生活及其中所反映的伦理观念、道德风俗,激发了启蒙思想家在宗教、文明、民俗各方面对欧洲宗教和习俗的重新思考,成为启蒙思想家推

---

① 参见本章第四节。

② 参见:« Rapport sommaire sur les conférences de l'exercice 1907－1908 », *Annuaire de l'Ecole pratique des hautes études de Paris, Section des sciences religieuses*.

翻教权的有力武器。继而，随着教廷衰落，人文学科兴起，宗教、民俗、社会、世俗历史等等相继成为学术对象，传教士近300年来西传的各种考察报告和文献译介展示了中国基本的社会情况，特别是民风民情、伦理道德等方面。于是，在经历了作为传教工具、启蒙工具之后，汉学译介与研究著述成为西方学界探讨普世原则和归纳理论的重要依据。因此，宗教社会学、民俗学甚至神话学在19世纪晚期最终与世俗汉学碰触和沟通，这是西方学术发展与进步之必然。

沙畹对中国原始宗教的关注开始于对《史记》的译介。他在翻译过程中发现了泰山信仰和官方祭祀等宗教因素在中国古代社会文化中的重要地位，并做好了对中国古代宗教长久钻研的准备。他在学术生涯的每一阶段，都基于新的资料、知识和视角进行新的总结和拓展：1900年9月，沙畹参加宗教史国际大会，在远东组宣读论文《中国古代宗教中的社神》，这是他翻译《史记·封禅书》以来的思想结晶；10年后该文又被他增补、扩充二倍的篇幅，易名为《古代中国社神》，作为附录刊在《泰山志》(1910)一书中。该文中，沙畹不仅沿承了文字训诂、经书辨伪等传统治学方法，更加注重史料所反映出的宗教仪礼和事实，着眼于宗教社会学的考证，以中国人对“社”的崇拜和观念为主线，完整介绍了“社”的形象，梳理了“民社”与“官社”的关系和演变。他将“社”作为古代中国的一种行政单位，归纳了“社”在中国人心目中的各种神圣职能，认为“社”与土地的紧密关系反映了中国农业社会的普遍信仰特征。[①] 在法国汉学史上，这种从历史文献中发掘宗教社会事实，并在整体上分析中国人古代宗教思想演变的专题性学术论文，与高延(J. J. M. De Groot)、戴遂良(Léon Wieger)等人所辑译的通史性、概论性的中国宗教论著明显不同，在当时的汉学界极其罕见。我国史学家桑兵评价该文“实为西洋中国学界空前的杰作，它的重要性就在于启发后之学者，走上以社会学法研究汉学之途径”[②]。现代汉学家戴密微称，该篇系“另辟中国古代宗教研究的一条新途径”[③]。

沙畹在《泰山志》中尽管未使用“圣地”一词，却指出了泰山和“社”作为圣地的特征：泰山是神仙出没的地方，是人与上天沟通的场所，是生命

---

① 参见[法]沙畹：《沙畹：古代中国社神》，卢梦雅译，载《国际汉学》2015年第2期。

② 《王静如文集》(上)，社会科学文献出版社2015年版，第333～345页。

③ 蒋向艳：《法国汉学家沙畹》，载《国际汉学》2005年第1期。

的聚合之处，而泰山本身也是一位神明，承担了保护周边地区的丰产和平安之责。[①] 人们在对泰山和社的祭祀中同时表现出了对土地、祖先的崇拜，并且神圣之力以多种形式存在，还存在于树木、石柱、木牌中。在中国古代宗教研究方面，葛兰言吸收了比较宗教学者罗伯特逊·史密斯的“圣地”理论，继承和突破了沙畹的中国原始宗教说。[②]

葛兰言以其上古“节日圣地”之说，整合了沙畹的所有洞见，指出了泰山与社崇拜均来自于上古村落的节日祭祀。山、水往往是村落间的分界点，是祖先安息之处，也是各个村落在农闲时节社会交往的场所。人们在节日活动的狂欢中重新缔结了婚约和确认了联盟关系，凝聚感和幸福感的精神意识附着在自然物和自然地上，于是节日的欢腾具有了宗教性，并且是一种社会性的宗教。葛兰言借助宗教社会学的理论，将山川、土地、自然物、祖先崇拜甚至阴阳观等原始意识一同引入了中国古代人们的节庆中，以说明人们的行为方式与原始思维共同受到了社会制度的支配；又将节日中的登山、涉水、祈愿、歌舞等集体仪式活动纳入社会交往的范畴，指出节日具备了不断强化人们凝聚力和认同感的社会功能。葛兰言在代表作《中国古代的节庆与歌谣》和《中国人的宗教》中首先形成理论化的表述，继而使用自成一派的“圣地”论，从中国文献中解读出宋国圣地“桑林”、孔家圣地“尼山”、郑国圣地“溱洧”等。

葛兰言尤其指出了民间习俗向贵族仪礼的演变——追溯封建贵族信仰和官方祭祀仪式的民间起源，这种历史演进的宗教观同样来自于沙畹。沙畹注意到“中国宗教史上较为明显的特点是君主与泰山神之间的关系……君主与泰山神几乎平起平坐，都是上天任命来保佑人民幸福的两位显要”[③]。据他观察，君主、泰山神、社神都会因为维持了自然的正常秩序而得到人们的献祭和崇敬，又将天灾人祸归咎于他们，人们认为君主失德或神明失职，理应受到谴责和惩罚。由此，葛兰言将圣地与个人崇拜联系在一起，认为在王权建立之后天子的至上取代了圣地，自此，祖先、圣地、

---

① 参见：Édouard Chavannes, *Le T'ai chan: Essai de monographie d'un Culte chinois*. Paris: Ernest Leroux, 1910, pp. 6—13.

② 参见：William Robertson Smith, *Lectures on the Religion of the Semites. Fundamental Institutions*. First Series, London: Adam & Charles Black, 1889, chapitre 2—5；吴银玲：《葛兰言的“圣地”概念》，载《西北民族研究》2012 年第 2 期。

③ Édouard Chavannes, *Le T'ai chan: Essai de monographie d'un Culte chinois*, pp. 9—10.

王权“三位一体”，形成了官方祭祀的对象。

葛兰言发现，由于祭拜目的相似——人们通过祈祷获得回馈，而馈赠带来威望——因此，在圣地节日祭祀之外，人们也会出于实用主义而自发地与某个群体、某个人通过崇拜仪式而建立联系。一个族群通过婚姻、朝贡等仪式来与另一个族群建立联系，在对另一族群家长或首领的崇拜仪式中，表达自己的敬意和归附。葛兰言由此分别开展了对中国古代婚姻和君主威望的两个研究，写成了《中国古代仪式的封建家庭研究》和《古代中国的舞蹈与传说》。在对中国城市的考察中，他看到一个人通过对另一个人的崇拜仪式来建立被保护与保护者、受馈赠与馈赠者之间的关系，将这种关系称为“亲属关系”。在这种血缘之外的社会关系中，葛兰言发展起了他对中国亲属关系与社会基本形式的探索，写出了《中国古代的婚姻类别及亲属关系》和《中国的封建制度》。由此，在圣地崇拜与个人崇拜之间，葛兰言通过敬拜—馈赠—威望的因果关系建立起一致性。因此，葛兰言的节日圣地研究并非孤立，作为对中国宗教和社会起源研究的起点，他的节日研究与后来所有对婚姻制度、家庭宗教和封建政治制度的研究具有内在的延续。

回顾西方学术风向，19 世纪下半叶随着宗教势力的没落，宗教现象以及宗教事实成为欧洲学界批判和研究的对象，将宗教研究当做一项科学研究的观念也慢慢在法国扎根。1879 年，以色列宗教研究专家维尔纳(M. Vernes)在法国的《科学杂志》上讨论了教授宗教史的可能性和必要性；翌年，他与吉美 (E. Guimet)合作出版了第一期《宗教史》期刊，该刊物后来成为法国宗教学的权威刊物。1886 年，巴黎高等研究实践学院成立了宗教科学部，同时巴黎索邦大学的天主教神学系予以裁撤。[1] 法兰西学院、巴黎高等研究实践学院、索邦大学，都是最早向这一“新兴的宗教科学”打开大门的高等院校。宗教成为很重要的文化视角，如果不了解一个文明的宗教，就不可能了解这个文明本身。宗教影响到人们的思想意识、生活习俗等方面，是整个社会文化的组成部分。从此，宗教，特别是对于欧洲来说，基督教同世界其他各地区的宗教一样，成为被教授们——这些真正的学者而非以往的神学家——运用历史学、考古学、语言学等多种方法来解释和分析的宗教之一。

---

① 参见[加]马赛尔·福尼耶:《莫斯传》,第 43～51 页。

于是，随着神圣历史的世俗化，各个人文学科的学者都将目光转向了宗教。古典学者首先从古典文献中发掘早期宗教和制度起源的研究，且成果卓著，包括葛兰言早年读过的《希腊神话的闪米特影响》《从荷马到埃斯库罗斯看希腊的宗教感情》《希腊文学里的宗教》《法国文明研究：墨洛温王朝时的神明崇拜》《古罗马的私人崇拜》《雅典的神圣仪式》等。1879 年，法兰西学院创建的《宗教史学刊》关注着自古至今世界各地宗教范畴的各种形式；1914 年，葛兰言在这一刊物上发表了《中国古代宗教研究计划》。"神话—仪式"学派的代表人物哈里森在《古代希腊宗教》中指出："荷马史诗可以极大帮助我们了解到希腊民间宗教是如何固定下来的。"[①]这些葛兰言曾经借阅过的书刊中，我们既可以窥见它们对葛兰言的点滴影响，又可以整体上了解 19 世纪末宗教学在西方古典学界的研究情况。

作为沙畹的得意弟子，伯希和埋头于敦煌学，马伯乐专注于历史和道教，高本汉长于历史语言学，只有葛兰言将中国古代社会作为一个整体来研究。[②] 他从古代家庭着手，从婚丧嫁娶中分析封建时代家庭礼俗的特点，进而展现古代社会组织制度，以及基于特定社会关系的精神层面，包括古代中国人的伦理道德、神秘想象乃至整个世界观和思想体系。葛兰言的三大代表作《古代中国的节庆与歌谣》《中国人的宗教》《古代中国的舞蹈与传说》分别讨论了上古民间社会与封建阶级统治时期由风俗到礼制的历史演变过程，特别是以宗教为核心的这种文明的自源性与独特性。

概言之，从葛兰言的全部著述中都可以看出他对沙畹中国原始宗教研究的继承。正如葛兰言本人所说："沙畹曾是我们的导师，并且仍是我们研究的启迪者。"[③]1913 年，继沙畹之后，葛兰言接任巴黎高等实践研究院宗教学系"远东宗教"教席，之后其全部的学问皆孕育于此。无疑在中国宗教方面，沙畹是葛兰言的引路人，葛兰言称之为"太阳神"。[④]

① Jane Ellen Harrison, *The Religion of Ancient Greece*, 1905, p. 12.（参见本书附录 3）

② 1913 年，葛兰言接替沙畹在巴黎高等实践研究院"远东宗教"的教席，1914 年葛兰言参军入伍之后，直到 1920 年该课程无人能够替代。

③ *Cinq cents contes et apologues* (extraits du Tripitaka chinois et traduits en français par Édouard Chavannes), vol. IV, Préface par Marcel Granet, 1934.

④ 参见：Marcel Granet, *Danses et Légendes de la Chine ancienne*, Introduction.

第三节　批判：葛兰言与传统汉学

葛兰言对当时的汉学研究，包括对中国学者的治学方法（乾嘉学派）以及传承中国方法的西方汉学不予苟同。他认为，中国学者做学问旨在为正统儒学服务，无法摆脱过去的经学，当时西方的汉学家们也抱残守缺于这样一门过气的学问。[①] 事实上，葛兰言在博士阶段所着手的中国家族制度的亲属关系研究，本来就不是传统的汉学课题，而是社会学问题。因此从一开始，葛兰言就已经与无论是中国还是西方汉学的经院诠释传统背道而驰。但实际上，他并不否定西方汉学家的学术水平，只是在他看来，传统汉学家的文本分析局限于文字训诂，僵化呆板，而社会学方法才是生动活泼的，才可能在古老的文献中有新的、有价值的发现。因此，葛兰言在著述中提到了当时很多英法学者的著述或观点，却很少引用汉学同僚的著述。

这一倾向从葛兰言著作的献词也可窥见一斑，除了博士论文在卷首"纪念沙畹和涂尔干"，他的《中国媵婚的古代形式研究》献给埃尔（L. Herr），《古代中国的舞蹈与传说》献给莫斯；在后一书中提到的审阅者里面，没有一人真正是搞汉学的，可见葛兰言的著述不是迎合汉学家们的，但社会学界专家对中国方面又所知甚少，这也是直到近年来国内外学界对葛兰言仍然褒贬不一的主要原因。我国历史学家雷海宗认为"历史全靠年代维系，无年代不成历史"，他对葛兰言以社会事实重塑历史的做法不以为然，甚至对《中国古代文化史》（指《中国人的文明》）有"读过一段之后令人不得要领"的感受。[②] 尽管民国时期我国学界有不少学者知道葛兰言的汉学著作，但与雷海宗有同感的历史学者也不在少数。

鉴于葛兰言的弃旧立新的决心，对其师沙畹及同窗马伯乐等人的态度，也并非一味褒赞的。虽然葛兰言声称自己是沙畹忠诚的追随者，在博士论文卷首向沙畹致敬，并且将其成就归功于沙畹的教诲，但是对于老师，葛兰言没有一味盲从。他常拿沙畹的《史记》译本当靶子，对其翻译不

---

① 参见：Rémi Mathieu, *Préface de la Danses et Légendes de la Chine ancienne*, 1994, p. XXIII.

② 参见雷海宗：《书评》（四），载《社会学刊》1931 年第 2 卷第 4 期。

敢苟同;对沙畹通过改动原作来进行诠释的做法更不以为然;即使在《古代中国的舞蹈与传说》中,也完全没有引用马伯乐的名作《〈书经〉中的神话》(1924),反而在书评中批评了马伯乐的《现代中国神话学》(1928)。[①]葛兰言甚至在《古代中国的舞蹈与传说》一书中公然将历史学方法与社会学方法对立起来,指出传统汉学弊端,以至于该书出版之时,除马伯乐撰有一篇近似于介绍的短评(亦对其轻视史学方法表示异议)之外,当时没有任何一位汉学同僚对该书进行学术评价。其他书评包括涂尔干学派的哈布瓦赫(Maurice Halbwachs, 1877~1945)就书中的方法论问题写有书评[②],哲学家马松·乌尔塞在书评中褒赞了该书[③],20年后瑞典汉学家高本汉(B. Karlgren, 1889~1978)针对其文献使用和古语训诂等问题进行了批评[④]。葛兰言在世期间,法国汉学领军杂志《通报》(*T'oung Pao*)仅在葛兰言就职和第一次获"儒莲奖"时(1913、1921),以及若干文章的参考文献中提到过他(*T'oung Pao*, 1919、1922、1924、1927、1930、1931、1937),足见葛兰言的汉学在当时接受度不高。

无论如何,毕竟葛兰言的矛头指向是传统汉学的历史考据法,与老师沙畹一样,最终目的是希望汉学这门"死气沉沉"的学科在方法论上有所进步和革新。随着葛兰言将古代中国社会研究定为自己的终生研究方向,他希望能将语文学以外的新方法融于汉学研究中去。事实上,沙畹也赞许和举荐这位高徒,对其将社会学方法应用于历史文献研究的方法予以肯定,对其使用现代民族学材料来理解唯一具有社会延续性的中国古代情况之方法也予以支持。[⑤]

在葛兰言的著述中,我们可以不断看到社会学、历史学、神话学、民俗学等等的学科方法,无疑在沙畹之后,葛兰言是又一个使法国汉学焕然一新的大家。当然,说他是汉学大家,首先是对其汉学造诣的肯定。他在一

---

① 参见:Review of « Hackin, Mythologie asiatique illustrée», *Revue critique d'histoire et de littérature*, 1930 janvier.

② Maurice Halbwachs, « Histoire dynastique et légendes religieuses en Chine d'après un livre récent de M. Marcel Granet: Danses et Légendes de la Chine ancienne», *Revue de l'histoire des religions*, 1926, juillet-décembre.

③ P. Masson-Oursel, « Histoire de la Philosophie chinoise», *Revue philosophique de la France et de l'Étranger*, vol. 104, 1927.

④ Bernhard Karlgren, « Review of Marcel Granet, Danses et Légendes de la Chinen Ancienne». *Litteris*, 1926 (2).

⑤ 参见本书第五章"沙畹报告"。

则注释里强调“应该读过全部文献”[①]：他本人通读了几乎所有的中国古书，包括六经、诸子、《汉魏丛书》的论著、早期各朝代的史书等，当然他坦言用力并非均衡。在葛兰言的时代，没有几个真正的汉学家（包括之前的汉学家）能像他一样具备如此广博的中国古文献知识，他所引用的典籍，诸如《诗经》《史记》《左传》《国语》《山海经》《礼记》《淮南子》《竹书纪年》《吕氏春秋》等，即使说不上烂熟于心，也至少达到了精通的程度。他十分强调“直接和缓慢地细读工夫”，曾经因为一个地名，将《左传》从头细读一遍。[②] 值得注意的是，葛兰言撰写的有关古典文献的注释，大都是对其所引用文献的写作动机及写作意义之讨论，就这一点而言，也无愧于汉学大家之称。

葛兰言像沙畹、伯希和、马伯乐一样，传承了法国汉学对文本和注释细致的文献分析之传统，并且他使用的明显是 20 世纪 20 年代甚至更早的版本，而不像其他的欧洲汉学家，使用二战后出版的注本或者战后学者的评述，也不像我们现在所看到的附有完整标注、能够自如对照原文和注释的版本。因为中国先秦的主要文献都是在汉代以后，尤其在唐宋时期才进行注释和评述的，我们无法确定这些注释说的一定是当时上古时期人们所理解、亲眼所见的事实。因此，葛兰言在使用后代注释时十分谨慎。尽管在其著述中，比起文献史语的分析，他更多地使用了社会分析法，但是并没有取而代之，因为这两种研究方法必须互相依托，才能达到将这些文本构建之后再对其进行阐释的目的。

当然，葛兰言对老师的传授也并非全盘接受。一方面，他在考古发掘的问题上是十分审慎的，不轻易在论证中使用考古成果；另一方面，他试图通过社会学的分析，说明一些中国文明的特征并非单纯受到外族影响，而是由自身社会发展而来。这一观点与沙畹不同，一直致力于研究西域文明的沙畹，十分重视外来文化在国家统一、民族融合时对中国本土文明的影响。其实包括当时的传教士汉学家，如在宗教、民俗方面卓有著述的戴遂良神父也持此意见，他认为近代风俗体系是众多思想混合的结果，除儒、释、道之外，一些曾在 8～14 世纪入侵中国的如维吾尔、阿拉伯、通古斯、蒙古、斯基泰等各民族思想，通过经商、驻军等途径传入中国，构成了

---

① Marcel Granet, *Danses et Légendes de la Chine ancienne*, p. 4, note 3.

② 参见李璜：《古中国的跳舞与神秘故事》，第 88～90 页。

近代中国的民间信仰。[①] 在当时，这应该是汉学界的一种普遍结论，尽管沙畹也驳斥“中国文明西来说”[②]，但是葛兰言的做法更近似于被当代法国汉学家朱利安（François Julien）继承下来的观点：努力展现中国文化、语言及文字的独特性，以中国诠释中国。[③] 正如杨堃所讲，葛兰言很聪明地自己开辟了一条研究道路，他不同于时贤，也不同于前修，他所走的道路是他们从未走过的，所以才能做出惊人的成绩来。

回想葛兰言最初的研究计划，是对法国、日本和中国三国的封建阶层形态的比较研究[④]，而跟随沙畹学习之后，他意识到了独立于西方世界发展的中国文明之独特性以及封建制度在中国历史长河中的连续性，决定投身于中国文明的起源研究。随着欧洲殖民扩张的需要和世界文明史的研究需求，汉学学科逐步成熟，并尝试与宗教学、社会学、历史学等社会科学结合起来。1907 年起，沙畹在巴黎高等研究实践学院宗教学系教授“远东宗教”，可视为涂尔干所倡导的宗教社会学研究在由沙畹开创的法国现代汉学中得到呼应。因此，葛兰言的中国宗教社会学不仅是对涂尔干的继承，同时也是对现代法国汉学的延伸。1913 年，继沙畹之后，葛兰言接任巴黎高等实践学院宗教学系“远东宗教”教席，之后全部学问皆孕育于此。

第四节 档案：葛兰言的汉学学习与早期研究

1908～1911 年，葛兰言在梯也尔基金的资助下着手中国研究，在此期间同时跟随沙畹在法兰西学院和巴黎高等实践学院两处学习中国宗教学和文献学。作为本章的佐证档案，笔者将梯也尔基金会的报告及沙畹这三年的汉学课程翻译于此，以直观地呈现早年间葛兰言在汉学上受到的教诲。

另外，葛兰言接替沙畹担任巴黎高等实践学院“远东宗教”的教席以后，他的主要著述大半是在该课程的讲义基础上整理而成的。笔者将葛兰言 1913～1929 年在巴黎高等实践学院所授课程内容（每周两次）摘录

---

① 参见：Léon Wieger，*Folk-lore Chinois Moderne*，Imprimerie de la mission catholique，Hien hien，1909，Préface。

② 参见[法]沙畹：《沙畹：西王母国游记》，卢梦雅、杨文文译，载《民间文化论坛》2017 年第 1 期。

③ 参见[法]雷米·马修：《当代法国汉学——古代文学研究概况》，卢梦雅、曹艳艳译，载《国际汉学》2017 年第 2 期。

④ 参见：*Fondation Thiers*，*Rapport Année 1910—1911*，*Annuaire 1912*，pp. 9—10.

于此，以便于读者在与沙畹的课程之比较中，实际地看到早期葛兰言对沙畹汉学的继承和发展。

一、梯也尔基金会报告（1908～1911）

历史学者葛兰言（第 16 届梯也尔基金获得者）：

1. 1908～1909 学年报告[①]

历史学和法律学毕业的葛兰言，开始着手研究封建社会权力的问题。他将第一年的时间花在与法国封建制度（分封制）相关的论述上。他不仅精读法律文献，还整理历史或文学文献，虽然后者较为粗略，但往往更具启发性。目前，他已完成了对 13、14 世纪官方法律文献及民间习俗资料的梳理。同时，通过沙畹的指导以及在东方语言学院学习，开始研读远东有关文献。他的下一步工作将是展示中国封建君主与各诸侯国的封臣在朝政中的情况：在法国，二者在贵族阶层中身份是混同的，而在中国，封建君主则是各封臣的首领。在一些程度上，这样的双重生活导致了双重的社会职责；当两者彼此不协调时，威望感就会发挥作用来解决这个问题。这就是葛兰言将在民族志资料和远东文献中研究的课题。

2. 1909～1910 学年报告[②]

研究封建社会权力的葛兰言主要提出了两个问题：一个是封建阶层的形态学问题，另一个是家族制与封建制关系的问题。他的研究对象不仅是法国，还包括日本和中国，在这些地方的有关问题以极具意义的方式呈现出来。他逐步梳理出封建制是如何并在怎样的程度上取代家族制；在当时的文明中，如何以家族形式来解释封建制表现出来的形式；最后，两种社会组织的并存引起什么样的职责冲突，而两者最终都会趋于一个结果——相互维系。

在整个封建制度研究中，葛兰言首先致力于家族制部分，并使之成为一篇特别的论文主题：关于中国家族组织的研究。他特别指出，在中国，进入一个家族不仅仅靠亲情，还与一系列在特定时期的仪式有关。在仪式中，孩子与族群间建立起更加广泛的亲属关系。亲属

① *Fondation Thiers*, *Rapport Année 1908—1909*, *Annuaire 1910*, p. 14.

② *Fondation Thiers*, *Rapport Année 1909—1910*, *Annuaire 1911*, pp. 9—10.

关系不是指两个个体间的私人联系，而是指属于同一个族群的两个个体间的依存关系。这里涉及的不是血统问题，而是一种联合。

葛兰言还针对父权制社会的葬礼进行了详细且富有成果的研究。从某个角度来看，葬礼似乎是权力交接的一种仪式。

3. 1910～1911 学年报告[①]

以封建社会权力研究为出发点的葛兰言，明确了扩大对日本及中国考察的必要性。他逐步限定了研究主题，并最终决定针对中国家族展开研究。在这一点上，他在一些古老文献中发现了一些类似仪式的形式，而这些仪式仍然存于中国社会底层。我们可以通过这些仪式从宗教层面去看待一些现象，而这些现象最本质的特点是宗教性的。根据这些宗教仪式，葛兰言主要从葬礼规则方面来研究中国家族，因为家族的祖先与生者同样真实甚至更加重要；此外，根据某人必须遵守的规矩能够表明他与死者的关系和等级。家族是死者与生者的神秘统一，这一原则与家族构成的基本要素紧密相关：亲属就是共同参与祭祀的人，家族的中心人物是嫡长子，是家族祭祀的继承者，并且所有家族成员在祭祀仪式中相互拉近距离，等等。

葛兰言认为有两篇特别重要的文献值得翻译出来，分别与丧礼和婚礼有关。他打算基于与婚礼有关的文献，写出博士论文的补编（《中国媵婚的古代形式研究》）。葛兰言极富智慧的研究引起了一些专家的兴趣，而在离开梯也尔基金会的同时，葛兰言又肩负远赴中国的任务，他必将从那里带回十分珍贵的信息和考察结果。

二、葛兰言听课概要（1908～1911）

1. 巴黎高等实践学院“远东宗教”系课程概要[②]

时间：1908～1909 学年 每周四

注册人数：38 人

讲座题目：先秦中国的宗教观念

---

① *Fondation Thiers*, *Rapport Année 1910—1911*, *Annuaire 1912*, pp. 7—8.

② « Rapport sommaire sur les conférences de l'exercice 1908—1911 », *Annuaire de l'Ecole pratique des hautes études de Paris*, *Section des sciences religieuses*.

讲座概要：该课程主要探讨中国宗教的最古老形式。沙畹教授以对中国表意文字的分析，探讨祭祀和神明的各种概念，随后致力于厘清可追溯至上古时期的两大宗教观念：土地神与山神。通过对这两类神明的职能以及历史演变过程中特征变化的梳理，我们可以认识到自然崇拜在中国宗教中的地位。

时间：1909～1910 学年

注册人数：35 人

讲座题目：孔子（公元前 551～前 479 年）

讲座概要：本课程综述了这位伟大先驱的一生及其思想，论证了孔子的社会制度基本观点应当远远早于他本人，所以孔子的角色主要是使中国意识到了构成自身特性的深刻思想。沙畹教授以全新的方法研究了现在人们对孔子的祭祀。他展现了数世纪以来这种祭祀如何确立和发展，详细描述了曲阜的寺庙，梳理了那里举行过的重要仪式、表演过的舞蹈、颂唱过的祈祷，这些考察可以较为清晰地展现出中国的孔子祭祀状况。

时间：1910～1911 学年[①]每周一、三

注册人数：37 人

讲座题目：中国佛教史

讲座概要：（周一）本课程中，沙畹教授批判了佛教只是道教变形的传统观点，他搜集了能够证明来自于印度的宗教在中原帝国引入和发展的诸多事实：他讲述了在盛大的传教运动促使下，大量行者往来于中国和印度；他描述了中原和西藏地区的主要祭祀中心；分析了《复常》的清规戒律仍与今天中国寺院的法规一致；他展示了各种包含此类信息的佛经，如《梵网经》《盂兰盆经》中关于中国佛教的宗教仪式；（周三）通过翻译历史和宗教文献以呈现道教的各个方面特征及演变。

---

① 葛兰言未注册该学年课程，不确定是否听过，但是由于他 1911 年 8 月才动身去中国，所以笔者仍将课程概要列于此。

2. 法兰西学院“中国语言文学”课程概要①

时间:1908～1909 学年 每周三

讲座题目:先秦中国史

讲座概要:沙畹教授通过讲述中国自最早时期至公元前 221 年秦始皇统一帝国的历史,说明了中国文献中公元前一千年以前知识的碎片化,而他力求从后来的成体系编纂的文献中,提取可能真实的信息:如历法、村落、天文观测、官方文件、葬礼及宗教仪式等。周朝历史分为两个时期:公元前 771 年以前(西周)的早期中国仅能通过《书经》《诗经》中的一些篇章和诗歌来窥见;公元前 770 年到秦代的历史(东周)较为清楚,这一时期书写了大量历史和文学文献。沙畹尝试说明,在孔子总结出全套思想之前,中国道德的统一如何构建、中国的领土又如何通过逐步兼并而统一,而且这些被兼并的非中原民族曾分散在各个封地。秦始皇通过武力完成了统一,建立起强大的政治权力,为中华民族打开了新纪元,但异质元素仍未融合。

时间:1908～1909 学年 每周四

讲座题目:《史记》卷六十三、卷六十七

讲座概要:沙畹教授讲解了《史记》所记载的老子和庄子的生平,并补充以《道德经》和《庄子》。他还讲解了《史记》所记载的孔子弟子的章节,并讨论了《论语》中若干有争议的段落大意。

时间:1909～1910 学年 每周二

讲座题目:中国秦汉史

讲座概要:本课程讲述了两汉时期的中国(约公元前 200 年～公元 200 年)。沙畹教授首先解释了秦朝迅速灭亡的原因,然后追溯了导致起义者刘邦意外成功的系列战役。刘邦成为汉王后又称帝,由此开启了中国历史上最为繁荣的时期之一。之后,汉武帝的征伐极大地扩充了国土,发展了地理知识,国家经济因此突飞猛进。此外,不断的扩张还使得中国

① *Annuaires du Collège de France*, « Résumés des cours d'Edouard Chavannes de 1908 *à* 1911 ».

与各大文明（印度、伊朗、希腊东）开始发生接触，从此在思想上各个方面的发展都受到了其他文明的影响。

谈及这一伟大时代，沙畹教授常常援引一些课上从未使用的史料，如：使用斯坦因（Stein）在汉长城发现的竹简，以研究汉朝在新疆地区的军事战争；通过罗费尔（Laufer）最新的陶器研究来解释中国的丧葬习俗；展示和评论大量汉画像以呈现汉代艺术；通过《艺文志》讲述中国文学史等。

时间：1909～1910 学年 每周三

讲座题目：《魏书》卷一百一十四

讲座概要：沙畹教授讲解了《魏书》卷一百一十四章前半部分，公元 5 世纪末以前的中国佛教史。

时间：1910～1911 学年 每周二

讲座题目：中国碑铭历史学

讲座概要：本课程中，沙畹教授讲述了他通过中国的碑铭研究呈现的历史研究成果。他分析和评论的碑铭有：殷代时期用于占卜的玳瑁和骨的碎片、殷周时期的青铜器、上古伪器（大禹的三足鼎、大禹铭文）、周代石鼓、秦始皇铭文、铜镜、西安府景教碑刻、鄂尔浑铭文、龙门石窟的佛家还愿物、两幅 1137 年的石刻地图、菩提伽耶的铭文、开封府的犹太铭文以及能够提供非中原民族信息（西藏、南诏、女真、西夏、倮倮）的各种铭文。

时间：1910～1911 学年 每周三

讲座题目：《汉书》

讲座概要：本课程前半部分，沙畹教授讲述了历史学家班固及其家族的成就，课程后半部分讲解了《汉书》卷六《武帝纪》。

三、葛兰言授课概要（1913～1929）

巴黎高等实践学院“远东宗教”系课程[1]：

---

① « Résumé de conférence », *Annuaire de l'École pratique des hautes études, Section des sciences religieuses. Religions de l'Extrême-Orient*, 1913—1929.

时间:1913～1914 学年[①]

注册人数:13 人(包括:Davy[②], Masson-Oursel[③] 等)

讲座概要:

讲座一:关于水的仪式。

讲座二:《仪礼·士婚礼》。

1915～1920 年葛兰言参军入伍 课程暂停

时间:1921～1922 学年

注册人数:3 人(Mestre, Haguenauer[④], Reinach)

讲座概要:

讲座一:古代中国丧礼。[⑤] 从法律、宗教角度看古代中国丧礼得相关事实以及葬礼上的情感表达。

讲座二:《礼记》的翻译、古文文本及注疏分析。

时间:1922～1923 学年[⑥]

注册人数:3 人(Mestre, Haguenauer, Reinach)

讲座概要:

讲座一:《仪礼》中关于丧礼的篇目:本学年只涉及最早时期的葬礼。通过文本细读,看到家庭悲痛的场景和吊唁礼节的规则。

讲座二:翻译《仪礼》关于家庭和封建贵族中的丧礼规矩和过程的章节,其中反映的宗教法律事实及教义,可以确切定义中国封建时代的各种社会联系。这些事实突显了家族权威的亲属关系和家庭权威的亲属关系。

---

① 这一年的课程反映了葛兰言《中国古代婚俗考》(1912)、《中国古代宗教研究计划》(1914)的研究成果。

② 达维,涂尔干阵营成员之一,研究方向为法制学,著有《宣誓信念:契约关系的形成与契约问题的社会学研究》(1922)等。

③ 马松一乌尔色,法国哲学家,著有《比较哲学》(1923)、《东方哲学》(1938)等。

④ 1931 年之后,葛兰言的学生麦斯特、阿格诺埃也开始在“远东宗教”讲席名下开设讲座,麦斯特还担任过 1920 年在北京创立的巴黎中国学院的行政秘书。

⑤ 主要包括《仪礼》中的“丧服礼”“士丧礼”“既夕礼”和“士虞礼”等章节。

⑥ 1921～1923 年这两年的课程反映了葛兰言《生与死:中国古代的信仰与教义》(1920)、《传统中国葬礼中所见之悲哀语》(1922)的研究成果。

时间:1923～1924 学年

注册人数:4 人 (Mestre, Haguenauer, Reinach, Li Hoang[①])

讲座概要:

讲座一:《仪礼》有关丧礼的篇目——这是定义封建时代中国家庭的主要文本。

讲座二:研究下葬期间的仪礼,李璜等学生积极参与翻译和分析这些文本,麦斯特 (Mestre)报告了其研究成果。

时间:1924～1925 学年[②]

注册人数:8 人 (Joly, Mestre, Haguenauer, Reinach, Des Rotours, Li Hoang 等)

讲座概要:

讲座一:第一部分的丧礼研究结束。

讲座二:通过《仪礼》可以整体上审视结婚仪式,这项研究表明:(1)中国仪式的特点:协议方面一丝不苟、法律上不平等、对经济现实不注意;(2)外交仪礼与所谓联姻仪式的相关事实紧密联系。婚姻使得两个家庭既相互连接又相互敌对,相联系的两个群体保持着这种对立性。李璜等学生积极参与了研究。

时间:1925～1926 学年

注册人数:14 人 (Reinach, Des Rotours, Martinie, Jaworski, Matsumoto 等)

讲座概要:

讲座一:翻译《仪礼》有关外交的篇目[③]——该部分有助于研究外交联盟和婚姻联盟形式下的亲属关系。从中可以看出,以集体名义缔结的契约必须由使者完成:这一集体显著表现出一国君主与臣子、使节与随从的对立。关系的确定是通过协议既定的礼物交换来实现的。联盟目标分为两部分,一是面向国君,一是面向国君夫人,因为两者在主权上均有合议

① 此为李璜。

② 这一年的课程应当是葛兰言未刊的手稿《中国古代仪式的封建家庭研究》(1920～1924)的研究成果。

③ 主要包括《仪礼》中的“聘礼”“公食大夫礼”“觐礼”等章节。

权。还有一个显著的现象是，从行政首领到商贩都可作为从属又必不可少的参与方，联盟不仅仅发生在贵族之间，也出现在手工业者和商贩之间。

讲座二：该学年开设了道教研究系列课程。选择了《列子》第五章“汤问”，阐述了一种有利于整体相对主义和反对任何一种人类中心主义的总体观点。本章亦可以阐明道家哲学的整体态度，同时阐明它们的信息来源及辩证过程。

时间：1926～1927学年

注册人数：11人（Des Rotours，Les Martinie，Jaworski，Matsumoto 等）

讲座概要：

讲座一[①]：该讲座结束了对《仪礼》外交仪礼章节的研究。通过文本分析突出了使者与接见君主之间交换的馈赠之礼仪特征。这些馈赠，除了有助于建立共同联系之外，还在某种程度上是一种承诺的功能。因此这种行为，无论是送礼或还礼，都具有重要意义：不仅在人与人之间，而且在人与他人的物品之间，建立联系极为困难。因此当我们研究馈赠、告辞的程式时，礼数十分重要。使者所受到的接见君主的尊敬超出了他本人，这种平等性说明这种尊崇只是致以使者的主人，这一过程尽管繁缛却很有价值。最后，我们还注意到各种礼物交换的具体价值、玉器的重要性、拥有主权的人的馈赠特征等。

讲座二[②]：该讲座继续研究古代道教文献（《列子》和《庄子》）。从中窥见形而上学和道德的论据之外，我们还致力于检查两部著作的构成。在分析中我们发现两个重要的问题：(1)《庄子》和《列子》似乎是编纂而成，一些段落的写作非常具有书面性，一些段落应该是类似口头传授的记录，个别情况中两种写作方式在一些相同的寓言故事的帮助下用来说明相同的哲学主题。(2)用于象征表达道家思想主题的故事数量极为有限，这些故事却具有共同的实质。我们可以很容易在其中很多故事中得出仪式论据，而这些仪式并非道家专属。

---

① 该课程内容应当是葛兰言《中国古代的舞蹈与传说》(1926)中的研究成果。

② 该课程内容包含了《中国人的宗教精神》(1924)、《古道教刍议》(1925)的研究成果。

时间:1927～1928 学年

注册人数:11 人(Gaspardone, Jaworski, Ligeti, Matsumoto 等)

讲座概要:

讲座一:讲座所依据的是《庄子》最后一章"天下",从道教立场对各家哲学思想进行盘点。这篇论说没有争辩的意味,认为每个学说的价值有限且效果各异,只有道家学说足以彰显事物的无限本质:唯有道家思想具有完全的效力,并且与其他学说相比是第一道义,能够代表那个古代哲学的黄金时代。

讲座二[①]:该讲座解释了《荆楚岁时记》的前几个月,旨在显示这种历法与《月令》类型历法之间的距离。《月令》是智慧思想的结晶,有严格的分类体系,与《荆楚岁时记》一样,这类历法是一年中各个时节习俗的记录。有一个事实引起我们的注意:在各种实践中确定的日期并非不可改变,甚至日期差异可能非常大,有时范围从至日到分日。另一方面,分配的日期有时与天文事实有关,有时设计不同的历法系统。节日确定的方法特别有趣:节日往往固定在奇数月的与月份相同的天数里(如正月初一、三月初三、五月初五、七月初七等)。我们想知道这个系统是否来自于采取了一年划分为 29 天一个月,60 天一个周期。

时间:1928～1929 学年

注册人数:16 人(Porée, Matsumoto, Maspéro 女士[②], Smidt、Borel 女士、Stalinvsky 等)

讲座概要:

讲座一:本讲座从《淮南子》第七章"精神训"开始,该文本中尤为体现了所谓的道家的物质观念。

讲座二:本讲座翻译和注释了《荆楚岁时记》的最后一部分,特别强调了仲夏和年末的节庆。我们在不同节日中注意到了很多不同的仪式和游戏,以及不同饮食习惯的重要性,尤其是糕点制作。可惜的是,很难了解

① 该课程内容包括了《中国古代的节庆与歌谣》(1919)、《生与死:中国古代的信仰与教义》(1920)等著述的研究成果。

② 应该是 Éveline Porée-Maspero (1906～1992),马伯乐哥哥(Georges Maspéro)的女儿,柬埔寨宗教专家,著有《柬埔寨人崇拜的特点》《柬埔寨私人仪式》《布萨与贡布的口头传统》《柬埔寨人生活中的十二生肖》等。

配方和功效。

实际上,法国的中国宗教研究与巴黎高等实践学院宗教部相关讲席的设置休戚相关,该机构历年的“远东宗教”讲席任职情况如下:

1889 年 首个与中国宗教有关的讲席“远东和印第安美洲宗教”设立,担任讲席教授的是著名的东方文化学家德—罗斯奈(Léon de Rosny, 1837～1914)。

1907 年 “远东和印第安美洲宗教”讲席一分为二,“远东宗教”讲席由此诞生。首任担纲者是被整个西方称为中国研究“导师”的沙畹(Édouard Chavannes, 1865～1918)。

1913 年 沙畹的学生葛兰言接任此讲席。

1931 年 麦斯特(Édouard Mestre, 1883～1950)、阿格诺埃(Charles。Haguenauer, 1896～1976)等其他从事东亚研究的学者也开始在此讲席名下开设讲座。

1940 年 葛兰言逝世后,“远东宗教”讲席空缺。

1941 年 麦斯特成为新设立的“印度支那宗教”讲席教授。

1943 年 新设的“中国宗教”讲席为“远东宗教”讲席的延续,由马伯乐(Henri Maspéro, 1882～1945)担纲。马伯乐于次年逝世,此席位再次空缺。

1945 年 阿格诺埃重新开讲“远东宗教”,主要讲中国和日本宗教,也涉及朝鲜宗教。

1950 年 石泰安(Rolf Alfred Stein, 1911～1999)进入宗教学系,主讲“中国和亚洲高地宗教”。

1957 年 “中国和亚洲高地宗教”讲席发展为“远东与高地亚洲宗教比较”和“中国宗教”两个讲席,前者继续由石泰安主讲,后者则由康德谟(Max Kaltenmark, 1910～2002)主讲。

1971 年 施舟人(Kristofer M. Schipper)开始在这两个讲席名下,分别与石泰安、康德谟合开或单独开设讲座。

1973 年 石泰安将“远东与高地亚洲宗教比较”改为“西藏宗教”,施舟人不再于此开设讲座,桑木丹·噶尔美(Samten G. Karmay)开始于此开设讲座

1974 年 石泰安休假一年,讲席改由云丹嘉措(Yonten Gyatso)主持。

1975 年　布隆多（Anne Marie Blondeau）接任“西藏宗教”讲席，直至 2003 年。期间，又有谢萧（Cristina Scherrer Schaub）、马修·卡普斯坦（Matthew T. Kapstein）等学者曾在此讲席名下开设讲座。

1979 年　康德谟退休后，“中国宗教”讲席由施舟人担纲直至 1999 年。期间，还有汪德迈（Léon Vandermeersch）、司马虚（Michel Strickmann，1942～1994）、傅飞岚（Franciscus Verellen）、郭丽英等学者在此讲席名下开设讲座。

2000 年　劳格文（John Lagerwey）接任施舟人的位置，并将讲席名称改为“道教史与中国宗教”。期间，吕敏（Marianne Bujard）曾在此讲席名下开设讲座。

2012 年　劳格文退休，高万桑（Vincent Goossaert）接任此讲席。

此外，宗教学系在 1993 年设立了“汉文化圈的信仰与思想体系”讲席，由马克（Marc Kalinowski）主持至今。[①]

① 参见曹中建、郑筱筠主编：《中国宗教研究年鉴（2011～2012）》，中国社会科学出版社 2013 年版，第 356～397 页。

第五章　葛兰言的中国行

涂尔干学派里面第一个走出书房进行田野考察的正是这位中国研究者——葛兰言。葛兰言赴中国考察的原因可能是多重的：首先史学出身的他，致力于历史形成的研究，其目标是立足于中国独特文明，建立起整体表象（représentation collective）的制度史。在涂尔干阵营的西米昂猛烈抨击实证主义史学、鼓吹统计研究法时，葛兰言发觉涂尔干社会学派的思想与其所接受的史学理念和方法有所冲突①。其次，老师沙畹身先士卒，为了不同课题研究前后在中国共考察了五年之久，而当时对中国社会、宗教、风俗等方面研究的著名学者亦大多是中国教区的耶稣会士（如禄是遒、戴遂良等），常年深入民间。最后，也是最重要的一点，是葛兰言最初致力于"封建社会的威望"研究，希望论证家庭制度与政治制度形式之间的一致性，这是葛兰言以前无人问津的课题，为了证实自己的假设，他决定亲赴中国一探究竟。

第一节　导读：走出书房的葛兰言

无论如何，葛兰言的中国研究也是涂尔干社会学第一次与一个现存的伟大文明的相遇，这样极具创造性的应用无论对法国社会学还是历史学来说，均是一次革新。然而，葛兰言在中国生活的具体信息尚无详细资料可考，笔者主要通过葛兰言、沙畹与派出方——法国公共教育部的相关

① 参见：R. Boudon, M. Borlandi & B. Valade (dir.), *Dictionnaire de la pensée sociologique*, Paris, PUF, 2005, pp. 298—299.

报告[①],以及葛兰言的一封长信来推断他在中国主要关注了哪些社会现象,大致在哪些方面进行了研究和调查,使用了何种方法,学术思想如何萌芽。我们将看到葛兰言的所有观察目的明确,为后来的研究打下实证的社会调查基础。他的考察发现和结论处处体现在早期的著述中,尽管他带来的课题是"封建制度中的威望"研究,却同时展开了各种子课题的资料收集以及一些初步的写作。他在20年代甚至30年代发表的系列论文,明显出自在这段时期的资料积累以及参加一战时坚持不懈的写作。这些资料真实再现了在北平政局混乱的情况下,年轻的葛兰言仍然不懈地展开学术研究,一箱《二十四史》、一箱《社会学年鉴》和挚友铎尔孟,伴随了他在中国的日子。

这些资料还能帮助我们更细致地了解葛兰言:他爱吸烟,不喜欢有色人种,无法以现代汉语交流,出门要靠学生翻译或铎尔孟的陪同,喜欢上街观察,尤为关注民间节日庆祝、戏剧演出、报刊文章等,对时局的关切和思考体现出左派的政治倾向。此外,对于这一时期葛兰言的学术思路发展,笔者略作梳理,综述如下:

1911年,葛兰言在广泛阅读古代中国关仪礼的文献后,认为中国家庭具备一定基本和恒定的特点,计划做一些家庭生活的调查:包括居住形式、出生仪式、婚庆和葬礼等。他希望通过尽可能的直接观察、拍照、与当地人交谈,通过整理分析大众的教化读物及相关图片来达到理想的考察目的。他深信,古老的风俗具有强大的生命力和传承力,在现代中国仍然能够残存,必须走出书房亲自去印证这种传承数千年的生活习俗。作为一名实证主义学者,葛兰言的考察不同于其他以"发现"中国,肤浅地通过某些现象去否定或赞扬中国的相异性和多样性的目的,他的任务是去求证。他从《礼记》《仪礼》等古籍中读到了中国古代仪式,对这些仪式形成了一些关于中国社会本质的假设,希望在中国现实社会中去验证。

然而,葛兰言对葛鲁博、史密斯等学者关于中国民间社会的风俗志式

---

① 参见:Dossiers des Archives Nationales, *Missions de l'Instruction publique*, F/17/17272.(转引自:Yves Goudineau, *Introduction à la sociologie de Marcel Granet*, thèse de l'Université de Paris X, 1982, pp. 188—206)按,原档案为手写,感谢古蒂诺博士将这些档案整理出来,笔者译出以示读者。

的著作持批评态度。[①] 在他看来，这是一种继承了传教士式人类学考察的辑录，不能深刻解释中国的社会组织形式，认为“只能根据过去的组织形式来理解当下的情况”，这便是葛兰言人类学与当时大多数在中国进行田野考察的传教士（如禄是遒）或汉学研究者之间最大的差别（如古恒等）。而葛兰言不只是一个资料搜集或整理者，他希望能够揭示中国文明最本质和最原初的东西。

赴中国考察期间，葛兰言在法国驻中国大使馆任职，同时作学术研究[②]，因此结识了铎尔孟（André d'Hormon，1881～1965），并成为挚友。铎尔孟时任法国驻华外交顾问（1906～1930），同时在北京教授政治学，后来与蔡元培、李石增建立了北平中法研究所。这次在中国的逗留期间，葛兰言完成了他的第一篇汉学论文《中国古代婚俗考》，寄给沙畹，并发表在1912年的汉学专刊《通报》上。后来这篇论文发展成为他的代表作《古代中国的节庆与歌谣》，而文后面简短的附论《论民间惯俗与贵族礼俗》阐明了他之后几乎所有研究的立场：揭示中国社会的俗制之演变。[③] 葛兰言1919年3月再次短居北京时与铎尔孟一起看戏，在他的提醒下发现了男女对唱的民间情歌《小放牛》，特意在博士论文中感谢铎尔孟。[④] 但是他几乎不与中国学者来往，自认为与当时绝大多数的中国历史学者道不同不相为谋。例如，他因为《诗经》的研究参阅过大量的晚清经学著述（如《皇清经解》和《续编》中的很多文章[⑤]），但能够苟同的仅是文章中无意间透露的一些“事实”，而远非赞同那些晚清文人的经学观点。

葛兰言到达中国的时候正值政治变革、社会动荡，他汉语口语很差，很少与其他人交流，因此他的调查主要依靠走上大街观察社会现象和收集文献（包括媒体文章、风俗小说、戏剧演出、法律文本等）。后来在《古代中国亲属关系和婚姻种类》[⑥]一文中，他使用了大量晚清和中华民国的法

---

① 莫斯也对高延风俗志式的著作（《中国宗教体系》）写有若干批评，如《中国鬼神和巫术》《中国鬼神》等。

② 参见雨堂：《汉学家法国葛兰言先生》，载《新东方杂志》1940年第1卷第9期。

③ 参见：Marcel Granet, « Coutumes matrimoniales de la Chine antique », Leyde: *Toung-pao*, vol. XIII, 1912, pp. 553－558.

④ 参见[法]葛兰言：《古代中国的节庆与歌谣》，“附录一”。

⑤ 如马瑞辰的《毛诗传笺通释》、刘寿曾的《婚礼重别论对驳义》等。

⑥ Marcel Granet, *Catégories matrimoniales et relations de proximité dans la Chine ancienne*, pp. 11－20.

律条文作为论据（主要是《民法》与《婚姻法》）。实际上，葛兰言之后几乎所有的研究都基于在中国时的资料收集或观点启蒙：如节日、两性禁忌、姐妹续娶婚姻、昭穆制度、家庭关系、出生与死亡仪式等，尤其是社会关系。他观察到在现代社会仍然存在大量的古代社会关系的变形，由此相信尽管封建制度解体，中国人的思想和习俗却未根本改变。

葛兰言尽管同时在研究诗歌、神话传说、封建政治制度、家庭仪式等多个课题，却有一条主线贯穿始终——亲属关系。1911 年，他已经开始关注家族的亲属关系、古老的母系家庭、有父系家庭特点的兄弟族群等，这一课题的萌芽显然是受到涂尔干的启发。1912 年，他在报告中举出戏剧《新茶花女》片段、牵扯到外国人的车夫偷窃案、袁世凯享受到皇帝尊重等事例，并得出这样的观察结论：恳求一方的敬拜使得居高位者获得威望，而后者不得不对前者进行回馈。葛兰言还收集到了一些现代战争中类似君臣之间的关系："武昌起义时，一位将领跪拜在逃兵面前，逃兵只得返回战场——在极端情况下，主子有权对他的人突然提出要求，甚至要求他们付出所有"。后来他在《古代中国的舞蹈与传说》中专门论述了"让"的意义，认为"让"是为了"得"，因此"禅让"的继承方式也是一种获得威望的途径。

这些事例均佐证了一个主要观点——所有的亲属关系并非完全取决于血缘，而从根本上来说是一种社会关系，通过仪式建立起来，而封建政治关系正是根植于家庭亲属关系。1920～1924 年葛兰言写出了题为《中国古代仪式的封建家庭研究》的草稿，但未发表。他曾认为中国的家族组织残存着古老的母系氏族遗俗，这种庞大的家族逐渐缩至父系氏族，封建制的消失导致了中国家族向罗马式父权制家族意义上的演变。他希望在中国的考察中找到证据，来驳斥一些认为中国家庭从来都是与罗马式家长制家庭一样的现代观点。[①] 在他看来，（现代）中国家族从未与通常所说的罗马式父权家族如此相像，而这一不完全的相像性，是这一演变的终结而非其起源。后来在《中国人的文明》中他又重申了这点："中国家庭是一种过渡类型……是父系氏族和纯粹的父权家庭的中间位置。"[②]直到 1939

① 涂尔干早在 1904 年的《社会学年鉴》上发表了对《中国人民：风俗与制度》一书的书评，坚持认为中国与罗马的父权性质不同（*Année sociologique*, vol. 9, pp. 338－339, cf. F. Farjenel, *Le Peuple chinois : ses moeurs et ses institutions*）

② Marcel Granet, *La Civilisation chinoise*, p. 368.

年，也就是葛兰言去世的前一年，他才正式发表了这一课题的研究专论《古代中国的婚姻类别及亲属关系》。

当然，西方人和外来文化涌入中国可能对现代社会和精神造成影响，因此葛兰言也关注着身边居住的东北人、中原人、外国人以及基督教徒、穆斯林等不同身份的人。这些人使得其研究“缺乏调查对象应有的一致性”，却也反映出中国现代宗教发展的状况，我们看到他在《中国人的宗教》最后一章专门阐述了这些现代中国宗教对中国人情感的影响。无论如何，葛兰言始终关注的是中国古代文明起源的问题，他也在现代中国发现了这些文明的持续存在，但他无心也无力再去研究封建制度解体之后的中国变化；或者他深信，延续了几千年的中国文明已经深铸于这个民族，尽管有诸多变形，却撼动不了它强大的生命力。

第二节　档案：葛兰言的初步研究①

为客观了解葛兰言中国之行的学术和生活收获，笔者将以下7份资料按照日期顺序从1911年1月21日至1912年12月26日列出。

一、葛兰言第一次致公共教育部部长

尊敬的部长先生：

十分荣幸向您提出赴中国考察的请求。自从加入“梯也尔基金会”以来，本人一直着手关于中国家族的研究，同时在巴黎高等实践学院和法兰西学院学习中文，因此渴望能够亲赴该国进行观察。通过阅读古代中国礼仪的文献②，本人认为中国家族具有一些本质且持续的特征。现在需要亲赴这个国家至少一年的时间，来验证这个推测。本人打算进行一系列居民生活的调查，包括居住形式、出生仪式、婚庆和葬礼等。希望通过尽可能直接的观察、拍照和与当地人交谈，通过整理分析教化大众的读物及相关图片来达到理想的考察目的。

---

① 本节档案全部出自 Dossiers auxArchives Nationales, *Missions de l'Instruction publique*, cote F/17/17272.

② 主要指《仪礼》，葛兰言当时着手翻译该典籍。

如果这项计划能得到您的关注，本人拟申请7500法郎（路费2500法郎、食宿5000法郎）的资助。

巴黎高等师范学院
历史教师资格获得者、
法学学士、
梯也尔基金获得者：葛兰言

1911年1月21日

二、沙畹第一次致公共教育部报告

葛兰言申请的研究拟以中国家族研究作为对象，这是他最为感兴趣的课题，并已经在中国古代家族方面做了一些出色的研究。这方面研究若只提及一个的话，我联想到的是格罗兹（Gaston Glotz）关于希腊刑法中家族连带责任的研究。在中国方面，我们还没有任何相关研究。然而，研究素材并不少：不仅有大量的历史文献帮助我们考察中国历代变迁，还有珍贵的仪式习俗尚未被好好研究，能够帮助我们深刻考察远东社会制度；另一方面，中国的独特文明在世界文明史舞台上，从最久远的时代到当代从未间断，因而观察当代习俗能够帮助我们理解过去的状况。

中国家族的调查工作是漫长且艰难的，但我认为葛兰言具备胜任这项工作的能力。一方面，他毕业于巴黎高等师范学院，取得了哲学—历史教师资格，他很熟悉搜集和查阅史料的方法；他取得了法律学位，这使他可以以另一门学科视野更好地完成这项工作。另一方面，在梯也尔学院[①]期间，葛兰言在涂尔干和莫斯的引领和指导下，通过社会学学习完备了其历史方面的准备工作。最后，他跟随我在法兰西学院和巴黎高等实践学院学习了两年的课程，尽管中文表达仍未流利，也尚未能独自阅读晦涩的文献，但至少他已经准备得很好了，到达中国之后定会取得迅速的进步。

葛兰言申请了7500法郎的经费以维持其一年的出国研究。这个数目是最起码的花费：乘坐二等车厢横跨西伯利亚铁路，如没有任

① 梯也尔基金会的专门机构，获资助者三年的食宿均在此处。

何额外支出需要花费超过 1200 法郎,算下来 2500 法郎仅仅是往返火车票的钱;剩下的 5000 法郎涵盖了在中国的所有费用。

希望您能够给予委员会积极的建议,使葛兰言所申请的经费不会出现任何缩减。

爱德华·沙畹

三、公共教育部法令

1911 年 2 月 28 日决议:“兹派遣葛兰言赴中国完成关于中国家族制度的科学考察任务。”

四、葛兰言第二次致公共教育部长

尊敬的部长先生:

很荣幸向您汇报,为了完成您委托的任务,本人已于 8 月 27 日从马赛坐船出发于十月初到达中国。得到您的委任,我在这里继续对于中国家族组织结构的研究。我刚来这里不久,还无法向您提供研究报告。我主要研究了一本关于伦理教育的书并进行了关于人名的汉字挑选惯俗的调查。我也将工作进度告知了沙畹教授。

我来中国单程的费用已经超过了 1600 法郎;预计回程费用也差不多,这样您批准给我的 7500 法郎中只有 4300 法郎用于生活消费。经过计算,我预计每月花费至少 500 至 600 法郎,因此停留日期不能多于 7 个月。对于我已经着手进行且得到您大力支持的该项研究来说,想要得到好的研究结果,这么短的时间肯定不够。因此,我请求您确保我在这里 20 个月的居留时间。

致以深切的敬意。

教师资格证获得者葛兰言

1911 年 12 月 16 日于北平

五、沙畹第二次致公共教育部报告

葛兰言,教师资格证拥有者,梯也尔学院的前资助生,在 1911 年接受了一项研究中国家族制度的任务。为使其为期一年的研究得以正常运作,他请求 7000 法郎的新补助。葛兰言表示,1911 年拨给他的资费,在抵达北京后已经花了差不多 1600 法郎,他不得不为回程预估同样的数目。如果他没有收到任何新资助，那么他将被迫把在北京的行程缩减至6个月，那么现在应该要踏上回来的路了。然而，很明显他在中国的时间不足以使他好好研究已经着手的任务。

因此我们要考虑的问题是：葛兰言是否能够成功完成这项任务，以及我们是否应在接下来的一年中仍对他满怀信心。当然，如果他研究考古学，那么我们到现在为止有权利要求他给出富有成效的结果——给我们寄送一些目前不为人知的铭文图像或某些雕塑和建筑文物的图片，这对他来说是很简单的，我们就可以判断他所付出的努力的价值。但他所入手的课题与其大量的前期准备同样复杂。在一封私信里，葛兰言向我展示了他的调查计划：他想研究中国的亲属关系演变；他将《仪礼》作为研究对象，这部书目前还没有任何真正科学的诠释；他以其他地区的礼俗和传统注释一同来解读这本文献；他在这本律法中发现了家庭礼俗的痕迹，并且不断在法律文献中解释这种礼俗的成因：礼俗和法律的关系是他工作中新颖和有意义的部分。目前，他认为能够建立起中国的亲属关系（最初是族群关系）：中国的家族组织残存着古老的母系氏族遗俗，这种庞大的家族，逐渐缩至父系氏族，趋于罗马式的父权制族群。总之，这种亲属关系显示了母系氏族如何逐渐消失，以及封建制的消失导致了中国家族向罗马式家族意义上的演变。中国家族从未与人们习惯上所说的罗马式家族如此相像，而这一不完全的相像性，与我们想象相反，是这一演变的终结而非其起源。

这些迹象足以显示葛兰言已经开始进行大量前期研究，在得到足够资金支持的前提下，我确保他能够全面地完成这项工作。对这样尝试的鼓励在我看来是必不可少的，这样的尝试只能通过一位具有真正智识水平并且在文献学、历史学，尤其是社会学方面做好准备的人来完成，而这些能力无论在汉学研究者还是中国本土学者中均普遍缺少。

爱德华·沙畹

六、公共教育部法令

1912年4月12日决议：“兹决定资助葛兰言7000法郎用以完成其考察工作。”

七、葛兰言致公共教育部长的考察报告

尊敬的公共教育部长先生：

十分荣幸能够汇报您委任于我的任务。

您曾于1911年同意资助给我第一笔费用7500法郎，1912年追加7000法郎。具体花费情况如下：往返路费各1600法郎左右；在中国逗留的17个月内（1911年8月底至1913年3月），每月花费约250美元，即660法郎。

您委任我前来调查中国家族的组织形式。我通过对法语文献和法国的相关研究决定了该课题。这项历史研究的困难之一是需要确定制度存在着重要的历史源头。然而，这些制度是普遍存在的，还是出现在文献中的偶然事实？我已经确定了古代家族制度的一些特性，法制史的比较是必不可少的，但是研究论证所需要的决定性证据，必须具有持续性。确认这种证据，便是我此次考察的目的。

考察工作有几个困难之处。首先，我需要生活在城市里，但城市生活已经破坏了古老的风俗，创造了新的信仰甚至新的法则。其次，大城市的人与外国人的接触在很大程度上加速了风俗的演变和混乱，但是他们对旧习俗的鄙视其实是对盎格鲁—撒克逊的不了解。仪式、节日，这些都逐渐没落了，因为他们怕外国人笑话；各种移风易俗的组织（“改良会”）和美国人的启发加剧了中国人与旧俗的分离，尤其在我的调查中他们还表现出了对旧俗的怀疑。在北京进行考察还必须考虑到方言问题，因为这里居住着东北人、中原人、外国人以及基督教徒、穆斯林等不同身份的人，缺乏调查对象应有的一致性。最大的困难是，正巧碰上了辛亥革命。对于一个历史学家来说，能够目睹一场革命显然十分有利，但也面临着不确定性的时局和思潮，对政治问题的专注、外国势力的加强、特别是群众的逃离或知识分子的动荡，可能导致我找不到最好的采访者，这一切都使我的工作更加艰巨。

事实上，注意中国人那些令人好奇的特点实在是太容易了，外国游客一旦来到这里，就可以开始他的收集工作，并且不费力就能攒出

几卷大部头的著作，例如史密斯（A. H. Smith）或葛禄博（W. Grube）①。而认识到中国风俗实际上具有某种社会功能以及发掘这种功能，则是另一回事。中国人即便信任调查者，也不太乐意接受调查，因为我们所关心的这些问题对他们来说，既无法理解也没有兴趣。因此，当我正面提出问题时几乎总是没有一个有用的答案：必须旁敲侧击。以下是我几个最好的途径：

1. 社会新闻：但这方面报道在中国报刊中十分少见。
2. 书籍文本：能找到很多有关中国风俗的小说，但是作品篇幅太长，这个方法不合适。
3. 戏剧演出：这是最好的方法。中国的戏剧演出充满现实色彩，为调查提供了大量素材；而且戏剧爱好者乐意回答问题——如果调查者对当地戏剧略懂一二的话能够赢得信任；还有观众，好的观众往往会给调查者以有益的反馈。
4. 官方法律文献：这个方法应该是最为可靠的，能获取文人、知识分子以及对欧洲有所认知的中国人的情况。如果调查的语言是外语，实际上会更有效果。但中国人不喜欢抽象的问题，尤其是司法语言的风格。
5. 借外国人的习俗询问：对于了解习俗情况较差的被访者，有时假装谈谈外国人的情况可以唤起他们对中国相应习俗的回答。

这是我的经验之谈。一项深刻的调查应该是面向本地的、大量的、各样的对象，其中不乏中高级知识分子。我曾希望从各省几年来搜集的民俗资料的一些组织中寻找一些有用内容，然而这些组织成员没有做好搜集的准备，因此所做的只是文本的重新整理。我甚至不能确定他们在起草共和国法典②之前是否进行过真正的调查。若要修正法律术语和批准一部外国法典的翻译，调查是必要的，比如将来从日本法典借来术语，法官和当事人根本无法理解。

---

① 阿瑟·史密斯的《中国的乡村生活：一项社会学研究》（Arthur Henderson Smith, *Village life in China: A Study in Sociology*, New York, Chicaco, Toronto: Fleming Hevell Company, 1899）和葛禄博的《北京风俗》（Wilhelm Grube, *Zur Pekinger Volkskunde*, Berlin: W. Spemann, 1901）。——笔者注

② 指中华民国。——笔者注

下面我将删去所有次要的结论，冗长且过于技术性的论证，阐述一下我认为得出的研究结论：

其中一点是，中国家族问题对于显现出中国文明的独特性，是最为有效的研究课题：可以从中看出亲属关系并非取决于血缘关系，本质上来说，与很多其他的社会关系没什么不同。父系或同族的亲属关系、天生或后天的亲属关系，君臣、主仆、雇主和学徒（以及某种程度上买家与卖家之间）、师生、结拜兄弟、政治联谊之间、婚姻产生的联盟等，都是性质极其相似的关系。

举几个例子：在反帝初期，内阁总理大臣袁世凯表示要隐退，皇太后感觉到他的忠心减弱，命人准备与小皇帝完全一样的膳品，盛在皇家餐具中为其奉上。此仪式有双重意义：(1)以相同的食物将大臣与君主紧密联系起来；(2)赋予称病辞职的袁世凯新的力量，通过食用与皇帝一样的菜肴以获得在菜肴上延续的皇权。这样的做法表明了在封建关系中君主与封侯之间的一种“圣体同在论”(consubstantialité)的信仰。正是那些与他们生命力、财富相连，给予他们共同身心的仪式，即建立亲属关系的仪式，造就了这种“圣体同在”。

又如，众所周知结拜关系在中国的重要性，而确定结拜仪式同样重要。据我调查发现，结拜关系的产生与婚姻缔结的过程极为相像。新郎新娘在天地前双双跪拜，结拜兄弟则面向北方。前一种情况，人们崇拜的是确定的神圣力量，官方祭祀同样祭拜天地；而后一种情况，人们崇拜的是较为隐晦的力量，因为结拜关系更为隐秘，超出了律法的规定，几乎是非法关系。并且，婚姻关系和结拜关系通过饮宴定期地再次确认，这些关系超越了缔结者——新郎新娘的各自家庭、结拜兄弟的各自家庭也在礼成之后凝聚在一起：比如，a 是 b 之子，b 是 c 之结拜兄弟，那么 a 则是 c 的义侄。

因此，较难区分一个结拜兄弟团体和政治党派——“同盟会”的名字本身就足以证明这点，主要差异在于两种形式团体的范畴。结拜兄弟的团体一般是本地几人，很少超过十人（也有结拜姐妹以及女性政治结盟，一般与女性崇拜有关，如“桃花女”——但我无法得知有关确切或可信的信息）。另外，行会关系与结义父子之间也几乎没什么差别，比如签约学徒与其师傅（也是行会头目）之间的关系与教父母关系（义父子关系）。

所有这些关系的共同特点是，显示出一种社会联系的封建制度(féodal)观念：郑重认可某种关系带来的优越性足以给双方带来一些双边的义务，也通常与预期相违背，因为这种义务往往对地位高的一方形成负担。相反，一个人的荣誉、社会地位与他所能带来的保护责任成比例地增长，就像某个神明的神圣性随着信徒数量而增长一样。一个名声显赫的人（这种声誉可能来源于家族、政要、财富、有外国关系等）面对合乎礼数的恳求，无法抵抗面前那位跪拜者的强制力量，否则有失身份。相反的情况也可能发生，但只是在极为特别的情况下——武昌起义时，一位将领跪拜在逃兵面前，逃兵只得返回战场。在极端情况下，主子有权对他的人突然提出要求，甚至要求他们付出所有；而通常情况下，主子几乎独自承担了契约中的责任。这就造成了一些建立在政府或家庭权威之上的人，而且这些人的权力是至上的（中国当时的君主专制如同我们的独裁政府，因此人们往往将中国家庭的父权与同罗马式家长制家庭混同），因此在依附关系中，下属成为地位低下的一方。在我看来，这正解释了居住在中国的外国人对这次革命的抱怨和对中国统治者的不屑——似乎没什么人能够凌驾于他们之上。

我再举两个例子，能够清楚反映出中国人在亲属关系方面的基本观念。1912 年 2 月底北京兵变期间，一个人力车夫被判抢劫入狱，车夫声称自己认识一位定居在北京的法国人，他出门经常叫人力车。实际上他们之间的家庭（亲密）关系微不足道。尽管法国人的家仆也不认为他会参与抢劫，而事实上，他确实抢了。那个法国人在他居住的片区声誉极高，因为他既是外国人又与中国人交好。由于他的参与，就成为了保护者的角色，变得无法拒绝他人的敬拜：一位老妇人立即来到他家门口，恭敬地进行仪式性地磕头叩拜。老妇人是法国人的一个邻居，是一种最低程度的家庭关系。她请求法国人救救她的儿子，也因抢劫被抓：在所有人看来，他应当帮忙。如果之后两个得救的人需要帮助，他们的恩人将不得不帮助他们，因为恩人接受了他们的敬意；如果在大街上相遇，得救的人也要按照礼数向恩人作揖。

在一出由革命团体改编和演出的剧目《新茶花女》中，一个被遗弃的孩子在乡下遇到了一位外出经商的大资本家。孩子请求资本家给他一大笔钱,并且收养他。资本家无法拒绝,因为孩子的跪拜合乎礼数,便带他回家,而他自己的亲儿子要奔赴战场。资本家叮嘱儿子要小心,并且说:“但是,如果你遇到不幸,现在我至少有另一个儿子了。”一段亲属关系由此产生。这个例子更加重要,因为我取自一出现代戏剧,充满革命精神,也是这出戏的核心片段,这里所使用的戏剧手法完全相当于我们民间作品中的骨肉情义,恰恰让我们看到中国人之间如何形成亲属关系:仪式形成了关系,亲属关系的形式决定仪式;通过仪式,两个人形成有关系的人,一个对另一个施以保护,同时得到了更多的尊重。因此,获得福运与多子多孙之间建立起了一致性,从而防止了旁系亲属的独立性。

我先将家族成员范畴的问题搁置一边,尽管是核心问题,但因为对这个问题,必须进行大量调查,而研究法律或仪式文献可以帮助更多,所以我先来研究家族制度的功能。

我认为核心问题是,如果我们考虑到中国家族的特殊凝聚力,这一事实似乎是自相矛盾的:因为最常见的是,中国人平时在家族之外生活,只是在过年时阖家团圆,而家族生活的集中使节日具有宗教色彩。对于那些正在成长的个人以及家族群体来说,这个时刻是具有决定性意义的,因为此时人们会在族谱上记录事件、死亡、出生、婚姻,这些改变了家族的面目。但是在一年之中,亲属关系是分散的。不用说很轻易就同意家人外迁至很远方,甚至我们还能看到与妻儿及其他亲属分离十分普遍,这与我们的风俗完全不同。仆人们离开家去住在雇主家里,佃农离家去很远的省份找活儿干,大部分商店店员也不是本地人。当然在法国也有些省份外出打工的人比其他省份要多,并且从事特定的职业。比如在北京,山东人大部分都是挑水工,山西人更多的从事银号职员工作,并且山西向全国输送着钱庄职员。我们由此发现了亲属关系的一个要点:山西人结婚后便外出打工;同样,战士结婚后奔赴前线,富裕家庭的人结婚后会外出完成学业。

为了理解这种现象,我们必须要知道,这种几乎无一例外的约定俗成适用于以下情况:男孩子在幼年时只有母亲自己抚养,而父亲不能亲自教育。如果他打算找份自由工作,必须找一位师傅或雇主来拜师学艺。即便是子承父业,也往往是由母亲交由父亲的同行或对手来学艺,这种体系与寄养十分相近。发人深省的是建立起这种体系的仪式规则——父亲不与儿子亲近。在中国上古时期也有相同秩序的事实,这使我们将这种情况与最古老的中国政治家庭组织形态联系在一起。我只能在这里省略论证过程而指出,这些事实源于一种古老的父子不亲近的昭穆制度,以及一种古老的人质作为社交生活之必需的政治制度。

如果我们将这些现象与婚姻习俗进行对比,那么这些事实就变得更具启发性。结婚以后男子往往立刻丢下妻子离家而去,这点表现在山西的银号职员身上更为明显。事实上,这正是中国婚姻的一种观念:男人在外面做事,女人在家里为他们照看孩子。并且,正是由于儿子即将离去,父母便娶来一个儿媳以填补家庭位置。如果将这种事实与现在的寄养婚姻和先秦时代的人质契约婚姻相比较的话,我们便可以理解这种非常奇特的观念。这些过程用来削弱过于强大的社会群体的自然对立和不可逾越性,从而创造了所谓联盟的特殊亲属关系。此外,通过对称的遗留效应,儿子与父亲疏远,而媳妇更接近婆婆。

总之,这种短期和长期的配偶分居现象,可归咎于强制两性分离的一般原因的存在。这是中国人道德的基本规范。而我尝试给出如下解释:这种道德规范是基于人们将性行为看作一种特殊的危险,以下所列的禁忌名单足以证明——性关系禁止在以下时间和地点中发生:包括风水学中一年内规定的若干日子:这些日子很多,尤其在农历正月、五月和腊月的节日期间,每月初一、十五号祭祖之日,父母和自己生辰之日,双亲祭日等;也不可在寺庙、井水、居民家附近;白天不可,有星光或灯光不可;在每个季节的开始和中间不可,打雷或大风、酷暑、严寒时不可;饭后、醉酒、生气、出行归来或准备出门时均不可;妇女孕期、坐月子、月事时亦不可。可以看出,性行为被视为不洁且极为危险之事,在一年的重要时刻和人生的关键时期都必须克制,如果违背了这些禁忌,则会带来厄运。

这些信仰解释了中国人对于女性的普遍态度:既尊敬又瞧不起——因为不能触碰女性。女主人在大街上殴打或辱骂一个苦力是很常见的场景,这个可怜人不敢反抗亦无人敢干预或插嘴。这些信仰还部分地解释了婚媒为什么一般是女性来充当:一般来说,男女之间的事务都是女性的事情,只能由女性——母亲或姐姐处理。另一个结果是订婚的禁忌。一旦两个人订婚,就不能再与彼此交谈甚至喊对方的名字。这种习俗启发了一些富有争议的文学主题,也使我理解了《诗经》中的大量诗歌,并尝试重构我们已知的中国最古老的婚俗。

这种订婚禁忌并非孤例。这些禁忌确实很模糊,却影响了媳妇与公公、女婿和岳母的关系。这与通常情况下岳父禁忌比岳母禁忌更加严格是相反的。我将更为关注另外一种禁忌:禁止小姨子与姐夫会面。

如果我们比较以下两种情形,会看到这种观察能够使我们深入了解中国的组织制度:(1)在古代中国类似的禁忌也分离了弟弟与嫂子;(2)古今小姨子通常都会嫁给姐夫,从前姐妹同时出嫁,现在常常是姐姐死后妹妹再嫁给姐夫。如果第一任妻子的家族势力强大,会强制其中一个女儿嫁给这个女婿(这种情况在更高级的契约婚姻和人质婚姻中也得到印证)。但是如果第二任妻子来自于另一家族,则这桩婚姻足以在她与死去的第一任妻子家族之间建立起亲属关系:这一家族也将这个女子视为自己的女儿。这就是关键事实:实际上以前处于妾位的妻子一般都是正室的妹妹。这一惯俗的延续表明,我称之为"一夫多配偶姐妹续娶制"的婚姻与中国家族组织密切相关。

我仅将再指出两个基本的事实,其意义只能借助对古代文本的细读。

1. 丧偶的男子与小姨子结婚是非常正常的事情,而丧偶的女子与小叔子结婚却被官方禁止。但是法律对这类案件感到尴尬证明了该种习俗在乡村的广泛存在。应该指出的是,延伸至盟国之间的法律对与同代人(堂、表亲)的婚姻比不同代人(叔侄、姑甥)的婚姻更为宽松。
2. 招上门女婿与养子的习俗应该是很广泛的。这一习俗可以与婚后头三年禁止新妇参加夫家元宵节聚会的规定相比较。这三年内,新妇必须回到娘家,且往往是在丈夫的陪伴下。我上文讲过,正是一年中的这一时期,家族生活的强度达到顶峰,所有亲属按照亲属关系聚集起来。

以上就是我已经建立起的主要事实。我无法让大家从中看到意义所在，因为只能根据过去的组织形式来理解当下的情况。这就是为什么我打算先保留对这一研究的发表，不久将用来补充我的中国亲属关系研究。我在中国访问期间所能够做的观察将使这一研究变得更容易、更可靠。

尊敬的部长先生，衷心感谢您与委员会对我这次考察的批准和支持，请接受我最真挚的敬意。

葛兰言

1912年12月26日于北平

第三节 实录：葛兰言的中国行

1912年3月，葛兰言给高斯（René Gosse）[①]夫妇写了一封长信，实际上也是他写于1912年3月5日至8日的日记。这封信件的背景是，1912年2月29日（农历壬子年正月十二），北洋军阀曹锟的第三镇一部在北京发生哗变，先在朝阳门外劫掠果摊食铺，后与朝阳门内变兵会合，分头抢掠，凡金银钱铺首饰店、饭馆及洋杂货铺全遭洗劫，并火焚东安市场、东四牌楼等处，前后绵延三日。此即中国近代史上有名的"北京兵变"，又称"壬子兵变"。随即波及保定、天津等地，乱兵放火行劫，通宵达旦。1987年，法国汉学家巴斯蒂女士将该信删减去私人内容并配以注释和图示，题为《1912年2月29日的北平兵变》(« La mutinerie du 29 Février 1912 *à* Pékin »)发表在法国重要的汉学刊物《中国研究》(*Études chinoises*)上。[②]

27岁的葛兰言当时刚刚开始投身学术研究，来中国半年后亲历了这场残酷的武力事件。他在信中以一位历史学者的眼光即刻记录了非常时期的北平的政治环境，以及在这个不寻常的新春佳节里普通民众的行为和情感。作为一名历史学者和社会主义战士，葛兰言在字里行间透出对中国当时政局的关切和对中国现实社会政治的思考。经巴斯蒂（Mari-

---

① 数学家高斯与葛兰言1904年一同进入巴黎高师学习，后任法国格勒诺布尔科学院院长。

② « LA MUTINERIE DU 29 FÉVRIER 1912 A PÉKIN vue par Marcel Granet, Introduction et notes de Marianne Bastid », *Études chinoises*, vol. VI, n° 1 (1987), pp. 94—123.

anne Bastid)女士和《中国研究》杂志的同意，笔者将此信件翻译出来，择录于此，以便读者了解一些葛兰言在学术研究之外的一些中国经历：

……

(3 月 5 日)今年没有新年[①]，但朋友们仍然互相拜年。商店都关了，富人区的街道空空荡荡，冷冷清清。四个月来，穷人卖不出东西去，因为富人们都已经离开北平，据说达 20 万人。然而正月的庙会仍然充满欢乐景象。香厂庙会位于城外西南[②]，有一长方空地，周围布满茶馆，广场上用帆布和席子搭起戏台。戏台前有两条路，人群沿着顺时针方向走动，路边是小摊、玩具店或糖果铺，中间是第三条路走汽车，相当罕见。人们似乎不如往年从容，许多茶馆都关了，准备回家的官员们坐在车里。今年不妙，盎格鲁—撒克逊的信仰正在肆虐：在一块帆布下，一个中国人在鼓吹上帝，当然这不怎么吸引听众，但仍是对这种道德的一种宣传。我们还看到几个卖唱的孩童和很多满族客人。我感受不到香厂庙会的魅力——今年只有纯朴的气氛和不怎么喧闹的欢乐，然而中国人仍沉浸其中。同在法国一样，人们爬上土堆，不用付钱就能看到表演，或者透过帐篷缝隙看戏。购票者理应才能看戏，所以这些买票进场的孩子们一副认真、自豪的样子，手里拿的糖葫芦串吸引着五彩斑斓的蝴蝶。在简陋的戏棚里，光线透过席子柔和而甜美；看戏的这个女孩多么漂亮，身边是她的“老妈子”，还有小弟弟坐在脚边。向远处跑去的人力车，载着放风筝的人，风筝大如飞机。琉璃厂的古玩珠宝庙会吸引了很多外国人前去，装饰华丽，四周尽是书画铺。巷子和庙宇的围墙上挂满了书画；院子里，古玩商在炫耀他们的陈列品，还有几张桌子供人们坐下喝茶。庙会结束时，桌子被清空，人们在这里重新打包收拾，场面祥和。在一

① 从 1912 年 1 月 1 日中华民国成立起就开始宣布使用公历纪年，废除旧历法，便造成了新旧历法在使用上的问题。2 月 18 日是壬子旧历新年，但是按照新历这一天便不能过年了。——笔者注

② 巴斯蒂夫人认为此处指琉璃厂的厂甸庙会，也不无道理。实际上，清朝初始，每年正月初一都要在海王村厂甸琉璃窑旧址的空地上举行大规模的庙会活动。老百姓把参与这种活动叫作“逛厂甸”。光绪三十四年（1908 年）因开始在厂甸附近修筑南北新华街的道路，当时工程未竣工，宣统元年（1909 年）的厂甸庙会只好暂时迁移到香厂一带的空旷隙地上举行，连续三年在这里举办了庙会。据邱崇禄：《一百年前北京城的“新市区”——香厂一带》，《北晚新视觉》，2016 年 12 月。——笔者注

座美丽的寺庙里我求了一支签，解签人说我一切顺遂。小孩子们围在洋鬼子周围嬉闹，看着他们虔诚地敬拜；中国香客也表现得很大方，因为好客的神明谕示一切吉利。在回去的路上，看到一个小孩很有趣，我们之间有人给他一个钱币，小孩子很害怕，不想招大人笑话。孩子妈妈让孩子给我们礼貌地问好，走时我们给她说：我们喜欢小孩子。

为了欢迎南京代表们的到来，甚至最窄的胡同也张灯结彩。[①] 黄色、蓝色的旗子迎风飘扬，在古玩木雕商铺上面映衬着很好看。[②] 但是这些彩旗的悬挂是警方的命令。啊！真是没意思！所有这些店主受够了这些他们并不理解的传闻，这都是官员领导们的事情。现在袁世凯已经接替了奕劻，人们还在谈论着一些他们没听说过的名字。集市上陈列着孙中山和皇帝的大照片——不是宣统皇帝，而是光绪皇帝的照片。铎尔孟遇到了一个他认识的商人，商人说不认识照片上这些人，只知道现在生意不景气，没什么可卖的，只盼望一切快点结束，和平速速到来。

所有这些惧怕的民众却仍怀有希望。火车站有很多人在迎接南京代表。专员们走过了一个鲜花拱门，小学生唱着国歌，其中一名专员向学生们致意。在前门，他们经过南边的大门，彼时只为皇帝开放[③]；并且大门持续敞开着，行人们平静地穿过，只是因为方便。像在南京一样，人们纷纷剪下大辫子。我的助手笑着给我看他光秃秃的脑壳：拜这场剪辫运动所赐。

正月里的庙会特别多，大钟寺的庙会是其中一个，位于城外西北方。2 月 28 日，我和铎尔孟去逛了逛。我们坐着中国人的大马车出发。高斯夫人！这可不是我带您从纳伊到奥赛火车站乘的那种！土路的高低不平让人很不舒服，马车跑得东倒西歪！人们还声称这种马车从不会翻；但是一旦知道怎么乘坐这种马车便还好。我们沿着通往东安门的大路走，路边是城里装饰华丽的商铺：得益于德国威廉

---

① 临时政府派蔡元培为专使，宋教仁、汪精卫为专员，到北京迎接袁世凯南下就职。蔡元培一行于 2 月 27 日抵达北京。——笔者注

② 专使到达北京之日，全城遍悬五色国旗，主要的路口均搭起了彩牌楼。——笔者注

③ 民国时叫“中华门”，1959 年被拆除，也即清代的“大清门”，平时关闭着中门，只有皇帝出入时才大开中门。袁世凯“开中门迎客”，可谓给专使以极高的礼遇。——笔者注

二世——由于害怕瘟疫结果没来北京。大钟寺很漂亮，老树、劲松、泛着铜绿的大钟，通体刻有漂亮的文字。大钟寺关系着北京城的风水。但僧人说这口钟只是保佑那些能从钟顶的洞孔里扔进钱币的人。满是香客的寺院里摆放了几张桌子，我们刚到时，桌子周围还没有很多人，在黄昏的祈福时间里只有我们一行人站在那儿。佛家的钟声、木鱼声撼动着这些不信奉天主的灵魂。

回到山脚下，夕阳已藏进西边的山丘里。比起这个国家通常干涩明亮的光线，落日是那样的美轮美奂。平坦的乡间小路被马车压得十分泥泞，两边是田野、坟墓和一些农场，周围是松树和石碑。偶尔看到穿着蓝色或紫色的妇女靠在土墙边，喜鹊在田间唱歌。铎尔孟这位诗人，诗兴大发给我吟诵起撒曼（A. Samain，1858～1900）的诗句来。

我们继续步行，京城寂静得如乡下一般。棚屋里的商铺亮起了灯，我们一路遇到很多神气的骑兵。为了去庆王府转转，我们走得太过往南，一直走到了北堂天主教堂[①]，那里有驻军部队把守。铎尔孟为了带我去东城吃饭，我们又得沿着将东西城隔开的城墙往北走，于是我们叫了人力车。六点钟的时候我们到了：为了迎接南方代表，贵胄法政学堂[②]前的立柱装饰得很漂亮。胡同上方的高大树枝伸向天空，月亮已上树梢，闪亮的风筝点缀着夜色。晚饭后我们一直谈话到凌晨三点才回去。我沿着通往克林德碑[③]的大街一直走，这条街每晚景色各不同。今晚警局门前的挂着红灯笼，很多警察两两交谈，守卫着岗哨，还有些守夜人们的声音。

29日那天也是我的生日，我工作了一整天，晚上很早吃了饭。离开饭桌时，饭店老板叫住我，向我展示了一个不知怎的从屋顶上掉下来的漂亮小球。我们正想弄清楚怎么回事，两个被吓到的中国妇女走了进来，说她们听到了枪声。我们出去什么也没看见。我们回到院子里，突然枪战爆发了，迅速从饭店[④]后门转移到两侧，大概在意大

① 即西什库天主教堂。——笔者注

② 清末北京有两所贵胄学堂，一所是陆军贵胄学堂，一所是贵胄法政学堂，位于煤渣胡同东口路北。

③ 纪念1900年被义和团枪杀的德国公使。——笔者注

④ 葛兰言当时住在北京饭店。——巴斯蒂夫人注

利使馆附近。有人进来喊道："打起来了，着火了！"我们赶紧去看，到了意大利和奥地利使馆的交叉路口，使馆区北边，靠近京汉铁路沿线的一条大街上。饭店左边，也有一群人在看热闹。着火的地方在通往皇城的街角，这条街穿过东安门通往皇宫。这也是前不久有人在袁世凯通过时扔炸弹的地方。[①] 枪声此起彼伏，我们旁边的警局已空无一人。我们往着火的地方走去，大街上没有人，一些中国人躲在街角看。我们一伙人上前去看——几个意大利人、法国人、比利时人、日本人，还有一位夫人。……我们继续往前走，身后的士兵们撞破一扇扇店门。我们终于到达着火的地方，整条街都火光冲天，只有街角处扔出炸弹的那间房子屹立着。可惜了那些装饰华丽的店铺！一队士兵手里拿着枪，散退又突然出现。我们赶紧退后。一阵枪响，我们刚才遇见的那队士兵也开始射击了，我们赶紧跑，从士兵们身边跑过。有人喊："小心点"，这是外国人会说的中国词汇之一。……当晚没有风，火势渐息。我想回饭店拿照相机和记事本。在使馆，大使和第一秘书在草拟一份必须寻找到的法国人名单。我们再次出发了，尽管使馆警卫警告了我们。他们都恪尽职守，巡逻队也来回穿行，这边是英国骑兵，那边是日本步兵提着大红灯笼。大街上人开始多起来，有些士兵押送着难民；美国卡车、拥挤的人力车、背着包的行人，接踵摩肩。日本人尤其多，日本士兵沉重的脚步声伴着木屐的清脆声音；少妇们用布带把孩子背在身上，男人们拿着行李。

我要不要搬走呢？

起风了，火势还会再起，我决定搬走。我想叫些苦力黄包车来帮忙，但他们怕进了饭店就回不去了。必须让警察跟他们谈谈。……我开始打包：二十四位史学家[②]住在那些不结实的盒子里摇摇晃晃，《社会学年鉴》在一个手提包里。我塞满了行李箱，一切搞定。人力车夫们友好地帮助了我们，什么也没丢失。

现在，应该去城墙上看看火势。大火一直烧到东安门，城门应该也着火了：而使馆区门前自南向东的大街，以及在哈德门大街（即崇文门内大街）上，都蔓延起了两处火势；远处，东边城外也燃起了大

① 东安门大街，1912年1月16日。——巴斯蒂夫人注

② 指《二十四史》。——笔者注

火。前门外的商业区空空如也，而那里是枪声最多的地方。我们甚至听到了炮声。哈德门大街东边也燃起了火，似乎距离袁世凯居住的新外务部不太远。月光朦胧，夜色撩人。城墙上站着很多外国人，不少站在德国兵营一边，那里有炮兵在准备，两座大炮朝向哈德门和法国使馆区，一门大炮朝向城外。沙袋已经堆好，形成堡垒；通往城墙顶的斜坡上，马车在装卸武器——使馆区被保护起来。京城内枪战仍在继续，很多墙壁在坍塌；探照灯的冷光与火灾的红光辉映：在火势最猛烈的地方，一盏电灯照在火焰上，那光亮呈现出似绿非绿的颜色。

(3月7日)我们一行人再次出发了，重新走上那条通往火灾的大街。街上空无一人，偶尔能看见一家子中国人在房屋间穿梭。我们中有人认识的一位商人已经一无所有，顾自逃走了。所有商铺被洗劫一空，富人、作坊和古玩店都未能幸免，在几家被抢劫的商铺里，人们平静地整理着剩下的货物。我们再次走过刚才那些被破门而入的店铺，突然间房子就开始起火。我们也再次路过了刚才坚挺地投出炸弹的房子，终于也已经倒下了。其他更不坚固的房屋被烧得只剩下木质框架，偶尔从墙内窜出火苗或浓烟。……城门被火光照亮，似乎还没被烧到。没什么枪声了，我们就又回来了。看到两个站岗的士兵，一个军官徒手站在旁边。在一个门口，摆着几杯茶，几个人坐在那里抽烟袋。一把路易十五的花绒椅子被扔在桥上，桥下是街边的深水沟；一个身穿毛皮大衣的外国人站在一栋里面被烧空的房子前；警察局里堆满了货物，来自于那些被抢劫的商店。

已经凌晨三点多了，我要睡觉了。上午九点我困倦地醒来。我抽烟太多。很多人平静地站在着火的地方，有外国人也有中国人。我站在一直烧到皇城根的大街上。大门被烧得已经剩不下什么了，从前一直是一个宽厚的胖警察守卫在那里，人们用长柄勺往倒塌的房梁上浇水。士兵们礼貌而镇静，翻身骑上驴背，走在宽阔的石板路上，黄包车夫用力一跃拉起车厢，但是他们不肯拉去皇城。一些可怜的人们搬走烧焦的木板，旁边一些奇怪的男人穿着老式的军装。……天空压得很低，灰尘的味道让人受不了。我走到那个曾经漂亮的集市，水果的陈列曾如同巴黎集市一样让人熟悉，而现在只剩下矮墙和角落的三根梁柱，人们在除掉房屋上的黑灰。人们神色漠然，有的好像在找东西,有的站着不动,有的在灰烬里挖洞;另一些人蹲着,小心翼翼拍打着面前一些布条上的火苗。旁边曾是人们看杂耍的剧场,曾摆放着桌子供人们在这里喝茶。

我回来吃午饭。中国报纸上对这件事一带而过。是袁世凯从河南带的第三师士兵放的火和抢的劫[①]。为什么?《北京日报》有一个官方版本:这是新历的过错,由于新旧历法不协调导致了工资的拖欠。当时很流行的《爱国白话报》什么也没写。于是欧洲人们开始猜测,因为哈德门大街上被烧的多半是日本店铺,联想到最近的满洲里事件,应该是军事干预。由于29日的骚乱,袁世凯决定不去南京任职,这样南方专员们颜面尽失,躲在六国饭店里。[②] 没有人知道任何情况,然而这些消息相互补充印证,公共舆论总能让人明白一些事情。

起风了,天色很暗,因为风是黄色的?晚上会发生什么?自从夜幕降临之后,一切归于荒凉。使馆区周围没有了枪声,没有了火灾。袁世凯对外国人的保证是真的吗?采取措施了吗?前门外大街又开始了枪战,从城墙上望去,西北方又出现了火光,应该离北堂和驻军的兵营不远。大炮似乎要朝城南发射了。

(3月8日)这一夜过得很平静。第二天一吃完午饭,我去见铎尔孟。我沿着哈德门大街走到克林德碑。所有商店被洗劫一空,偶有几个被烧光。……这附近首先被洗劫,士兵们从东边齐化门(朝阳门)进来,他们本来驻扎在东岳庙。这是一个道教寺庙,欧洲人称之为骡庙。[③] 这些士兵首先进入东四牌楼南边,这里可是袁世凯的地盘。他们这次抢劫可以说是人道主义式的、精心策划的:他们在穷人的帮助下找到最华丽的地方点火,没有杀人或使用暴力;据说只有极少妇女和儿童遭到劫持,而且是出于报复目的。铎尔孟是有情绪的,他当时在工作,听到住处有喊声[④],走过去发现了士兵的炮栓。他去

① 北洋军阀曹锟的第三镇。——笔者注

② 一说专使住所被洗劫一空,蔡元培等人避入东交民巷内的六国饭店。北京兵变后,袁世凯成立北洋政府,在北京就职。——笔者注

③ 因为东岳庙内有神兽白特,亦称铜骡。——笔者注

④ 铎尔孟当时住在朝阳门南小街附近的新鲜胡同。——巴斯蒂夫人注

谈了谈，士兵们就走了。但是铎尔孟的邻居财政部长家被抢了[①]。

我们一起出门了，这是今晚最后一次上街。从商店回来的人们手里拿着一丁点吃的，商店里还剩下一些可卖的东西。德国人和美国人在通道上拉了铁丝网，我们无法沿着城墙走，胡同也被禁止通行。……当大街空无一人的时候显得特别宽敞。我们周围仍然有枪声。这是在向谁射击？两个盎格鲁—撒克逊人脸色煞白地从房里走出来找我们说话，这可不是他们的一贯作风。……这晚，警察们要肃清小偷强盗们了。

在使馆区大街上，我们听说所有被抓的人要在保定府处决。在奥地利使馆处我与铎尔孟分开了，这个使馆空得令人印象深刻。

夜很静，炮声在远处响起，之后城内再没有了枪声，一些商铺又开门了。我们这群外国人在中国城市里巡视。一些可怜鬼被处决了，抢劫的士兵几乎全都离开了。一个曾在京汉铁路工作的中国人(我曾带他去午夜弥撒)在前门火车站跟朋友玩，士兵一来，朋友都逃走了，他被逮住，说是有人要求他打电话叫来一辆火车。他藏在一节车厢的行李架上，看到了分赃过程：银两、绸缎和黑貂皮。留在城里的士兵们坐着人力车，有的把枪夹在腿间，也有没带武器的，制服上的徽章都撕掉了。有一些开放的庭审，出席的人很多，他们可怜那些被判决的人，尽管知道他们抢了东西，还是想方设法救他们。人们一言不发地看着他们被游街，背后挂着告示牌。我也看到其中一个从警局出来，脚步坚定，我没看到他的表情，但是您应该没少听说这种事。照相机不停在照，有人给妇女们讲述着他们看到的处决现场。一家中文报纸用黑体字印了大标题“外国人去观摩处决并且照相”。

今夜平静，偶有喧闹，抢劫仍在继续，但这不重要。现在，袁世凯会利用清朝士兵干些什么呢？如何解释火灾和抢劫在其他城市也同时发生呢？为什么天津也几乎全被烧了，保定府烧了一半抢了一半，城南还爆发了起义？为什么本打算来北平的蓝天蔚[②]部队人马，自这些事情发生开始就什么也没做？我们一无所知的夜夜炮声到底是朝哪里开？至少，商店白天已经营业了，大街上又恢复了往常的样子，

---

① 指当时的财政部长严修。——巴斯蒂夫人注

② 蓝天蔚（1878～1921），中华民国军事将领。

除了我们能看到一些被砍去的脑袋。

六国饭店人满为患，部长们都四人一间。回到饭店，也有几个人来避难，其中一个是拉美混血，让我看上去不舒服，他神色慌张且严肃地认为，外国人不该顽强抵抗，中国人五分钟就能攻占使馆区。……还有个两岁的意大利小孩，拥有世界上最美的眼睛，但是一直在不停吵闹。我的外交能力在这个小世界里派上了用场，既不费力也没有让中国人这边感到不快，而且我认为自己成功地让一个可爱的中国小女孩爱上了这个意大利小男孩。小孩子们很喜欢我，中国小孩们借给我他们手中的橘子，但见鬼的是他们细声细气地称赞我的时候，我却什么也听不懂，听不懂中国话真是糟糕！[①]

我接受了查尔斯·佩蒂特（Ch. Pettit，1875～1948）的访问，他是报纸记者。他问我是否有烟，然后看了我桌上的所有纸张。我给他说我在给家里写信，他不相信。如果他知道我既没聊砍头、没聊军事武力，也没谈政治的话，他会看到我的确在写家书。[②] 这里面可以写出怎样的报道文章！他们会如何对待这些可怜的中国人！我听说了一些无耻之词，我无法写出来，尽管考察资助者、大学教授贝尔诺(Bernot)可以资助我写出来。我曾想过为《巴黎学刊》(*Revue de Paris*)写点东西——罗塔士（Edmond Rottach，1877～1918）不在北京[③]——但是贝尔诺反感我用这些不幸的事来挣钱，当然应该写，应该像那些似乎明白并且知情的其他人所做的那样。然而，我也希望不要引起欧洲舆论的恐慌导致他们对中国发起会出人命的武力干涉，这样对于在中国的法国人利益也没有任何好处（我所说的利益，并不是指那些以贸易为借口，只是在这里等着抢劫的人）。

我不认为事件会转向悲剧。使馆看起来很安静，我觉得人们在乐观地看事情。当然，共和国刚刚建立起来，依靠的势力是很危险的；隐退乡下的军队继续抢劫村民，说不定哪天还会回来，也是潜在的危险。这对于蓝天蔚部队甚至南方军队即将到来是个污点，而且

① 直到现在，很多研究古汉语的西方汉学家也不通现代汉语。不懂现代汉语，这也是葛兰言与中国学者交流少的原因之一。

② 关于写给家人的部分巴斯蒂女士在整理发表的时候删去了。

③ 驻中国记者，曾在武昌语言学校教法语，经常给巴黎左派报纸写文章。1912 年他住在南京。著有《变革中的中国》(*La Chine en révolution*，Paris，1914)。——巴斯蒂夫人注

日本也试图破坏一切。但是，共和党人[1]还是寄希望于外国势力的支持，很明显抢劫者在枪战时极为注意不伤害在大街上闲逛的外国人，并且出乎我所料，北京人倒是不介意使馆区周围的军事守卫，他们一点也没有排外情绪，为了保证家里安全，会要来一些外国人的名片钉在门上。

我把书都留在使馆里，以保证精神的完全放松，我想回到饭店的陋室中静一静。不想在这种状况下愚蠢地工作，借口听到炮声，我走上城墙，享受着夜晚的月光。因此，我得以给你们写这封长信。我还写了几句给翟理 (Gelly)[2]，如果他想了解更多的话，请将信中的相关信息给他看。但是请帮我保存下我写的这些文字，这应该是我唯一的回忆，因为我可没有对那些砍头的场景拍照片。

……

3 月 8 日，一切归于平静。没有任何的枪炮声，但也再听不到城市的欢唱，只听见狗在叫。报纸上说蓝天蔚的军队不来北京了，袁世凯重新借兵。这场兵变就这样结束了。

葛兰言

1912 年 3 月 12 日于北平

① 袁世凯指使其党羽成立的政党。——笔者注

② 葛兰言在巴黎高师的老同学，死于一战战场。——笔者注

结语:站在中西交汇处的葛兰言

葛兰言并非企图重构一个中国古代社会制度体系,而是希望探索和指引一条通过仅有的一些文献,能够让我们有可能更准确地理解和发现古代社会组织形式的道路。他的研究包括中国早期社会制度、宗教精神、习俗仪式、观念意识、语言文学等各个方面的起源、演进和支配关系。这样的广阔研究形成合力,一同构成了对中国早期文明起源发展的研究,同时体现出西方近代各个学科对葛兰言学术的综合影响,得益于此,葛兰言实现了西方近代学术与中国社会文明起源的真正深刻的第一次相遇。

历史学是葛兰言的学术起点,也是终点。他深感莫诺的实证主义史学与泰纳的新史学都没能从根本上解决历史学的方法论困境。对法制史研究抱有浓厚兴趣的他,转身投向致力于探索社会制度起源和功能的社会学,在涂尔干比较社会学的宏伟蓝图里一力承担了中国方面。在历史文献学为主流方法的传统汉学基础上,葛兰言将历史文献学与社会学顺理成章地结合在一起,形成他独特的"社会学分析法"——在历史文献与现代民族志中提取相似社会事实,对历史记载、先秦诗歌、神话传说等题材进行了无论西方汉学家还是中国学者都从未有过的人类学视角之发掘,开启了"历史人类学"研究。他以自己创立的适合中国古代社会的学说解读中国的古代文本[①],理论和方法上既吸收各家所长又自成一体。因此,他的中国社会史研究实际上参与了拜尔"综合史学"的运动,又回到历史学界,影响了法国"年鉴学派"的形成。

---

① 如葛兰言在博士论文中研究中国的"圣地",在《中国人的宗教》中形成其中国古代"圣地"说,又在其他著述中对中国文学将自己的学说付诸应用(宋国圣地、孔家圣地等)。

回顾葛兰言的学术背景，也是整个西方近代学科发展、细化、转向的过程。从 19 世纪中叶开始，历史学者、古典学家开始对古代文献进行社会性、宗教性的解读，为被神学桎梏千年的历史文献学开拓出一条新的学术道路；经过近半个世纪的探索，不断细化的西方人文学科终于在涂尔干学派的努力下辟出新的领域——宗教社会学，它从传统学科中分离出来形成独立的学科范式。时值法国汉学也日益学科化，宗教社会学的研究对象开始向远东，特别是向中国扩展：与涂尔干同一时代的另一社会学奠基人韦伯（Max Weber）也撰著了《儒教与道教》(1915)，而沙畹早年主修康德哲学，后受老师的指点改为汉学方向，无形中说明了这一时期西方学术视野呈现向远东伸展的趋势，开始重视中国方面[①]：研究中国，是时代需要，大势所趋。在这样的学术背景之下，横跨汉学、历史学、社会学、法制学、民俗学、宗教学等多个学科的综合汉学家——葛兰言卓尔不群，他从此领域自如地转向彼领域，同时又能够从每个领域和不同派系中吸取精华，因此才能做出与前人不同的汉学成绩。当然，由于他的立论大胆，愿意冒险抛出这些观点来引起学界的反应，甚至希望以此来推动西方汉学和中国学界的学术发展变革[②]，也因此受到各种质疑和批评。

但是，葛兰言在中国社会史研究的先驱地位不容置疑。回顾西方的社会史研究，早有前辈力行：古朗日关注古希腊罗马社会，涂尔干关注澳大利亚未开化社会及西方当前社会现象，莫斯关注爱斯基摩等现代未开化社会，弗雷泽关注远古原始社会及现代土著社会风俗，哈里森关注古希腊社会等等[③]，葛兰言给这一学术洪流填补了对中国古代社会文明的研究，因此在他的汉学中，可以看到很多西方古代欧洲社会研究或者未开化社会研究的影子。得益于对西方社会科学知识体系的发掘和积累，葛兰言对中国——另一个伟大民族的社会生活和精神——有了区别于二百多年来西方人对中国文明，甚至颠覆了两千年来的中国封建文人对自己文

---

① 当然这也要归功于明末清初以来在华传教士的大量考察和著述的西传。

② 他曾写道："对这些问题的思考和研究，可能会给中国思想和语言在未来的发展带去一些有益影响……本文的很多见解可能是错误的、有失偏颇的、抑或是太过绝对化或过于狭隘的……我还是决定把它拿去出版，因为只有这样才能给它带来所需要的修改和润色。"（参见：« Quelques particularités de la langue et de la pensée chinoises », *Revue philosophique*, mars—avril 1920）

③ 现代文明社会、古代社会和未开化社会，这三种社会文明之间的研究方法具有共通性，特别是后两者，学界往往合称为"古式社会"。

明源头的理解。诚然,可与古老的希腊文明比肩的古中国文明,在传教士和汉学家的笔下逐渐被西方学界所重视,因此近代西方学界在进行比较研究时,往往会提到中国方面[①],在汉学著述里也会看到与希腊文明的比较[②]。但是,以往的中国辑录和研究是带有研究未开化社会之心态而进行,甚至很多西方人认为存在一种适用于所有年代、所有文明的普世观念。只有当他们逐渐认识到独特的中国文明可以媲美古希腊文明时,汉学学科才可以真正在西方发展起来,而葛兰言正是全面揭示中国文明之独特性的首开先河之人。

尽管在很长一段时期内,由于他的学科跨度大,"无论在 20 世纪的法国历史学、社会学还是汉学领域,葛兰言一直处在边缘位置。"[③]然而从法兰西学院的"汉学讲座"的发展史中[④],我们可以清楚地看到他对现代法国汉学转向的重要作用。在法兰西学院二百年的"汉学讲座"史上,先后有九位汉学家执掌教席。前四位一直沿用"中国语言文学"的讲座名称[⑤];马伯乐继而执教时,他将讲座更名为"汉语言文学"讲座。

与此同时,葛兰言在巴黎高等实践学院、汉学研究所和东方语言学院分别教授"中国宗教""中国文明史"和"历史地理学",但是在较为保守的法兰西学院内,社会学有莫斯,汉学有马伯乐,极具创新精神的葛兰言却始终未进入法兰西学院,可见此时中国社会史学尚未成气候,"汉语言文学讲座"一直延续到戴密微(P. Demiéville,1946～1965 年执教)。

1966 年,石泰安接替戴密微,将讲座易名为"汉语世界研究:制度与观念",无疑继承了葛兰言的研究取向。石泰安正是葛兰言的嫡传弟子,曾整理和发表葛兰言遗作《帝王饮》(*Le roi boit*)。他曾回忆,葛兰言课上喜欢传授一些广泛且综合的视角,有时会引用一些中原文明之外的其他文

---

① 如卢梭《论人类不平等的起源》、伏尔泰《风俗论》、弗雷泽《金枝》、涂尔干《原始分类》等。

② 如德里文《〈唐诗〉——首次译介兼及中国诗歌艺术和韵律研究》、沙畹《古希腊音乐》等。

③ Thomas Hirsch, « Historiographie et histoire disciplinaire. Marcel Granet et les sciences sociales », *L'Atelier du Centre de recherches historiques* (En ligne), 2011. URL: http:// acrch. revues. org/3579.

④ 参见:*Liste des Professeurs depuis la Fondation du Collège de France en 1530* , Ed. Par Affaires culturelles et Relations extérieures, Paris, 2017;耿昇:《薪火相传二百年——法兰西学院"汉学讲座"回望》,载《南国学术》2014 年第 4 期。

⑤ 雷慕沙(1814～1832 年执教)、儒莲(1832～1873 年执教)、德理文(1874～1892 年执教)、沙畹(1893～1918 年执教)。

明的特点，尤其是西藏。[①] 石泰安全方位继承了葛兰言，在西藏语言、宗教、神话、诗歌等方面卓有建树，契合了葛兰言的学术思想。[②]

1975 年，第八位执教的是与葛兰言极有渊源的谢和耐，他的父亲是古希腊研究专家[③]，在古希腊宗教和法律史上建树颇多，与葛兰言是梯也尔基金会的同窗好友、莫逆之交，其《宗教中的希腊特性》(1932)与葛兰言的著作同在拜尔主编的"人类演进系列"出版。葛兰言在中国社会史研究方面对谢和耐的影响自不待言——谢和耐的《中国社会史》《中国和基督教》《中国的智慧》等均与葛兰言的学术路径相呼应，谢和耐称赞他："在那个时代，葛兰言的思想颠覆了传统的汉学，即便当时这门学科并没有做好迎接这种思想的准备。"[④]于是在新的时代，谢和耐将汉学讲座易名为"中国社会文化史"，葛兰言的思想终于在当代法国汉学界得到认可和继承。

法兰西学院的汉学课程内容从"语言文学"讲座演变到"社会文化史"，体现出了葛兰言对二战后法国汉学方向的引领。作为第三代法国汉学领军人物，葛兰言在法国汉学史上的里程碑地位绝不应该被我国学界忽视。他的文明史研究不仅第一次涵盖了对人类意识与社会制度相互影响的关系，尤其秉持了一种"整体观" (holisme)，包含了文学史、社会史、宗教史、制度史等方方面面的研究，使西方人聚焦一种与欧洲不同的文明存在和人性类型，并继而反思自我。因此，葛兰言在法国以至西方汉学界都是一个特例，其所谓的殊相就在于他首先运用历史人类学的方法和社会文化史的眼光来研究中国，又因为其学术背景依托于近代人文学术和西方近代汉学，葛兰言本质上也是对法国近代学术的突破。

纵观法兰西学院"汉学讲座"的发展历程，便可看出葛兰言后继有人。

---

① 参见：R. A. Stein, « Souvenir de Granet », *Études chinoises*, Paris: Association française d'études chinoises, 1985.

② 石泰安写有《格萨尔藏文史诗的喇嘛教版本》《敦煌藏文手稿的叙事到仪式》《东亚女神的圣地与洞穴》《印度教神话在西藏》《有关西藏邦波丧葬仪式的古代文献》《汉语世界的灶神传说》、《西藏文明》等。

③ 著有《古希腊法律思想发展研究》《古希腊的社会与法制》《古希腊人类学》等。

④ Yves Goudineau, « Marcel Granet devant la Chine et la sinologie: entretien avec Jacques Gernet », *Préfaces: les idées et les sciences dans la bibliographie de la France*, n°7, 1991.

附　录

附录1:葛兰言生平年表①

日期	事件
1884年2月29日	出生于法国德罗姆省的迪城
1898～1901年	就读于普罗旺斯地区米奈初中
1901～1904年	就读于巴黎路易大帝高中,连续三年在“全国人文学科比赛”历史组获奖,最后一年获得历史荣誉奖
1904年10月	考入巴黎高等师范学院,编入预备役
1907年10月	获得历史学学位,通过中学历史教师资格考试
1907～1908年	在巴斯蒂亚高中任教
1908年6月	获得法学学位
1908年10月	·获得梯也尔基金的资助,入住梯也尔基金学院 ·注册于巴黎大学索邦校区社会学专业,追随涂尔干开始着手博士论文 ·开始追随沙畹学习古汉语及远东宗教
1911年	发表社会学论文《反酗酒论:一项社会主义举措》
1911年10月	申请到法国公共教育部的资助,赴中国科学考察

① 本表大部分信息来自于法国汉学研究所(IHEC)的档案“Marcel Granet”,其余信息在正文中已注明出处。

日期	事件
1912 年	发表第一篇汉学论文《中国古代婚俗考》
1913 年 3～10 月	回国，在法国马赛高中任教
1913 年 10～12 月	在法国蒙比利尔高中任教
1913 年 12 月 1 日	·担任巴黎高等研究院“远东宗教”教授； ·就职演讲为《中国古代宗教研究计划》
1914 年 12 月 7 日	服兵役参加一战，陆续被派驻德法边境的洛林省图勒镇(Toul)步兵部队第 3、42、167 团
1915 年 5 月	作为步兵部队士官(167 团)赴一战前线
1916 年 3 月 30 日	获得“军功十字”军事奖章
1916 年 12 月 9 日	在法国诺曼底地区艾里镇左臀中炮弹片
1918 年 6 月 3 日	在阿尔卑斯山地区左额角中弹，赴罗阿纳镇就医
1918 年 6 月 23 日	再获“军功十字”军事奖章
1918 年 9 月 6 日	第三次获得“军功十字”军事奖章
1918 年 9 月～1919 年 6 月	·停战后军队遣散。翌日，被派往北京停留数周 ·随法国军事参谋部驻派西伯利亚伊尔库茨克
1919 年 6 月 25 日	·返回巴黎，退伍 ·继续任教于巴黎高等实践学院“远东宗教”课程 ·出版《中国古代的节庆与歌谣》

日期	事件
1919 年 10 月 16 日	与 Marie-Josèphe Terrien 结婚
1920 年 1 月 24 日	获巴黎大学博士学位
1920 年 5 月	·《中国古代的节庆与歌谣》获得法国儒莲奖 · 出版《中国媵婚的古代形式研究》 · 发表《中国人语言和思维的若干特点》
1920 年 4 月	发起创办巴黎大学汉学高等研究所
1921 年 2 月 2 日	· 发表《生与死:中国古代的信仰与教义》 · 儿子 Jacques-André Granet 出生
1922 年	· 发表《传统中国葬礼中所见之悲哀语》 · 发表《置婴于地:古礼与神断》 · 出版《中国人的宗教》
1923 年	《中国人的宗教》获“儒莲奖”
1924 年	《古代仪式中的中国封建家族研究》初稿写成
1925 年	· 发表《古代中国情歌》 · 发表《古道教刍议》
1925 年 12 月 31 日	担任巴黎东方语言学校教授
1926 年	出版《古代中国的舞蹈与传说》,获“儒莲奖”
1926 年底	法国汉学研究所重组(改称学院),担任所长及“中国文明”课程教授

日期	事件
1928 年	·发表《汉语的思想表达》 ·发表《巴黎东方学概况(二):中国文化》
1929 年	·发表《中国人的宗教精神》 ·出版《中国文明——公共生活与私人生活》
1933 年	·担任法国社会学学院院长 ·发表就职演讲《中国人的左右观念》
1934 年	·发表《中国人的心智》 ·出版《中国人的思维》
1936 年 5 月	荣获法国政府颁发的最高荣誉“荣誉骑士勋章”
1937 年	发表《中国古代的婚姻类别及亲属关系》
1940 年 11 月	被选举为巴黎高等实践学院宗教学系主席
1940 年 11 月 25 日	在法国索镇去世,葬于巴黎拉雪兹神父公墓

附录 2:葛兰言著述总览

序号	形式	主要著述	首版时间	备注	出版信息
1	论文	*Contre l'alcoolisme : un programme socialiste* 《反酗酒论:一项社会主义举措》	1911		*Les cahiers du socialisme*, n°11, Paris: Librairie du Parti socialiste, 1911 《社会主义文集》第 11 辑专号,巴黎:社会党出版社出版,共 32 页
2	论文	*Coutumes matrimoniales de la Chine antique* 《中国古代婚俗考》	1912	寄给沙畹(沙畹是《通报》的编辑之一	Leyde: *Toung-pao*, vol. XIII, 1912, pp. 517—558, 载《通报》卷 13,第 517～558 页
3	论文	*Programme sur les anciennes religions chinoise* 《中国古代宗教研究计划》	1914	巴黎高等研究院(EPHE)的就职演讲	*Annales du musée Guimet*, 1914, pp. 1—13 载《吉美博物馆年刊》,第 1～13 页
4	著作	*Fêtes et Chansons anciennes de la Chine* 《中国古代的节庆与歌谣》	1919	纪念涂尔干、沙畹	Paris: Ernest Leroux, 1919 巴黎 Ernest Leroux 出版,共 305 页

序号	形式	主要著述	首版时间	备注	出版信息
5	论文	*La Polygynie sororale et le sororat dans la Chine féodale-Étude sur les formes anciennes de la polygamie chinoise* 《中国媵婚的古代形式研究——封建中国的续娶小姨和侄娣陪嫁制》	1920	致埃尔	Paris：Ernest Leroux，1920 巴黎 Ernest Leroux 出版，共 95 页
6	论文	*Quelques particularités de la langue et de la pensée chinoises* 《中国人语言和思维的若干特点》	1920. 3		*Revue philosophique de la France et de l'étranger*，mars—avril 1920，pp. 98—195 载《域外和域内哲学学刊》，第 98～195 页
7	论文	*La vie et mort—Croyances et doctrines de l'antiquité chinoise* 《生与死：中国古代的信仰与教义》	1921		*Annuaire 1920—1921 de l'École des Hautes Etudes*，*section des sciences religieuses*，pp. 1—22 载《巴黎高等研究院年鉴》，第 1～22 页
8	论文	*Le Dépôt de l'enfant sur le sol—Rites anciens et ordalies mythiques* 《置婴于地：古礼与神断》	1922	1920 年写成	*Revue archéologique*，vol. XIV，5e série，1922，pp. 305—361 载《考古学刊》第 5 辑第 14 卷，第 305～361 页
9	论文	*Le langage de la douleur，d'après le rituel funéraire de la Chine classique* 《传统中国葬礼中所见之悲哀语》	1922. 2		*Journal de psychologie normale et pathologique*，n°19，1922，pp. 97—118 载《心理学报》第 19 期，第 97～118 页

序号	形式	主要著述	首版时间	备注	出版信息
10	书评	Review of *Le droit et la famille*: *Compte rendu sur -P. Fauconnet « La Responsabilité » (1920), Ed. Westermarck « The history of human marriage » (1921), G. Davy « La Foi Jurée » (1922)* 《律法与家庭:评福柯奈〈责任〉、韦斯特马克〈人类婚姻史〉、达维〈誓言〉》	1922		*Journal de psychologie normale et pathologique*, vol. 19, 1922, pp. 928—939 载《心理学报》第 19 期,第 928～939 页
11	著作	*La religion des Chinois* 《中国人的宗教》	1922		Paris: Gauthier-Villars, 1922 巴黎 Gauthier-Villars 出版社出版,共 176 页
12	论文	*La famille féodale en Chine étudiée d'après les rituels anciens* 《中国古代仪式的封建家庭研究》	1920～1924	手稿未刊	« Ébauche d'un ouvrage sur la famille chinoise », département des Manuscrits orientaux *à* la BNF 藏于巴黎国家图书馆东方手稿部,共 90 页
13	书评	Review of *René Grousset*, *Histoire de la philosophie orientale* 评 René Grousset:《东方哲学与历史》	1923		*Année sociologique*, *Nouvelle Série*, 1923, pp. 497—498 载《社会学年鉴新刊》第 1 辑,第 497～498 页

序号	形式	主要著述	首版时间	备注	出版信息
14	书评	Review of *M. W. de Wieser*, *The Arhats in China and Japon* 评 M. W. de Wieser:《日本和中国的罗汉》	1923		*Année sociologique*, *Nouvelle Série*, 1923, p. 507 载《社会学年鉴新刊》第 1 辑,第 507 页
15	书评	Review of *F. Goré*, *Notes sur les marches tibétaines du Sseu-Tch'ouan et du Yun-nan* 评 F. Goré:《四川和云南的藏族边境论》	1923		*Année sociologique*, *Nouvelle Série*, 1923, p. 608 载《社会学年鉴新刊》第 1 辑,第 608 页
16	书评	Review of *J. Calmette*, *La Société féodale* 评 J. Calmette:《封建社会》	1923		*Année sociologique*, *Nouvelle Série*, 1923 载《社会学年鉴新刊》第 1 辑
17	书评	Review of *M. Abadie*, *Les races du haut-Tonkin de Phong-tho à Langson* 评 M. Abadie:《上东京湾地区的种族》	1924		*Année sociologique*, *Nouvelle Série*, p. 911, 1923 载《社会学年鉴新刊》第 1 辑,第 911 页
18	书评	Review of *L. Hodous*, *Buddhism and Buddhists in China* 评 L. Hodous:《中国佛教徒和佛教》	1924		*Année sociologique*, *Nouvelle Série*, 1923, p. 460 载《社会学年鉴新刊》第 1 辑,第 460 页
19	书评	Review of *L. Lang*, *Buddha and Buddhismus* 评 L. Lang:《佛教徒和佛教》	1924		*Année sociologique*, *Nouvelle Série*, 1923, p. 460 载《社会学年鉴新刊》第 1 辑,第 460 页

序号	形式	主要著述	首版时间	备注	出版信息
20	文章	*Chansons d'amour de la Vieille Chine* 《中国古代情歌》	1925	葛兰言编译	*Revue des arts asiatiques*, 1925, pp. 24—40 载《亚洲艺术学刊》1925年版,第24～40页
21	论文	*Remarques sur le Taoïsme ancien* 《古道教刍议》	1925		*Asia Major*, 1925, pp. 146—151 载《亚洲专刊》1925年版,第146～151页
22	文章	*L'Extrême-Orient* 《远东》	1926		*Histoire générale des peuples, de l'antiquité à nos jours*, (Ed.) Maxime Petit, vol. II, chap. IV, Livre X, pp. 399—408 载《自古至今的人类简史》1926年第2卷第4章,第399～408页
23	文章	*La Chine* 《中国》	1926		*Histoire générale des peuples, de l'antiquité à nos jours*, (Ed.) Maxime Petit, vol. III, chap. II, Livre XV, pp. 325—330. 载《自古至今的人类简史》1926年第三卷第二章,第325～330页
24	著作	*Danses et légendes de la Chine ancienne* 《中国古代的舞蹈与传说》	1926	致以莫斯	Paris: Presses Universitaires de France, 1926 巴黎法国高校出版社出版,共710页

序号	形式	主要著述	首版时间	备注	出版信息
25	书评	Review of *VALENTIN Ferdinand*, *L'avènement d'une république* 评 VALENTIN Ferdinand:《一个共和国的到来》	1927.1		*Revue Critique d'Histoire et de Littérature*, jan. 1927, vol. 61, p. 239 载《文学历史批评》卷 61 第 1 期,第 239 页
26	书评	Review of *FROGER* (*François*), *Relation du premier voyage des François à la Chine* 评 FROGER François:《弗朗索瓦家在中国的第一次游历》	1927.1		*Revue Critique d'Histoire et de Littérature*, jan. 1927, vol. 61, p. 251 载《文学历史批评》卷 61 第 1 期,第 251 页
27	书评	Review of *LÉVI* (*Sylvain*), *L'Inde et le monde* 评 LÉVI Sylvain:《印度与世界》	1927.1		*Revue Critique d'Histoire et de Littérature*, jan. 1927, vol. 61, p. 257 载《文学历史批评》卷 61 第 1 期,第 257 页
28	书评	Review of *Geschichte Ostasiens. Zweiter Teil* 评《东亚史(第二部分)》	1927.1		*Revue Critique d'Histoire et de Littérature*, jan. 1927, vol. 61, pp. 263—265. 载《文学历史批评》卷 61 第 1 期,第 263～265 页
29	文章	*L'Islam et la politique contemporaine* 《伊斯兰教与现代政治》	1927		*L'Islam et la politique contemporaine*, Ed. Alcan, Paris, pp. 35—36 载《当代政治与伊斯兰教》第 35～36 页

序号	形式	主要著述	首版时间	备注	出版信息
		Discours pour l'inauguration d'enseignement nouveaux à l'institut des hautes études chinoises de Paris 《在巴黎高等中国研究院开设新课程的讲话》	1927		*Bulletin de l'Institut des hautes études chinoises de Paris année scolaire 1926－1927*, pp. 1－7 《巴黎高等中国研究院》1926～1927年院报，第1～7页
30	书评	Review of *Victor Goloubew. Documents pour servir à l'étude d'Ajanta. Les peintures de la première grotte*（*Ars Asiatica. VOL. X*） 评 Victor Goloubew:《早期洞穴壁画》	1928.1		*Journal des savants*, janvier 1928, pp. 42－43. 载《学者报》1928年第2期,第42～43页
31	书评	Review of *Laurence Rinyon. Les Peintures chinoises dans les collections d'Angleterre*（*Ars Asiatica, Vol. IX*） 评 Laurence Rinyon:《英国藏品的中国画》	1928.2		*Journal des savants*, février 1928, pp. 88－89. 载《学者报》1928年第2期,第88～89页
32	书评	Review of *Louis Finot, H. Parmentier et Victor Goloubew. Le Temple d'Içrarapura*（*Bantây Srêi, Cambodge*） 评 Louis Finot, H. Parmentier et Victor Goloubew:《柬埔寨女王宫》	1928.5		*Journal des savants*, mai 1928. pp. 232－233 载《学者报》1928年第5期,第232～233页

序号	形式	主要著述	首版时间	备注	出版信息
33	论文	*L'Expression de la pensée en chinois* 《汉语的思想表达》	1928	后来编入《中国人的文明》第一章	*Journal de Psychologie normale et pathologique*, vol. 25, pp. 617—656 载《心理学报》第 25 卷,第 617～656 页
34	报告	*Les études orientales à Paris, II, La civilisation chinoise* 《巴黎东方学概况(二):中国文化》	1928		*Annales de l'Université de Paris*, pp. 543—550 载《巴黎大学年鉴》1928 年,第 543～550 页
35	词条	*Changhai, Chang-ti, Chine* "上海""上帝""中国"	1929		Changhai, Chang-ti (p. 127); Chine (pp. 222—224) in *Larousse du XXe siècle*, vol. 2, Paris 载《20 世纪拉鲁斯词典》卷 2,第 127 页、222～224 页。
36	论文	*L'Esprit de la religion chinoise* 《中国人的宗教精神》	1929. 5	写于 1924 年 6 月,出版于 1929 年	*Scientia*, mai 1929, 8 pages 载《科学》
37		Review of *E. SCHMITT, Die Chinesen. Tübingen, J. B. C. Mohr* 评 E. SCHMITT:《中国人》	1929. 6		*Revue critique d'histoire et de littérature*, juin 1929, p. 288 载《文学历史批评》第 64 卷第 6 期, 第 288 页
38	书评	Review of *G. Soulié de Morant, PRECEPTES DE CONFUCIUS* 评 G. Soulié de Morant:《孔子箴言》	1929. 12		*La Quinzaine critique des livres et des revues*, 25 déc. 1929, n°4, p. 193 载《十五书评》1929 年第 4 期

序号	形式	主要著述	首版时间	备注	出版信息
39	著作	*La civilisation chinoise-la vie publique et la vie privée* 《中国人的文明——公共生活与私人生活》	1929		Paris: La Renaissance du livre, Collection: « Bibliothèque de Synthèse Historique, L'Évolution de l'Humanité », 1929 巴黎书籍复兴出版社出版,“综合史学图书人类演进系列”,共 523 页
40	论文	*La sociologie religieuse de Durkheim* 《涂尔干的宗教社会学》	1930. 2		*Europe*, 15 février 1930, vol. 86, pp. 287—292 载《欧洲》第 86 卷,第 287～292 页
41	书评	Review of *Tsing Tung Chun*, *De la production et du commerce de la soie en Chine* 评 Tsing Tung Chun:《中国丝绸生产和贸易》	1930. 1		*Revue critique d'histoire et de littérature*, jan. 1930, vol. 64, p. 1 载《文学历史批评》第 64 卷第 1 期,第 1 页
42	书评	Review of *Tchai Tsoun-tchun*, *Essai historique et analytique sur la situation internationale de la Chine*, *conséquence des traités sino-étrangers* 评 Tchai Tsoun-tchun:《中国国际形势分析史论——中外条约签订的后果》	1930. 1		*Revue critique d'histoire et de littérature*, jan. 1930, vol. 64, p. 1 载《文学历史批评》第 64 卷第 1 期,第 1 页

序号	形式	主要著述	首版时间	备注	出版信息
43	书评	Review of *Hackin*, *Mythologie asiatique illustrée* 评 Hackin:《亚洲神话图册》	1930.1		*Revue critique d'histoire et de littérature*, jan. 1930, vol. 64, pp. 2—3 载《文学历史批评》第 64 卷第 1 期,第 2～3 页
44	书评	Review of *Heinrich Hackmann*, *Chinesische Philosophi* 评 Heinrich Hackmann:《中国哲学》	1930.1		*Revue critique d'histoire et de littérature*, jan. 1930, vol. 64, pp. 3—4 载《文学历史批评》第 64 卷第 1 期,第 3～4 页
45	书评	Review of *E. Langlet*, *Dragons et génies*, *contes rares et récits légendaires inédits recueillis au pays d'Annam* 评 E. Langlet:《龙与神:安南国未刊的传说和罕见故事》	1930.1		*Revue critique d'histoire et de littérature*, jan. 1930, vol. 64, pp. 4—5 载《文学历史批评》第 64 卷第 1 期,第 4～5 页
46	书评	Review of *C. Willoughby-Meade*, *Chinese ghouls and goblins* 评 C. Willoughby-Meade:《中国食尸鬼和地精》	1930.1		*Revue critique d'histoire et de littérature*, jan. 1930, vol. 64, p. 5 载《文学历史批评》第 64 卷第 1 期,第 5 页
47	书评	Review of *W. E. Soothill*, *China and England* 评 W. E. Soothill:《中国和英格兰》	1930.1		*Revue critique d'histoire et de littérature*, jan. 1930, vol. 64, pp. 5—6 载《文学历史批评》第 64 卷第 1 期,第 5～6 页

序号	形式	主要著述	首版时间	备注	出版信息
48	书评	Review of *J. BRANDT*, *Introduction to literary chinese* 评 J. BRANDT:《中国文学导论》	1930.1		*Revue critique d'histoire et de littérature*, jan. 1930, vol. 64, p. 281 载《文学历史批评》第 64 卷第 1 期,第 281 页
49	书评	Review of *Tsen Tsonming*, *La Chine et le Kuomintang* 评 *Tsen Tsonming*:《中国与国民党》	1930.1		*Revue critique d'histoire et de littérature*, jan. 1930, vol. 64, p. 281 载《文学历史批评》第 64 卷第 1 期,第 281 页
50	文章	*Les problèmes du Pacifique* 《太平洋问题》	1930	赛诺伯斯主编	*Quinze ans de l'histoire universelle 1914～1929* (Ed.) Ch. Seignobos, Paris: Librairie Quillet, pp. 621－646 载《1914－1929 年的世界历史》,第 621～646 页
51	翻译	Pierre Vellones (compositeur), *Chansons d'amour de la Vieille Chine* (*Op.* 29). *Poésies chinoises* (*Ve siècle A.C.*). *Traduites et adaptées par Marcel granet*, *pour piano et chant* (*Voix élevées*), 魏尔伦作曲,葛兰言选译:《中国诗歌》	1931	共四首乐谱:《溱洧》《子衿》《匏有苦叶》《蝃蝀》	Paris: Durand, 1931 巴黎 Durand 出版发行

序号	形式	主要著述	首版时间	备注	出版信息
52	词条	*Japon* “日本”	1931		Larousse du XXe siècle, vol. 4, Paris, pp. 153—155 载《20世纪拉鲁斯词典》卷5,第153～155页
53	书评	Review of *René Grousset*, *Histoire de l'Extrême-Orient* 评 René Grousset:《远东历史》	1931.12		*La Quinzaine critique des livres et des revues*, 25 déc. 1931, n°4, pp. 194—195 载《十五书评》1931年第4期,第194～195页
54	书评	Review of *Osvald Siren*, *L'Architecture, vol. 4 de L'Histoire des arts anciens de la Chine* 评 Osvald Siren:《中国古代艺术史第四卷“建筑”》	1931.2		*Journal des savants*, février 1931, pp. 91—93 载《学者报》1931年第2期,第91～93页
55	书评	Review of *Léopold de Saussure*, *Les origines de l'astronomie chinoise* 评 Léopold de Saussure:《中国天文学起源》	1931.12		*Revue critique d'histoire et de littérature*, dec. 1931, p. 64 载《文学历史批评》卷65第12期,第64页
56	书评	Review of *E. Steinilber-oberlin*, *Les sectes bouddhiques japonaises* 评 E. Steinilber-oberlin:《日本佛教教派》	1931.12		*Revue critique d'histoire et de littérature*, dec. 1931, pp. 64—65 载《文学历史批评》卷65第12期,第64～65页

序号	形式	主要著述	首版时间	备注	出版信息
57	书评	Review of *H. d'Ardenne de Tizac*, *La sculpture chinoise* 评 H. d'Ardenne de Tizac:《中国石刻》	1931.12		*Revue critique d'histoire et de littérature*, dec. 1931, p. 167 载《文学历史批评》卷 65 第 12 期,第 167 页
58	书评	Review of *Jean Rodes*, *La Chine nationaliste* 评 Jean Rodes:《民族主义的中国》	1931.12		*Revue critique d'histoire et de littérature*, dec. 1931, p. 332 载《文学历史批评》卷 65 第 12 期,第 332 页
59	文章	*Intervention au « Débat sur l'enseignement de la Sociologie »* 《社会学教学讨论之辩》	1932.6		*Bulletin de l'Institut français de Sociologie*, 2e année, fascicule 3, 18 juin 1932, pp. 98—107 载《法国社会学学院年报》第二年第 3 期,第 98～107 页
60	报告	*La droite et la gauche en Chine* 《中国人的左右观念》	1933	法兰西社会学学院讲稿	*Paris*: *Bulletin de l'institut francais de sociologie*, 3e année, fascicule 3,9 janvier 1933, pp. 87—116 载《法兰西社会学学院年报》第三年第 3 期,第 87～116 页

序号	形式	主要著述	首版时间	备注	出版信息
61	论文	*La mentalité chinoise* 《中国人的心理》	1934		*L'Évolution Humaine dès origines à nos jours* (Ed.) Lahy-Hollebecque, vol. I, Paris, pp. 371—387 “人类自古至今演进系列”卷1,第371～387页
62	著作	*La Pensée Chinoise* 《中国人的思维》	1934	拜尔(Henri Berr)作序,题为《比较心理学与中国人的心智》	Paris: La Renaissance du livre, Collection: « Bibliothèque de Synthèse Historique, L'Évolution de l'Humanité », 1934 巴黎书籍复兴出版社出版,“综合史学图书人类演进系列”,共601页
63	短章	*Préface à Chavannes* 序	1934		« Cinq cents contes et apologues », Paris: Ernest Leroux, 1910—1911, et 1934 载沙畹遗著:《五百故事和寓言》
64	报告	*Le Ciel dans la Pensée Chinoise; le Fils de ciel* 《中国思想中之天与天子》	1936		8e semaine de synthèse consacrée au « ciel dans l'Histoire et dans la Science », Conférence au Centre International de Synthèse 第八次国际综合研究所会议主题“科学和历史中的天”

序号	形式	主要著述	首版时间	备注	出版信息
65	论文	*Les Chinois et Nous-il existe une parenté profonde entre l'honnête homme de chez nous et l'honnête homme chinois* » 《中国人与我们——我们的诚实与中国人的诚实有深刻的关系》	1937	马宗融译，载《文艺后防》第二期.1938年	*Les Nouvelles Littéraires, artistiques et scientifiques*, 30 oct. 1937, n° 785, p. 1 载《科学、艺术和文学消息》第785期，第1页
65	论文	*A propos du conflit sino-japonais-les Chinois et leurs voisins* 《论中日冲突——中国人与其四邻》	1937		*Les Nouvelles Littéraires, artistiques et scientifiques*, 10 nov. 1937, n° 786, p. 8 载《科学、艺术和文学消息》第786期，第8页
67	论文	*La civilisation chinoise* 《中国人的文明》	1938		*Les cahiers rationalistes*, avril 1938, n° 67, pp. 106—121 载《理性主义文集》第67期，第106～121页
68	论文	*Confucius* 《孔夫子》	1939		*Les Grandes Figures de l'Humanité* (Ed.) S. Charléty, Paris, pp. 35—40. 载《人类伟人肖像》，第35～40页
69	论文	*Catégories matrimoniales et relations de proximité dans la Chine ancienne* 《中国古代的婚姻类别及亲属关系》	1939		Annales sociologiques, collection de l'Année sociologique, série B, 1939, Paris: Librairie Félix Alcan 《社会学年鉴辑刊》1939年第2辑(专号)，共254页

序号	形式	主要著述	首版时间	备注	出版信息
70	遗著	*La Féodalité chinoise* 《中国封建制度》	1952	据 Yves Goudineau, 1982, p. 234:该书只完成了 5 章,其余 5 章只有详细写作计划	Institut pour l'Étude Comparative des Civilisations, Oslo, 1952 奥斯陆文化比较研究学院出版,共 219 页
71	遗作	*Présentation de l'œuvre posthume de Marcel Granet* : *Le Roi boit* 《帝王饮》——石泰安整理	1952	未完成遗著,石泰安根据详细的写作计划整理而成	Annales sociologiques, collection de l'Année sociologique, 3e série: pp. 9—105, 1952 《社会学年鉴辑刊》第 3 辑,第 9～105 页

附录 3:葛兰言在巴黎高师的借书记录[①]

一、1905 学年秋季第一学期[②]

借阅日期	中文书名	作者、外文书名、出版年份	卷册数量	开本尺寸	归还日期
10.15	《日耳曼历史文献汇编》:法律系列第一卷	*Monumenta Germaniae Historica*, *Legum sectio I*, leges I	1	4	1906.4.4
10.15	《日耳曼历史文献汇编》:墨洛温时代的法律	*Monumenta Germaniae Historica*, *Leges*, *Merowingici*, vol. I	1	4	1906.4.4
10.15	马里南:《法国文明研究:墨洛温王朝时的神明崇拜》	Albert Marignan, *Études sur la civilisation française—Le culte des saints sous les Mérovingiens*, 1899	2	8	1906.4.4
10.15	魏兹:《法兰克帝国宪法》	Georg Waitz, *die verfassung* (*im*) *Fränkischen Reich*, 1882	3	8	1906.4.4

① 本借书记录由巴黎高师图书馆主任 Sandrine Iraci 女士提供。

② 法国大学一学年分为三个学期,分别由圣诞节、复活节和暑假分隔开。

借阅日期	中文书名	作者、外文书名、出版年份	卷册数量	开本尺寸	归还日期
10.15	英译《萨利克法典》[①]	*Lex Salica*, *the ten texts...*, *edited by J-H. Hessels*, *with notes on the frankish words by H. Kern*, 1880	1	4	1906.4.4
10.15	帕尔德修:《司法管理与司法机构史论:从卡佩到路易十二》	Jean Marie Pardessus, *Essai historique sur L'Organisation judiciaire et l'administration de la Justice* (*Depuis Hugues Capet jusqu'à Louis XII*), 1851	1	8	1906.3.16
10.15	冯杰林:《罗马法律精神发展的各个层面》	Rudolf von Jhering, *L'Esprit du droit romain dans les diverses phases de son développement*, *trad. fr. Octave de Meulenaere*, 1880	4	8	1906.3.26
10.15	魏奥莱:《法国法律史讲义》[②]	Paul Viollet, *Précis de l'histoire du droit fran? ais*, *accompagné de notions de droit canonique et d'indications bibliographiques*, *par Paul Viollet*,... *Sources. Droit privé*, 1884—1886	1	8	1905.11.27
10.25	古朗日:《历史问题》[③]	N. D. Fustel de Coulanges, *Questions historiques*, *revues et complétées d'après les notes de l'auteur*, *par Camille Jullian*, 1893	1	8	1906.4.4

① 《萨利克法典》由法兰克王国墨洛温王朝的创始人克洛维(约507～511)颁布,对中世纪及欧洲近代历史产生了巨大影响,如剥夺了女性的继承权。葛兰言曾分别两次借阅过法、德、英文等多个译本和注本(见1905.10.15,1905.10.25,1906.4.21)。

② 曾两次借阅:1905.10.15,1905.11.27。

③ 曾两次借阅:1905.10.25,1906.10.20。

借阅日期	中文书名	作者、外文书名、出版年份	卷册数量	开本尺寸	归还日期
10.25	古朗日:《古代法国政治制度史——第一部分:罗马帝国、日耳曼人、墨洛温王朝》①	N. D. Fustel de Coulanges, *Histoire des institutions politiques de l'ancienne France. Première partie. L'Empire romain, les Germains, la royauté mérovingienne*, 1875	1	8	1906.4.4
10.25	格拉松:《法国制度和法律史》	Ernest Désiré Glasson, *Histoire du droit et des institutions de la France*, 1887—1903	4	8	1906.3.30
10.25	帕尔德修:法译《萨利克法典》	J. M. Pardessus, *Loi salique*, 1843	1	4	1906.4.4
10.25	莫里尼埃:《法国历史文献——从最早期到1494年意大利战争》	Auguste Molinier, *Les sources de l'histoire de France (des origines aux guerres d'Italie, 1494)*, 1901—1906	1	8	1906.4.4
10.25	吕塞尔:《卡佩王朝时代的法国郡县》	D. J. Achille Luchaire, *Les communes françaises à l'époque des Capétiens directs*, 1890	1	8	1906.4.4
10.25	吕塞尔:《法国制度教程:卡佩时代》	D. J. Achille Luchaire, *Manuel des institutions françaises: période des Capétiens directs*, 1892	1	8	1906.4.4

① 曾两次借阅:1905.10.25,1906.4.21。

借阅日期	中文书名	作者、外文书名、出版年份	卷册数量	开本尺寸	归还日期
10.25	朗格洛瓦:《历史文献教程》①	Charles-Victor Langlois, *Manuel de bibliographie historique*, vol. 1, 2, 1901—1904	2	12	1906.3.30
10.25	加维:《法国法制史资料:历史文献手册》	G. Gavet, *Sources de l'histoire des institutions et du droit français: manuel de bibliographie historique*, 1899	1	12	1906.3.30
10.25	普鲁:《拉丁文和法文的古文字学教程(6至17世纪)》	Maurice Prou, *Manuel de paléographie latine et française (du VIe au XVIIe siècle)*, 1889	1	8	1906.3.16
10.25	《日耳曼历史文献汇编》:古代作家卷	*Monumenta Germaniae Historica*, *Scriptores*		4	1906.4.4
10.25	吉德:《论古代和现代法律——元老法院令中关于妇女的私人地位》	Gide Paul, *Étude sur la condition privée de la femme dans le droit ancien et moderne et en particulier sur le sénatus-consulte Velléien*, 1867	1	8	1906.4.4
10.25	莫诺:《法国史文献学》②	Gabriel Monod, *Bibliographie de l'histoire de France*, 1888	1	8	1906.3.30

① 曾两次借阅:1905.10.25,1906.6.18。

② 曾两次借阅:1905.10.25,1906.10.20。

借阅日期	中文书名	作者、外文书名、出版年份	卷册数量	开本尺寸	归还日期
10.25	弗拉什:《古代法国起源》①	Jacques Flach, *Les Origines de l'ancienne France*, vol. 1, 1884, vol. 2, 1893	2	8	1906.4.4
10.25	塔尔迪夫:《法国行政和政治制度研究》	Jules Tardif, *Études sur les institutions politiques et administratives de la France*, 1881	1	8	1906.4.4
10.25	科纳特将伯:《萨利克法典德文译注》	Clement, Knut Jungbohn, *Forschungen über das Recht der salischen Franken vor und in der Königszeit. Lex Salica undmalbergische Glossen*, 1876	1	8	1906.3.26
10.25	朗普莱西特:《中世纪初期法国经济状况研究》②	Ch. Lamprecht, *Études sur l'état économique de la France pendant la première partie du Moyen Âge, trad. par A. Marignan*, 1889	1	8	1906.4.4
10.25	基佐译:格里高《法兰克人史》	Grégoire de Tours et Frédégaire traduction de M. Guizot, *Histoire des Francs*, vol. I. II, 1874.	2	8	1906.4.4
10.25	塔尔迪夫:《13 和 14 世纪民事和刑事程序或过渡程序》	Adolphe Tardif, *la Procédure civile et criminelle aux XIIIe et XIVe siècles ou procédure de transition*, 1885	1	8	1906.3.26

① 曾两次借阅:1905.10.15,1906.10.20。
② 曾两次借阅:1905.10.15,1906.4.21

借阅日期	中文书名	作者、外文书名、出版年份	卷册数量	开本尺寸	归还日期
10.25	布塞:《法国律法机构史》	Ludovic Beauchet, *Histoire de l'organisation judiciaire En France*, 1886	1	8	1906.3.26
10.25	《巴黎高等研究院图书馆刊》①	*Bibliothèque de l'École des Hautes Études*, vol. 10—13	1	8	1906.4.4
10.25	《法国文献院图书馆刊》	*Bibliothèque de l'École des Chartes*, vol. 41	1	8	1905.11.29
10.25	佩蒂尼一杜朗:《墨洛温时代制度、法律和历史研究》	Jules de Petigny Durand, *Études sur l'histoire, les lois et les institutions de l'époque Merovingienne*, 1851	3	8	1906.4.4
11.2	勒余埃鲁:《墨洛温学派与墨洛温政府的历史、加洛林学派与加洛林政府的历史》	J. M. Lehuërou, *Histoire des institutions mérovingiennes et du gouvernement des Mérovingiens: Histoire des institutions carolingiennes et du gouvernement des Carolingiens*, vol. 1, 1843	1	8	1906.4.4
11.2	法勒伯克:《法兰克王室法律与王权》	Pontus Erland Fahlbeck, *La royauté et le droit royal francs durant la première période de l'existence du royaume* (486—614), 1883	1	8	1906.4.4

① 莫诺主编,葛兰言借阅过11卷,其中第7分册曾借阅两次。

借阅日期	中文书名	作者、外文书名、出版年份	卷册数量	开本尺寸	归还日期
11.2	开普:《帕利斯全集》	Paul-Antoine Cap, *Œuvres complètes de Bernard Palissy*, 1844	1	8	1905.11.27
11.11	《历史学刊》	*Revue historique*, 1886—III, 1887—III	2	8	1906.4.4
11.11	加利:《墨洛温时代的家族》	Charles Galy, *La famille à l'époque mérovingienne*, 1901	1	8	1906.4.4
11.13	古朗日:《历史问题新研》①	N. D. Fustel de Coulanges, *Nouvelles recherches sur quelques problèmes d'histoire*... revues et complétées d'après les notes de l'auteur, par Camille Jullian. Paris, Hachette, 1891	1	8	1906.2.23
11.13	《法国与域外法制史新刊》②	*Nouvelle revue historique de droit français et étranger*, 1882, 1891, 1897, 1898, 1899, 1900	1	8	1906.4.4
11.13	《历史问题学刊》	*Revue des question historique*, 41, 42, 43	1	8	1906.4.4
11.14	《法国政治伦理学研究院》	*Académie des sciences morales et politiques*, 1884, 1887, 1888	1	8	1905.11.27

① 曾借阅过两次:1905.11.13,1906.4.21。

② 旧称《新旧法国及域外法制学刊》(*Revue de législation ancienne et moderne, française et étrangère*),于1856年创刊,1877～1921年改名为《法国及域外法制史新刊》,关注所有从古代到现代社会的制度史和司法史问题。葛兰言十分重视该刊物,借阅过12期,其中1879、1880、1898、1899、1900期借阅过两次。

借阅日期	中文书名	作者、外文书名、出版年份	卷册数量	开本尺寸	归还日期
11.14	《学者报》①	*Journal des Savants*, 1876, 1877, 1889, 1890	2	4	1906.4.4
11.14	《历史学刊》	*Revue historique*, 1876—II, 1877—I, 1878—I	3	8	1906.3.30
11.15	勒余布:《墨洛温王朝至615年的政府和制度史》	J. M. Lehuebou, *Histoire des institutions mérovingiennes et du gouvernement des Mérovingiens, jusqu'à l'édit de 615*, 1843	1	8	1906.3.24
11.15	勒余布:《加洛林政府和制度史》	J. M. Lehuebou, *Histoire des institutions carolingiennes et du gouvernement des carolingiens*, 1842	1	8	1906.3.24
11.15	《勒余布论文集》	Thèses de J. M. Lehuebou, n°153	1	8	1906.3.16
11.15	基佐:《法国文明史(自罗马帝国衰落至1789年)》	François Guizot, *Histoire de la civilisation en France (depuis la chute de l'empire romain jusqu'en 1789)*, 1830, vol. I, II, III	3	8	1906.3.24
11.15	基佐:《现代历史进程》	François Guizot, *Cours d'histoire moderne*, 1828—1832	1	8	1906.4.4
11.15	《法国与域外法制史新刊》	*Nouvelle revue historique de droit français et étranger*, 1887	1	8	1906.4.4
11.15	萨维尼:《罗马法律史》	Friedrich Carl von Savigny, *Histoire du droit romain*, 1839, vol. I, II, III, IV	4	8	1906.3.24

① 欧洲最古老的自然学科与文学期刊(1665年创刊),葛兰言曾两次借阅了1844、1881、1889、1890年4卷,后来在该刊发表过多篇书评(见本书附录2)。

借阅日期	中文书名	作者、外文书名、出版年份	卷册数量	开本尺寸	归还日期
11.17	《通讯报》①	*Le Correspondant*, 07—11/1892, 01—03/1902	1	8	1906.3.19
11.17	《历史问题学刊》	*Revue des question historique*, 1886, vol. 40	1	8	1906.3.20
11.17	《哈维全集》	Julien Havet, *Œuvres* (1853—1893), vol. 2	1	8	1906.3.14
11.22	《学者报》	*Journal des Savants*, vol. 40	1	4	1906.3.29
11.27	《法国与域外法制史新刊》	*Nouvelle revue historique de droit français et étranger*, 1879, 1888	2	8	1906.3.27
11.27	《法国政治伦理学研究院》	*Académie des sciences morales et politiques*, 1879, II	1	8	1906.3.30
11.27	莫姆森:《罗马史》	Theodor Mommsen, *Römische Geschichte*, 1854—1880	1	8	1906.3.26
11.27	莫姆森:《论文明民族的古代刑法》	Theodor Mommsen, *Zum Ältesten Strafrecht der Kulturvölker*, 1905	1	8	1906.3.26

① 1843年创刊,涵盖了宗教、考据、历史、政治、自然科学、社会经济、文学、艺术、游记等各个方面。葛兰言曾两次借阅了1892(7～11)卷。

借阅日期	中文书名	作者、外文书名、出版年份	卷册数量	开本尺寸	归还日期
11.27	魏奥莱:《法国法律史讲义》	Paul Viollet, *Précis de l'histoire du Droit Français, accompagné de notions de droit canonique et d'indications bibliographiques, par Paul Viollet,... Sources. Droit privé*, 1884—1886	1	8	1906.4.4
11.28	帕德莱缇:《意大利中世纪的法律渊源》①	Guido Padelletti, *Fontes juris italici medii aevi*, 1877	1	8	1906.4.4
11.28	德罗兹尔:《五至十世纪法兰克王国的官文集》	Eugène de Rozière, *Recueil général des formules usitées dans l'empire des Francs du Ve au Xe siècle*, 1859—1871	3	8	1906.4.4
11.28	达夫—奥格鲁:《古日耳曼人的法制史》	Garabed Artin Davoud-Oghlou, *Histoire de la législation des anciens Germains*, 1845			1906.4.4
11.28	《法国文献院图书馆刊》	*Bibliothèque de l'École des Chartes*, vol. 18, 1852	1	8	1906.3.27
11.28	《学者报》	*Journal des Savants*, 1843, 1844	2	4	1906.3.30
11.29	《学者报》	*Journal des Savants*, 1881, 1882, 1884, 1885, 1894	5	4	1906.3.24
11.29	《立法与判例学刊》②	*Revue de législation et de jurisprudence*, 1870, 1876	2	8	1906.4.4

① 曾借阅两次:1905.11.28,1906.4.27。

② 《立法与判例学刊》(*Revue de législation et de jurisprudence*)1834 年创刊,1854 年改名为《立法与判例批评》(*Revue critique de législation et de jurisprudence*)。

借阅日期	中文书名	作者、外文书名、出版年份	卷册数量	开本尺寸	归还日期
11.29	《法国与域外法制史新刊》	*Nouvelle revue historique de droit français et étranger*, 1880, 1890	1	8	1906.4.4
11.29	《两个世界:惯俗、行政与政治文集》①	*Revue des 2 mondes: recueil de la politique, de l'administration et des mœurs*, 04, 06/1885	2	8	1906.3.5
11.29	《富瓦德罗论文集》	*Froideraux, thèses*, n°826	1	8	1906.3.20
12.1	《比较司法和国际法学刊》	*Revue du droit international et de la législation comparée*, 1889	1	8	1906.3.30
12.1	《文学历史批评》②	*Revue critique d'histoire et de littérature*, 1877, vol. 21, 22	2	8	1906.3.20
12.1	《学者报》	*Journal des Savants*, 1889	1	4	1906.4.4
12.1	《巴黎高等研究院图书馆刊》	*Bibliothèque de l'École des Hautes Études*, vol. 7—9	1	8	1906.3.20
12.2	《学者报》	*Journal des Savants*, 1844	1	4	1906.3.24

① 创刊于1829年，是法国最古老的在刊杂志，旨在对法国与域外世界的社会制度进行批判性比较。

② 同时拥有《历史学刊》《哲学学刊》的出版商拉鲁(Ernest Leroux)买下了《文学历史批评》，1873年莫诺成为新编委(参见 Ursula Bähler, *Gaston Paris et la philologie romane*, Genève: Droz, 2004, p. 121以下)。葛兰言借阅了该刊物1877年的两卷，后来在该刊发表过多篇书评(见本书附录2)。

借阅日期	中文书名	作者、外文书名、出版年份	卷册数量	开本尺寸	归还日期
12.5	古朗日:《历史问题研究》	N. D. Fustel de Coulanges: *Recherches sur quelques problèmes d'histoire*, 1885	1	8	1906.4.4
12.15	《马里休斯的编年史》	*La Chronique de Marius d'Averiches*, ed. Arudt	1	8	1906.3.20
12.15	《日耳曼历史文献汇编》:法律之法兰克王国第一卷	*Monumenta Germaniae Historica*, Capitularia regum Francorum, vol. I	1	4	1906.4.4
12.15	《日耳曼历史文献汇编》:法律之墨洛温与加洛林王朝官文卷	*Monumenta Germaniae Historica*, *Formulae Merowingici et Karolini aevi*, vol. I	1	4	1906.4.18

二、1906学年冬季第二学期

借阅日期	中文书名	作者、外文书名、出版年份	卷册数量	开本尺寸	归还日期
1.16	《日耳曼历史文献汇编》:古代作家之上古作家第四卷	*Monumenta Germaniae Historica*, *Auctores antiquissimi*, *sous la dir. de Theodor Mommsen*, vol. Ⅳ	1	4	1906.4.4

借阅日期	中文书名	作者、外文书名、出版年份	卷册数量	开本尺寸	归还日期
1.26	《日耳曼历史文献汇编》:法律之议会卷	*Monumenta Germaniae Historica*, *Leges*, *Concilia*, vol. I	1	4	1906.4.18
1.31	塔西陀:《德国人或德国的起源和国家》	Tacite, *La Germanie ou l'origine et le Pays des Germains* (*en latin De Origine et Situ Germanorum*)	1	8	1906.3.30
2.9	《巴黎高等研究院图书馆刊》	*Bibliothèque de l'École des Hautes Études*, 103	1	8	1906.3.16
2.19	《巴黎高等研究院图书馆刊》第 103 卷	*Bibliothèque de l'École des Hautes Études*, fascicule 103	1	8	1906.3.16
2.19	《巴黎高等研究院图书馆刊》第 60 卷	*Bibliothèque de l'École des Hautes Études*, fascicule 60	1	8	1906.3.16
2.19	《巴黎高等研究院图书馆刊》第 69 卷:莫诺《"纪事体"的编纂》	Fascicule 69, *La compilation dite de «Fredegaire»*, par M. G. Monod	1	8	1906.4.4
2.19	《巴黎高等研究院图书馆刊》第 119 卷:莫诺:《加洛林王朝历史的文献批评》	Fascicule 119, *Études critiques sur les sources de l'histoire Carolingienne*, par M. G. Monod	1	8	1906.3.27

借阅日期	中文书名	作者、外文书名、出版年份	卷册数量	开本尺寸	归还日期
2.20	《布莱论文集》	*M. BOURRET*, *thèses*, n° 782	1	8	1906.3.5
2.20	《宗教史学刊》	*Revue d'histoire des religions*, 1896	1	8	1906.3.30

三、1906 年春季第三学期

借阅日期	中文书名	作者、外文书名、出版年份	卷册数量	开本尺寸	归还日期
4.21	《法国与域外法制史新刊》	*Nouvelle revue historique de droit français et étranger*, 1879, 1880, 1898, 1899	4	8	1906.6.23
4.21	古朗日:《古代法国政治制度史——第一部分:罗马帝国、日耳曼人、墨洛温王朝》	N. D. Fustel de Coulanges, *Histoire des institutions politiques de l'ancienne France. Première partie. L'Empire romain, les Germains, la royauté mérovingienne*, 1875	1	8	1906. 6.23
4.21	古朗日:《历史问题新研》	N. D. Fustel de Coulanges, *Nouvelles recherches sur quelques problèmes d'histoire*... revues et complétées d'après les notes de l'auteur, par Camille Jullian. Paris, Hachette, 1891	1	8	1906. 6.23

借阅日期	中文书名	作者、外文书名、出版年份	卷册数量	开本尺寸	归还日期
4.21	朗普莱西特:《中世纪初法国经济状况研究》	Ch. Lamprecht, *Études sur l'état écoromique de la France pendant la première partie du Moyen Äge*, *trad. par A. Marignan*, 1889	1	8	1906. 6.23
4.21	《日耳曼历史文献汇编》:古代作家之墨洛温时代的作家第一卷	*Monumenta Germaniae Historica*, *Scriptores rerum Merovingicarum*, vol. I	1	4	1906. 6.23
4.21	帕尔德修:法译《萨利克法典》	J. M. Pardessus, *Loi salique*, 1843	1	4	1906. 6.23
4.21	英译《萨利克法典》	*Lex Salica*, *the ten texts...*, *edited by J-H. Hessels*, *with notes on the frankish words by H. Kern*, 1880	1	4	1906. 6.23
4.21	德译《萨利克法典》	Heinrich Geffcken, *Lex Salica*, 1898	1	8	1906. 6.23
4.21	《巴黎高等研究院图书馆刊》第10～13卷	*Bibliothèque de l'École des Hautes Études*, fascicule 10—13	1	8	1906. 6.23
4.21	魏兹:《法兰克宪法》	Georg Waitz, *Die verfassung des Fränkischen*, *Reich*, vol. Ⅰ, Ⅱ, Ⅲ, 1882	3	8	1906. 6.23
4.21	《日耳曼历史文献汇编》:法律系列第一卷	*Monumenta Germaniae historica*. *Legum sectio I*, leges I	1	4	1906. 6.23

借阅日期	中文书名	作者、外文书名、出版年份	卷册数量	开本尺寸	归还日期
4.21	《日耳曼历史文献汇编》:法兰克王国律法第一卷	*Monumenta Germaniae historica. sectio II: Capitularia regum Francorum*, vol. I	1	4	1906. 6.23
4.27	《历史学刊》	*Revue historique*, 1886—II	1	8	1906. 6.23
4.27	布鲁纳:《德国法律史》	Heinrich Brunner, *Deutsche Rechtsgeschichte*, 1887	2	8	1906.7.17
4.27	帕尔德修:《外交法令,报文,信件,法律等高卢—法兰克文件》	Pardessus, J., *Diplomata, chartae, epistolae, leges, aliaque instrumenta ad res Gallo-Francicas spectantia*, vol. 2, 1849	1	8	1906. 6.23
4.27	基佐译:格里高《法兰克史》	Grégoire de Tourset Frédégaire, *Histoire des Francs*, Traduction de M. Guizot, vol. 1, 2, 1823	2	8	1906. 6.23
4.27	贝蒂尼:《墨洛温时代的制度、法律与历史研究》	M. J. de Pétigny, *Études sur l'histoire, les lois et les institutions de l'époque mérovingienne*, vol. 3, 1846	1	8	1906.6.19
4.27	帕德莱缇:《意大利中世纪的法律渊源》	Guido Padelletti, *Fontes juris italici medii aevi*, 1877	1	8	1906. 6.23
4.27	《历史问题学刊》	*Revue des question historique*, 1887, vol. 41	1	8	1906. 6.23
5.23	《法国地理指南》	*Guide géographique de France*	1	8	1906. 6.23
5.25	《历史学刊》	*Revue historique*, 1901—1, 2	2	8	1906. 6.23

借阅日期	中文书名	作者、外文书名、出版年份	卷册数量	开本尺寸	归还日期
5.26	《拿破仑一世书信》	*Correspondance de Napoléon* Ier, 1858－1869, vol. 7, 8, 9	3	8	1906. 6.23
5.26	《拿破仑一世署名的最后一批信件》	Léonce de Brotonne, *Dernières lettres inédites de Napoléon Ier*, 1903	1	4	1906. 6.23
5.28	《德米利托公爵历史回忆录》	MIOT DE MELITO (Comte), *Histoire*; *Mémoires du comte Miot de Melito*, vol. 1, 2, 3, 1873－1874	3	8	1906. 6.23
5.28	《德雷姆沙夫人回忆录》	*Mémoires de madame de Rémusat*, vol. 1, 1802－1808	1	12	1906. 6.23
5.28	《塔勒朗王子回忆录》	*Mémoires du prince de Talleyrand*, vol. 1	1	8	1906. 6.23
5.29	梯也尔:《执政府和帝国史》①	Adolphe Thiers, *Histoire du Consulat et de l'Empire*, vol. 3, 4, 1845－1862	2	8	1906. 6.23
5.29	《执政官回忆录》	Mémoires sur le Consulat, 1799 à 1804	1	8	1906. 6.23
5.29	勒斐伏尔:《从雾月帝国和领事到帝国成立期间的欧洲内阁史:基于1800～1815年的外交史料》	Armand Lefebvre, *Histoire des cabinets de l'Europe pendant le Consulat et l'empire vol.* 1, *Du* 18 *brumaire jusqu'à l'établissement de l'empire: écrite avec les documents réunis aux archives des affaires étrangères 1800 — 1815*, 1845	2	8	1906. 6.23

① 法国政治家、历史学家阿道夫一梯也尔("梯也尔基金会"的发起者便是其遗孀),退出政界专心著撰三年而写成《执政府和帝国史》20卷,过程中查遍外交文件、阅读重要人物的自传、回忆录,广泛利用拿破仑的书信和命令。因此,葛兰言1905年5月在借阅该书时,曾经同时阅览了多部拿破仑书信、名人回忆录及外交记录(见1906.5.26～1906.5.29)。

借阅日期	中文书名	作者、外文书名、出版年份	卷册数量	开本尺寸	归还日期
5.29	《总理帕斯奎尔的回忆录》	*Mémoires du chancelier Pasquier: histoire de mon temps*, 1893—1895	1	8	1906. 6.23
5.29	《议会档案》之 1789 年国家法庭记录	*Archives parlementaires*, vol. V, 1, 2, 1789	2	4	1906. 6.23
5.29	福尔尼:《拿破仑一世通信批评》	August Fournier, *Zur Textkritik der Korrespondenz Napoleons I. Gerold in Komm*, *Wien*, 1903	1	8	1906. 6.23
6.30	《历史学刊》	*Revue historique*, 1881—I, 1884—I	2	8	1906. 6.23
6.30	克莱尔克:《法国条约集》	M. Jules de Clerq, *Recueil des traités de la France*, vol. 1, 1880—1917	1	8	1906. 6.23
6.18	朗格诺瓦:《历史文献教程》	Charles-Victor Langlois, *Manuel de bibliographie historique*, vol. 1, 2, 1901—1904	2	12	1906. 6.29

借阅日期	中文书名	作者、外文书名、出版年份	卷册数量	开本尺寸	归还日期
6.25	巴尔扎克[1]:《猫打球商店》《塞拉菲塔》	*La Maison du chat-qui-pelote*, *Séraphîta*	2	12	1906. 6.29
6.25	巴尔扎克:《两个新嫁娘》	*Mémoires de deux jeunes mariées*	1	12	1906. 6.29
6.27	巴尔扎克:《驴皮记》《玄妙的杰作》	*La Peau de chagrin*, *Le Chef-d'œuvre inconnu*	2	12	1906.6.30
6.30	巴尔扎克:《入世之初》《单身汉》	*Un début dans la vie*, *les célibataires*	2	12	1906.7.4
6.30	巴尔扎克:《老处女》	*La vielle fille*	1	12	1906.7.4
7.4	巴尔扎克:《假情妇》《夫妻生活的烦恼》	*La fausse maîtresse*, *Petites misères de la vie conjugale*	2	12	1906.7.6
7.4	巴尔扎克:《结婚契约》《一件黑暗事件》	*Le Contrat de mariage*, *Une ténébreuse affaire*	2	12	1906.7.6

① 1906 年暑假(6.25～7.13),葛兰言几乎借阅了巴尔扎克的全部小说,不知道是否源于老师的推荐,但是巴尔扎克的文学中确实体现了史学与社会学的良好结合,正如法国现当代史学家舍瓦利埃所指出,巴尔扎克的小说与历史学和社会学联系密切,甚至《人间喜剧》就是一部历史素材(Louis Chevalier, «"La comédie humaine": document d'histoire? », *Revue historique*, 232 (1) (1964), pp. 27—48)。

借阅日期	中文书名	作者、外文书名、出版年份	卷册数量	开本尺寸	归还日期
7.6	巴尔扎克:《莫黛斯特.米尼翁》《贝阿特丽克丝》《公务员》	*Modeste mignon*, *Béatrix*, *Les Employés*	3	12	1906.7.13
7.6	巴尔扎克:《十三人故事》《塞沙·皮罗多兴衰记》	*Histoires des treize*, *César Birotteau*	2	12	1906.7.13
7.13	巴尔扎克:《娼妓的奢华与穷困》《夏娃的女儿》	*Splendeurs et misères des courtisanes*, *Une fille d'Ève*	3	12	1906.7.17
7.13	巴尔扎克:《乡村医生》《路易·朗贝尔》	*Le médecin de campagne*, *Louis Lambert*	2	12	1906.7.17
7.13	巴尔扎克:《大名鼎鼎的戈迪萨尔》	*L'Illustre Gaudissart*	1	12	1906.7.17

四、1906 年秋季第四学期

借阅日期	中文书名	作者、外文书名、出版年份	卷册数量	开本尺寸	归还日期
10.15	德拉诺伊:《土地的形态》	Gaston Ovide de La NOË, Emmanuel Margerie, *Les formes du terrain*, 1888	1	4	1907.3.23
10.15	施姆培:《生理植物地理学》	A. F. W. Schimper, *Pflanzen-geographie auf physiologischer Grundlage*, 1898	1	8	1907.3.23
10.15	德鲁德:《植物地理学教程》	Oscar Drude: *Manuel de géographie botanique*, 1897	1	8	1907.3.23
10.15	《法国地理指南》	*Guide géographique de France*	1	8	1907.3.23
10.15	《地理年鉴》①	*Annales de géographie*, 1896, 1898, 1903	3	8	1907.3.23
10.15	《巴黎学刊》	*Revue de Paris*, 1905—II	1	8	1907.3.12
10.15	《通讯报》	*Le Correspondant*, 07—11/1892	1	8	1906.11.30

① 1891 年由白兰什(Vidal de la Blache, 1845～1918)创刊。白兰什重视小区域社会研究,建立了与孟德斯鸠等人主张的"环境气候决定论"完全不同的可能论学派,认为自然环境提供了可能性的范围,而人类按照需要和愿望凭借自身能力来作用于这种可能性,强调人的主观能动性。葛兰言于 1906 年秋季学期开始关注地理学和植物学,应该与准备教师资格考试的课程有关,因为历史与地理教师资格于 1831 年创建一直到 1944 年都未分开。(参见: George Pierre, « Vincent Berdculay, "La formation de l'école française de géographie, 1870—1914"», *Annales de Géographie*, 1981, vol. 90, n°502, pp. 734—737)

借阅日期	中文书名	作者、外文书名、出版年份	卷册数量	开本尺寸	归还日期
10.20	《法国与域外法制史新刊》	*Nouvelle revue historique de droit français et étranger*, 1900	1	8	1906.11.28
10.20	布仕一勒克莱尔克:《希腊天文学》	Auguste Bouché-Leclercq, *L'Astrologie grecque*, 1899	1	8	1906.11.28
10.20	莫诺:《法国史文献学》	Gabriel Monod, *Bibliographie de l'histoire de France*, 1888	1	8	1907.3.23
10.20	弗拉什:《古代法国起源》	Jacques Flach, *Les origines de l'ancienne France*, vol. 1, 1884, vol. 2, 1893	2	8	1907.3.23
10.20	古朗日:《历史问题》	N. D. Fustel de Coulanges, *Questions historiques, revues et complétées d'après les notes de l'auteur, par Camille Jullian*, 1893	1	8	1907.3.11
10.20	吕塞尔:《卡佩王朝时期的法国君主专制史》	D. A. Luchaire, *Histoire des institutions monarchiques de la France sous les premiers Capétiens (987—1180)*, 1883	1	8	1907.3.23
10.20	吉温:《宗教史导论》	Frank Byron Jevons, *An Introduction to the History of Religion*, 1896	1	8	1907.3.5

借阅日期	中文书名	作者、外文书名、出版年份	卷册数量	开本尺寸	归还日期
10.20	布仕—勒克莱尔克:《上古占卜史》	Auguste Bouché-Leclercq: *Histoire de la divination dans l'antiquité*, vol. 1, 2, 3, 1879—1882	3	8	1906.11.28
10.20	布洛希:《希腊历史》第三卷:亚里士多德以前及亚洲的征服	Karl Julius Beloch, *Griechische geschichte*, vol. 3. Bd. Bis auf Aristotles und die Eroberung Asiens, 1893	2	8	1907.3.23
10.20	莫姆森:《罗马刑法》	Theodor Mommsen, *La droit pénal romain*, vol. 1	1	8	1907.3.23
10.20	《马里窦论文集》	Maritaux, thèses, n°1153	1	8	1907.3.11
10.20	《希腊神话的闪米特人影响》	Robert Brown, *Semitic Influence in Hellenic Mythology*, 1898	1	8	1907.3.5
10.20	曼恩:《中世纪早期的神甫生活》	Horace K. Mann, *the lives of the popes in the early middle ages*, 1906	2	8	1907.3.23
10.20	亚当、斯蒂芬:《英国制度史文献选》	George B. Adams, H. Morse Stephens, *Select documents of English constitutional history*, 190[illegible]	1	8	1907.3.23
10.20	格林:《英国人民史》(法译本)	John Richard Green, *Histoire du peuple anglais*, 1880	1	8	1907.3.23

借阅日期	中文书名	作者、外文书名、出版年份	卷册数量	开本尺寸	归还日期
10.20	格拉松:《从最早时代至今的英格兰律法、民事和政治制度史——与法国制度和法律相较》	Ernest Désiré Glasson: *Histoire du droit et des institutions politiques, civiles et judiciaires de l'Angleterre, comparés au droit et aux institutions de la France, depuis leur origine jusqu'à nos jours*, vol. 5, 6, 1882—1883	2	8	1907.3.23
10.29	《宗教史学刊》	*Revue d'histoire des religions*, 1880, 1882, 1890	3	8	1906.11.28
10.30	韦布莱:《希腊研究伴侣》	Leonard Whibley, A *Companion to Greek Studies*, 1901	1	8	1907.3.5
10.30	《神话与古希腊雅典的古迹:作为鲍桑尼亚的"阿提卡"的部分翻译》	Harrison, Jane Ellen, *Mythology & monuments of ancient Athens: being a translation of a portion of the 'Attica'*, 1890	1	8	1907.3.23
10.30	《克莱尔克论文集》	Clerc, thèses, n° 853	1	8	1907.3.5
10.30	蒙森:《雅典城市的节日》	August Mommsen: *Feste der Stadt Athen im Alterthum*, 1898	1	8	1907.3.23
10.30	《宗教史学刊》	*Revue d'histoire des religions*, 1902, 1903	2	8	1906.11.28
10.30	《古罗马的私人崇拜》	Attilio De Marchi, *Il culto privato di Roma antica*, 1896	2	8	1907.3.5

借阅日期	中文书名	作者、外文书名、出版年份	卷册数量	开本尺寸	归还日期
10.30	《法国铭文和美文学院刊》	*Académie des Inscriptions et Belles-Lettres*, vol. X, 1; XXXV, 2	2	4	1906. 11.26
10.31	《法国铭文和美文学院刊》	*Académie des Inscriptions et Belles-Lettres*, vol. X, 2	1	4	1906. 11.26
10.31	《学者报》	*Journal des Savants*, 1874	1	4	1906. 11.26
11.3	《法国与域外法制史新刊》	*Nouvelle revue historique de droit français et étranger*, 1870	1	8	1907.3.1
11.3	儒班维尔:《欧洲原始居民》	Marie-Henri d'Arbois de Jubainville: *Les Premiers Habitants d'Europe*, vol. 1, 2, 1877	2	8	1907.3.11
11.3	顾尔、科奈:《古代生活——希腊和罗马考古学教程》	E. Guhl et W. Koner, *La vie antique, manuel d'archéologie grecque et romaine, traduit par F. Trawinski*, 1902	1	8	1907.3.23
11.3	儒勒:《从荷马到埃斯库罗斯看希腊的宗教感情》	Girard Jules, *Le sentiment religieux en grece d'homère à eschyle*, 1869	1	12	1907.3.23

借阅日期	中文书名	作者、外文书名、出版年份	卷册数量	开本尺寸	归还日期
11.3	坎贝尔:《希腊文学中的宗教》	Lewis Campbell, *Religion in Greek Literature*, 1898	1	8	1907.3.11
11.3	《学者报》	*Journal des Savants*, 1881, 1890, 1895, 1899, 1904	5	4	1906. 11.26
11.6	《历史问题学刊》	*Revue des question historique*, vol. 7, 8, 15	3	8	1907.3.11
11.7	《两个世界:惯俗、行政与政治文集》	*Revue des 2 mondes: recueil de la politique, de l'administration et des mœurs*, 1899	1	8	1907.3.11
11.10	《法提尔论文集》	Fattier, thèse, n°673	1	8	1906.11.28
11.10	古朗日:《古代城邦》	N. D. Fustel de Coulanges, *La Cité antique*, Paris, Durand, 1864	1	8	1907.3.23
11.12	《巴黎高等研究院图书馆刊》	*Bibliothèque de l'École des Hautes Études*, vol. 7	1	8	1906.12.4
11.17	《雅典学校和罗马学校图书馆刊》	*Bibliothèque des Écoles d'Athènes et de Rome*, fascicule 23, 26, 28, 37	4	8	1907.3.23
11.20	《巴黎高等研究院图书馆刊》	*Bibliothèque de l'École des Hautes Études*, fascicule 99	1	8	1907.3.23

借阅日期	中文书名	作者、外文书名、出版年份	卷册数量	开本尺寸	归还日期
11.21	龙尼翁:《从凯撒至今的法国历史地图集——以图说史》	Auguste Longnon, *Atlas historique de la France depuis César jusqu'à nos jours. Texte explicatif des planches*, 1907	1	4	1906.11.28
12.4	《弗吉尔论文集》	Fougerès, thèses, n°972	1	8	1907.3.4
12.5	普弗尔:《雅典的神圣仪式》	Ernst Pfuhl, *De Atheniensium pompis sacris*, 1900	1	8	1907.3.11
12.5	魏劳埃:《古代雅典的雅典娜女神节研究》	Albert Wellauer, *Étude sur la fête des Panathénées dans l'ancienne Athènes*, 1899	1	8	1907.3.11
12.19	谬恩兹:《文艺复兴期间的艺术史》	Eugène Müntz, *Histoire de l'art pendant la Renaissance*, vol. 1, 2, 1888—1894	2	4	1907.3.23
12.19	泰纳:《意大利之旅》卷二:从阿西西到佛罗伦萨	Hippolyte Taine, Voyage en Italie, vol. Ⅱ (D'Assise à Florence), 1866	1	8	1907.3.23
12.19	费列罗:《罗马的强盛与衰落》	G. Ferrero, *Grandezza e decadenza di Roma*, vol. IV, 1901—1907	1	12	1907.3.23

五、1907 年冬季第五学期

借阅日期	中文书名	作者、外文书名、出版年份	卷册数量	开本尺寸	归还日期
1.14	伯金一阿尔伯姆:《意大利雕塑家》	Charles C. Perkins Album, *Les sculpteurs italiens*, 1869	1	4	1907.3.11

六、1907 年春季第六学期

借阅日期	中文书名	作者、外文书名、出版年份	卷册数量	开本尺寸	归还日期
4.8	罗宾:《地球》	Auguste ROBIN, *la Terre*, 1902	1	12	1907. 8.16
4.8	蒙索:《亚历山大以前的希腊》	Paul Monceaux, La Grèce avant Alexandre, 1892	1	8	1907.8.16
4.8	夏克伯格:《奥古斯都:罗马帝国的创始人的生平和时代》	E. S. Shuckburgh, *Augustus: The Life and Times of the Founder of the Roman Empire*, 1896	1	8	1907. 7.10

借阅日期	中文书名	作者、外文书名、出版年份	卷册数量	开本尺寸	归还日期
4.8	丹森:《北美》	Danson, *North america*	1	8	1907.7.30
4.8	《地理年鉴》	*Annales de géographie*, 1904, 1905	2	8	1907.8.12
4.8	《地理年鉴》	*Annales de géographie*, 1897, 1898	2	8	1907.8.16
4.9	德尼克:《人类民族与种族》	Joseph Deniker, *Les races et les peuples de la terre*, 1900	1	12	1907.8.16
4.9	彼得曼:《彼得曼的地理传播》	August Petermann, *Petermanns Geographische Mitteilungen*, 1861	2	4	1907.7.10
4.9	埃尔:《瑞士的原始森里植物》	Oswald Heer, *Flora fossilis Helvetiae: aie vorweltliche Flora der Schweiz*, 1877	1	8	1907.8.16
4.10	哈里森:《古希腊的宗教》	Jane Ellen Harrison, *The Religion of ancient Greece*, 1905	1	12	1907.7.10
4.10	谬恩兹:《文艺复兴时期的先驱》	Eugène Müntz, *Les précurseurs de la Renaissance*, 1881	1	4	1907.8.17
4.16	《罗马城的历史》	*Gregororum, storia della citta di roma*, vol. 7—8	2	12	1907.7.10
4.24	《两个世界:惯俗、行政与政治文集》	*Revue des 2 mondes: recueil de la politique, de l'administration et des mœurs*, 1874—4; 1875—1; 1880—5; 1881—6; 1887—4 et 5; 1890—6; 1891—1	3	8	1907.8.16

借阅日期	中文书名	作者、外文书名、出版年份	卷册数量	开本尺寸	归还日期
5.1	《两个世界：惯俗、行政与政治文集》	*Revue des 2 mondes: recueil de la politique, de l'administration et des mœurs*, 1906, 6	1	8	1907.7.29
6.3	吉洛:《上古经济学》	Paul Guiraud, *Études économiques sur l'antiquité*, 1905	1	12	1907.8.16
6.3	笛埃尔:《希腊的考古之旅》	Charles Diehl, *Excursions archéologiques en Grèce*, 1908	1	12	1907.8.9
7.10	《福楼拜通信集》	*Correspondance de Flaubert*	1	12	1907.8.10
7.10	《迈耶短篇小说》	Conrad Ferdinand Meyer, *Novellen*	1	12	1907.7.30

主要参考文献[①]

外文参考文献

Annalesde l'Université de Paris, publiées par la Société des amis de l'Université, 1928, 1932.

Annales sociologiques, collection de l'Année sociologique, Paris: Félix Alcan, 1939, 1952.

Année sociologique, vol. I (1896—1897), vol. II (1897—1898), vol. IX (1904—1905), Nouvelle série, Paris: Félix Alcan.

Annuaire de l'École pratique des Hautes études, *Section des Sciences religieuses*. *Religions de l'Extrême-Orient*. 1913—1926.

Annuaire-Bulletin de la Société de l'histoire de France, vol. 60, n°1,1923.

Annuaires du Collège de France, « Résumés des cours d'Édouard Chavannes de 1908 à 1911 ».

Antoine Meillet, « Comment Les Mots Changent De Sens », *Année sociologique*, vol. IX(1904—1905), pp. 1—38.

Baron de Reinsberg-Düringsfeld, *Traditions et légendes de la Belgique. vol. 1. Descriptions des fêtes religieuses et civiles*, *usages*, *croyances et pratiques populaires des Belges anciens et modernes*, Bruxelles: Ferdinand Claassen, Libraire-Éditeur, 1870.

Bernhard Karlgren, « Review of Marcel Granet, Danses et légendes

① 部分参考文献见本书附录2。

de la Chine ancienne», *Litteris*, 1926(2).

Cécilia Benevides Dos Santos, *Sur le structuralisme de Marcel Granet et quelques conséquences*, thèse de l'Université de Caen Normantdie, 2010.

Célestin Bouglé, *Bilan de la sociologie française contemporaine*, Paris: Félix Alcan, 1935.

Célestin Bouglé, *Les sciences sociales en Allemagne*, Paris: Alcan, 1896.

Charles Bémont, « Gabriel Monod », *École pratique des hautes études*, *Section des sciences historiques et philologiques. Annuaire 1912—1913.*

C. Delacroix, F. Dosse et P. Garcia, *Les courants historiques en France: XIXe—XXe siècle*, Paris: Armand Collin, 1999.

Claude Lévi-Strauss, *Les structures élémentaires de la parenté*, Paris, La Haye: Mouton et Maison des sciences de l'Homme, 1967.

Comptes rendus des séances de l'Académie des Inscriptions et Belles-Lettres, 64e *année*, n°2, 1920.

Comptes rendus des séances de l'Académie des Inscriptions et Belles-Lettres, 70e *année*, n°2, 1926.

David L. Sills (Ed.), *International Encyclopedia Social Sciences*, vol. 6, New York: The Macmillan Company& The Free Press, 1968.

Dossier aux Archives nationales, cote 61/AJ/17; 61/AJ/18; cote 61/AJ/83; cote 61/AJ/170; cote 61/AJ/176; cote 61/AJ/166; cote 61/AJ/166; cote 61/AJ/233; cote AJ/16/2902; cote AJ/16/869—875; cote F/17/17272.

Édouard Chavannes, « Du rôle social de la littérature chinoise », *La Revue politique et littéraire*, vol. 52, 1893.

Édouard Chavannes, *Les mémoires historiques de Se-ma-Ts'ien*, Paris, 1895—1967.

Édouard Chavannes, *T'ai chan: Essai de monographie d'un Culte chinois*, Paris: Ernest Leroux, 1910.

Édouard Mestre, « Marcel Granet (1884—1940)», *École pratique des hautes études*, *Section des sciences religieuses*. *Annuaire 1940—1941 et 1941—1942*, *1939*.

Émile Durkheim, « La contribution de Montesquieu *à* la constitution de la science sociale », thèse originalement publiée imprimée *à* Bordeaux en 1892 et publiée en français en 1937 dans la *Revue d'Histoire politique et constitutionnelle*, juillet—septembre 1937.

Émile Durkheim, « Origine du mariage dans l'espèce humaine d'après Westermarck », *Revue philosophique*, vol. 40, 1895, pp. 606—623.

Émile Durkheim, « De la définition des phénomènes religieux », *Année sociologique*, vol. II (1897—1898), pp. 1—28.

Émile Durkheim, « Sur le totémisme », *Année sociologique*, vol. V (1900—1901), pp. 82—121.

Fondation Thiers, *Rapport Année 1908—1911*, *Annuaire 1909—1911*, Issoudun: Imprimerie Gaignault.

François Héran, « L'Institution démotivée. De Fustel de Coulanges *à* Durkheim et au-del*à* », *Revue française de sociologie*, 1987, 28—1, pp. 67—97.

François Pouillon (Ed.), *Dictionnaire des orientalistes de langue française*, éditions IISMM-Karthala, 2008.

Frédéric Oruse, « Nécrologie: Christian Pfister », *Bulletin de la Société de l'histoire du protestantisme français*, Société de l'histoire du protestantisme français (Ed.), 1933.

Gabriel Monod, « Du progrès des Études historiques en France depuis le XVIe siècle », *Revue historique*, n°1, 1876.

Georges Dumézil, *Préface à La Religion des Chinois*, Paris: Albin Michel, 1989.

Gilles Candar, M. Reberioux, *Jaurès et les Intellectuels*, Paris: Les Éditions de l'Atelier /Éditions Ouvrières, 1994.

Giuliana Gemelli, « Communauté intellectuelle et Stratégies institutionnelles; Henri Berr et la Fondation du Centre international de synthèse », *Revue de synthèse*, IVe série, n° 2, avril—juin 1987.

Henri Hubert, Marcel Mauss, *Essai sur la nature et la fonction du sacrifice*, Réédition, Paris: PUF, 2016.

J. J. M. de Groot, *Les fêtes annuellement célébrées à Émoui (Amoy) -Étude concernant la religion populaire des Chinois*, traduite par C. G. Chavannes, Paris, Ernest Leroux, 1886.

J. J. M. de Groot, *The Religious system of China*, Leyden: E. J. Brill, 1892—1910.

Jane Ellen Harrison, *The Religion of ancient Greece*, London: Constable, 1905.

Jean-Christophe Marcel, *Le durkheimisme dans l'entre-deux-guerres*, Paris, PUF, 2001.

Jean-Pierre Vernant, « Mauss, Meyerson, Granet et Gernet », *Sociologie et sociétés*, vol. 36, n° 2, automne 2004, pp. 27—31.

Kenneth Thompson, *Émile Durkheim*, London and New York: Routledge, 2002.

« LA MUTINERIE DU 29 FÉVRIER 1912 A PÉKIN vue par Marcel Granet, Introduction et notes de Marianne Bastid », *Études chinoises*, vol. VI, n° 1 (1987), pp. 94—123.

Léon Wieger, *Folk-lore Chinois Moderne*, Hien hien: Imprimerie de la mission catholique, 1909.

Léon Wieger, *Histoire des croyances religieuses et des opinions philosophiques en Chine depuis l'origine jusqu'à nos jours*, Hien hien: Imprimerie de la mission catholique, 1917.

Lettres entre M. Granet et H. Berr, 3 janvier 1920, 19 juin (sans date: 1922 ou 1923), 15 juin 1924, sans date, 1925, 25 juillet 1927, 3 janvier (sans date, 1934) (IMEC, fonds H. Berr, BRR2. E7—03. 2).

Louis Gernet, « Notice nécrologique », dans le *Bulletin des Élèves et anciens Élèves de l'ENS*, 1940.

Marc Bloch, *Apologie der Geschichtswissenschaft oder Der Beruf des Historikers*, Stuttgart: Klett-Cotta, 2002.

Marcel Granet, *Contre l'alcoolisme: un Programme Socialiste*, « Les cahiers du socialisme n°11 », Paris: Librairie du Parti Socialiste, 1911.

Marcel Granet, « Coutumes matrimoniales de la Chine antique »,

Leyde: *Toung-pao*, vol. XIII, pp. 517—558, 1912.

Marcel Granet, « Programme sur les anciennes religions chinoise », *Annales du Musée Guimet*, Paris: Ernest Leroux, 1914.

Marcel Granet, « Quelques particularités de la langue et de la pensée chinoises », *Revue philosophique de la France et de l'étranger*, mars—avril 1920, pp. 98—195.

Marcel Granet, *La polygynie sororale et le sororat dans la Chine féodale-Étude sur les formes anciennes de la polygamie chinoise*, Paris: Ernest Leroux, 1920.

Marcel Granet, *La civilisation chinoise-La vie publique et la vie privée*, Paris: Albin Michel, 1929.

Marcel Granet, *La pensée chinoise*, Paris: Albin Michel, 1934.

Marcel Granet, Préface de *Cinq cents contes et apologues*, extraits du Tripitaka chinois et traduits en français par Édouard Chavannes, Paris: Ernest Leroux, 1934.

Marcel Granet, *Catégories matrimoniales et Relations de proximité dans la Chine ancienne*, *Annales sociologiques*, collection de l'Année sociologique, série B, Paris: Félix Alcan, 1939.

Marcel Granet, *Fêtes et Chansons anciennes de la Chine*. Paris: Albin Michel, 1982.

Marcel Granet, *La religion des Chinois*, Paris: Albin Michel, 1989.

Marcel Granet, *Danses et légendes de la Chine ancienne*, Paris: PUF, 1994.

Marcel Mauss, « Religions populaires et folklore de l'Inde septentrionale », *Année sociologique*, vol. I (1896—1897), pp. 210—218.

Marcel Mauss, « Essai sur les variations saisonnières des sociétés Eskimos. Étude de morphologie sociale », *Année Sociologique*, vol. IX (1904—1905), pp. 39—130.

Marcel Mauss, « L'Expression obligatoire des sentiments (rituels oraux funéraires australiens)», *Journal de psychologie*, vol. 18, 1921.

Marcel Mauss, « L'Œuvre sociologique et anthropologique de Frazer », *Europe*, n°17, 1928.

Marcel Mauss, « La sociologie en France depuis 1914 », *Science française*, vol. I, Paris: Larousse, 1933.

Maurice Halbwachs, « Sur les mœurs et les croyances primitives de la Chine », *Libres Propos*, 2e année, n°3, 13 mai 1922, p. 26.

Maurice Halbwachs, « Histoire dynastique et légendes religieuses en Chine d'après un livre récent de M. Marcel Granet: Danses et légendes de la Chine ancienne », *Revue de l'histoire des religions*, juillet — décembre 1926.

Maurice Halbwachs, « Histoires dynastiques et légendes religieuses en Chine, d'après un livre récent de M. Marcel Granet », *Revue de l'histoire des religions*, vol. XCIV, pp. 1—16, 1926.

N. D. Fustel de Coulanges, *Histoires des institutions politiques de l'ancienne France*, vol. 1, Paris: Hachette, 1891.

N. D. Fustel de Coulanges, *Questions historiques*, Paris: Hachette, 1893.

N. D. Fustel de Coulanges, « Une leçon d'ouverture et quelques fragments inédits », Revue de synthèse historique, 1901, n°2.

Olivier Dumoulin, « Les noces de l'histoire et de la géographie », *Espaces Temps*, vol. 66, 1998.

Paul Masson-Oursel, « Histoire de la philosophie chinoise », *Revue Philosophique de la France et de l'Étranger*, vol. 104, juillet—Septembre 1927.

Pascal Ory, « Le premier siècle de la Fondation Thiers », dans *Fondation Thiers: Annuaire 1893 — 1993*, Paris: Association des anciens pensionnaires et amis de la Fondation Thiers, 1993.

Pascal Ory, Jean-François Sirinelli, *Les intellectuels en France: De l'affaire Dreyfus à nos jours*, Paris: Armand Collin, 2012.

Paul Lacombe, *De l'histoire considérée comme science*, Paris, 1834.

Pierre Jeannin, *Deux siècles à Normale sup': petite histoire d'une grande école*, Paris: Larousse, 1994.

Pierre Jeannin, André François-Poncet, Jean Hyppolite, *École normale supérieure, livre d'or*. Office français de diffusion artistique et littéraire, 1963.

R. A. Stein, « Souvenir de Granet », *Études chinoises*, Paris: Association française d'études chinoises, 1985.

« Rapport sommaire sur les Conférences de l'exercice 1907—1910 », *Annuaire de l'École pratique des Hautes études de Paris*, *Section des Sciences religieuses*.

R. Boudon, M. Borlandi, B. Valade (dir.), *Dictionnaire de la Pensée sociologique*, Paris: PUF, 2005.

Rémi Mathieu, *Postface de La Civilisation chinoise*, Paris: Albin Michel, 1994.

Rémi Mathieu, *Préface de la Danses et Légendes de la Chine ancienne*, Paris: PUF, 1994.

Rémi Mathieu, « Claude Lévi-Strauss lecteur de Marcel Granet », *Études chinoises*, IV—2, 1985, pp. 63—74.

Review of « Hackin, Mythologie asiatique illustrée », *Revue critique d'histoire et de littérature*, 1930 janvier.

Ricardo Di Donato, « L'Anthropologie historique de Louis Gernet », *Annales*, vol. XXXVII, n°5, 1982, pp. 984—996.

Robert Leroux, *Histoire et sociologie en France*: *De l'histoire-science à la sociologie durkheimienne*, Paris: PUF, 1998.

Thomas A. Idinopulos, Brian C. Wilson (éds.), *Reappraising Durkheim for the Study and Teaching of Religion Today*, Leiden, Boston, Köln: Brill, coll. « Numen Book Series, Studies in the History of Religions », XCII, 2002.

Thomas Hirsch, « Historiographie et histoire disciplinaire. Marcel Granet et les sciences sociales », *L'Atelier du Centre de recherches historiques* (En ligne), 2011. URL: http:// acrch. revues. org/3579.

Thomas Hirsch, *Le Temps des sociétés. D'Émile Durkheim à Marc Bloch*, Paris: Éditions de l'EHESS, chapitre 8 "Marcel Granet: Histoires de la Chine ancienneet sociologie du temps ", 2016.

Ursula Bähler, *Gaston Paris et la philologie romane*, Genève: Droz, 2004.

Yves Goudineau, *Introduction à la sociologie de Marcel Granet*, thèse de l'Université de Paris X, 1982.

Yves Goudineau, « Évolution sociale, histoire et étude des sociétés anciennes dans la tradition durkheimienne », *Historiens et sociologues aujourd'hui*, Paris: CNRS, pp. 37—48. *Journées d'Études Annuelles de la Société Française de Sociologie*, Lille (FRA), 1984/06.

Yves Goudineau, « Un ethnographe de la Chine ancienne-archéobibliographie de Marcel Granet », suivi d'un entretien avec Jacques Gernet: « Marcel Granet devant la Chine et la sinologie », *Préfaces: les idées et les sciences dans la bibliographie de la France*, n°7, pp. 119—130, 1991.

Yves Goudineau, « Dossier de mission en Chine de Marcel Granet », *Gradhiva 14*, 1993.

Yves Goudineau, « Une vérification expérimentale dans la Chine de 1912 », *Gradhiva 14*, 1993.

Yves Goudineau, « L'Orientalisme sociologique de Paul Mus: une part de l'héritage de Granet et de Mauss ? », Communication *à* « Journées d'études Paul Mus: entre l'Orient et l'Occident », CNRS-IAO et École Normale Supérieure, Lyon, 7 mai 2004.

Yves Goudineau, « Lévi-Strauss, la Chine de Granet, l'ombre de Durkheim. Retour aux sources de l'analyse structurale de la parenté », *Cahiers de l'Herne*, numéro spécial « Lévi-Strauss », Paris, 2004, pp. 165—178.

Yves Goudineau, « Ritualistic Asia: from Marcel Granet's ethnography of ancient China to Paul Mus' iconology of Southeast Asia », workshop *The Durkheimians and Asia*, Oxford, 22 mai 2010.

中文参考文献

曹中建、郑筱筠主编:《中国宗教研究年鉴(2011～2012)》,中国社会科学出版社 2013 年版。

陈美延编:《陈寅恪集》,三联书店 2015 年版。

杜泽逊:《文献学概要》,中华书局 2008 年版。

葛夫平:《中法文化教育合作事业研究》,上海书店出版社 2010 年版。

耿昇:《法国汉学史论》,学苑出版社 2015 年版。

韩高年:《礼俗仪式与先秦诗歌演变》,中华书局 2006 年版。

何平:《西方历史编纂史》,商务印书馆 2010 年版。

胡志宏:《西方中国古代史研究导论》,大象出版社 2002 年版。

黄平等编:《当代西方社会学、人类学新词典》,吉林人民出版社 2003 年版。

贾春增:《外国社会学史》,北京大学出版 2008 年版。

姜广辉主编:《中国经学思想史》,中国社会科学出版社 2010 年版。

李璜:《古中国的跳舞与神秘故事》,中华书局 1933 年版。

李璜:《法国汉学论集》,香港珠海书院 1975 年版。

李璜:《学钝室回忆录》,台北传记文学出版社 1978 年版。

李孝迁:《西方史学在中国的传播(1882～1949)》,华东师范大学出版社 2007 年版。

李孝迁:《近代中国域外汉学评论萃编》,上海古籍出版社 2014 年版。

李孝迁:《域外汉学与中国现代史学》,上海古籍出版社 2014 年版。

吕一民:《法国通史》,上海社会科学院出版社 2012 年版。

马树德:《中外文化交流史》,北京语言大学出版社 2000 年版。

彭刚:《西方思想史导论》,北京大学出版社 2014 年版。

桑兵:《晚清民国的学人与学术》,中华书局 2008 年版。

桑兵:《国学与汉学:近代中外学界交往录》,中国人民大学出版 2010 年版。

商务印书馆编辑部编:《近代现代外国哲学社会科学人名资料汇编》,商务印书馆 1965 年版。

商务印书馆辞书研究中心编著:《利氏汉法辞典》,商务印书馆 2014 年版。

史金波主编:《王静如文集》(上、下),社会科学文献出版社 2015 年版。

汤一介主编:《中国儒学史》,北京大学出版社 2011 年版。

王汎森:《中国近代思想与学术的系谱》,吉林出版集团有限责任公司 2011 年版。

王晓平:《日本诗经学史》,学苑出版社 2009 年版。

吴莉苇:《当诺亚方舟遭遇伏羲神农——启蒙时代欧洲的中国上古史论争》,中国人民大学出版社 2005 年版。

吴霓:《中国人留学史话》,中国国际广播出版社 2009 年版。

吴雁南:《中国经学史》,福建人民出版社 2001 年版。

许光华:《法国汉学史》,学苑出版社 2006 年版。

杨堃:《民族学概论》,中国社会科学出版社 1984 年版。

杨堃:《社会学与民俗学》,四川民族出版社 1997 年版。

张广智:《西方史学史》,复旦大学出版社 2000 年版。

张西平:《欧洲早期汉学史:中西文化交流与西方汉学》,中华书局 2009 年版。

张西平:《儒学西传欧洲研究导论:16～18 世纪中学西传的轨迹与影响》,北京大学出版社 2016 年版。

[法]爱弥尔·涂尔干:《乱伦禁忌及其起源》,汲喆等译,上海人民出版社 2006 年版。

[法]安德烈·梅尼埃:《法国地理学思想史》,蔡宗夏译,商务印书馆 1999 年版。

[英]彼得·伯克:《法国史学革命:年鉴学派,1929～1989》,刘永华译,北京大学出版社 2006 年版。

[法]程艾蓝:《中国思想史》,冬一、戎恒颖译,河南大学出版社 2018 年版。

[法]戴仁著:《法国中国学的历史与现状》,耿昇译,上海辞书出版社 2010 年版。

[德]狄尔泰:《精神科学中历史世界的建构》,安延明译,中国人民大学出版社 2012 年版。

[德]狄尔泰:《历史中的意义》,艾彦译,北京联合出版有限责任公司 2013 年版。

[德]狄尔泰:《精神科学引论》,艾彦译,北京联合出版有限责任公司 2014 年版。

[法]迪尔凯姆:《自杀论》,冯韵文译,商务印书馆 2001 年版。

[法]迪尔凯姆:《社会学方法的准则》,狄玉明译,商务印书馆 2011 年版。

[法]范热内普:《过渡仪式》,张举文译,商务印书馆 2012 年版。

[英]弗雷泽:《〈旧约〉中的民间传说:宗教、神话和律法的比较研究》,叶舒宪、户晓辉译,陕西师范大学出版总社有限公司 2012 年版。

[英]弗雷泽:《金枝——巫术与宗教之研究》,汪培基等译,商务印书馆2015年版。

[法]葛兰言:《古代中国的节庆与歌谣》,赵炳祥等译,广西师范大学出版社2005年版。

[法]葛兰言:《中国人的信仰》,汪润译,哈尔滨出版社2012年版。

[法]古朗日:《希腊罗马古代社会研究》,李玄伯译,中国政法大学出版社2005年版。

[英]赫丽生:《古希腊宗教的社会起源》,谢世坚译,广西师范大学出版社2004年版。

[英]杰克·古迪:《神话、仪式与口述》,李源译,中国人民大学出版2014年版。

[英]科林伍德:《历史的观念》,何兆武、张文杰译,商务印书馆2009年版。

[美]克拉克洪:《论人类学与古典学的关系》,吴银玲译,北京大学出版社2013年版。

[法]孔德:《论实证精神》,黄建华译,北京联合出版有限责任公司2013年版。

[法]库朗热:《古代城邦》,谭立铸等译,华东师范大学出版社2006年版。

[英]丹尼斯·史密斯:《历史社会学的兴起》,周辉荣等译,上海人民出版社2000年版。

[法]朗格洛瓦、赛诺伯斯:《历史研究导论》,李思纯译,中国人民大学出版2011年版。

[法]列维·布留尔:《原始思维》,丁由译,商务印书馆1981年版。

[法]马伯乐:《〈书经〉中的神话》,冯沅君译,商务印书馆1937年版。

[法]马伯乐:《马伯乐汉学论著选译》,伭晓笛、盛丰译,中华书局2014年版。

[法]马塞尔·莫斯:《礼物》,汲喆译,上海人民出版社2002年版。

[法]马塞尔·莫斯、亨利·于贝尔:《巫术的一般理论:献祭的本质和一般功能》,杨渝东等译,广西师范大学出版社2007年版。

[法]马塞尔·莫斯:《人类学与社会学五讲》,林宗锦译,广西师范大学出版社2008年版。

[法]马塞尔·莫斯:《论祈祷》,蒙养山人译,北京大学出版社 2013 年版。

[加]马赛尔·福尼耶:《莫斯传》,赵玉燕译,北京大学出版社 2013 年版。

[英]梅尔茨:《十九世纪欧洲思想史》,周昌忠译,商务印书馆 2016 年版。

[法]梅耶:《历史语言学中的比较方法》,岑麟祥译,世界图书出版公司 2008 年版。

[英]乔治·皮博迪·古奇:《十九世纪历史学与历史学家》(上、下),耿淡如译,商务印书馆 2014 年版。

[法]沙畹:《沙畹汉学论著选译》,邢克超等译,中华书局 2014 年版。

[法]泰纳:《现代法国的起源:旧制度》,黄艳红译,吉林出版集团有限责任公司 2014 年版。

[法]泰纳:《现代法国的起源:新秩序》,刘毅译,吉林出版集团有限责任公司 2015 年版。

[法]涂尔干:《宗教生活的基本形式》,渠东、汲喆译,商务印书馆 2011 年版。

[法]涂尔干、莫斯:《原始分类》,汲喆译,商务印书馆 2012 年版。

[法]涂尔干:《教育思想的演进》,李康译,商务印书馆 2016 年版。

[法]托克维尔:《旧制度与大革命》,王千石译,九州出版社 2012 年版。

[意]维柯:《新科学》,朱光潜译,人民文学出版社 1986 年版。

[法]谢和耐:《中国社会史》,黄建华等译,江苏人民出版社 2010 年版。

[法]谢和耐:《中国人的智慧》,何高济译,上海古籍出版社 2013 年版。

[瑞士]雅各布·坦纳:《历史人类学导论》,白锡堃译,北京大学出版 2008 年版。

董国文:《汉学家葛兰言的诗经研究及其与贵州田野资料的比照考察》,华东师范大学硕士论文,2005 年。

高名凯:《民国三十年至三十四年间逝世之著名汉学家:8. 葛兰言教授》,载《燕京学报》1946 年第 30 期。

胡鉴民:《观念社会学》,载《国立中央大学半月刊》1930 年第 1 卷第 14 期。

蒋向艳:《法国汉学家沙畹》,载《国际汉学》2005 年第 1 期。

雷海宗:《书评》(四),载《社会学刊》1931 年第 2 卷第 4 期。

李红宇《狄尔泰的体验概念》,载《史学理论研究》2001 年第 1 期。

李璜:《法兰西近代历史学》,载《少年中国》1922 年第 3 卷第 6 期。

李璜:《五十年来法兰西的史学界》,载《觉悟》1925 年 1 月。

李铁、张绪山:《法国年鉴学派产生的历史条件及其评价》,载《东北师大学报(哲社版)》1995 年第 1 期。

李孝迁:《葛兰言在民国学界的反响》,载《华东师范大学学报(哲社版)》2010 年第 4 期。

卢梦雅:《试论法国汉学界的中国上古神话研究——兼及对中国"古史辨"派的关照》,载《历史教学问题》2017 年第 2 期。

卢梦雅:《葛兰言与法国〈诗经〉学史》,载《国际汉学》2018 年第 2 期。

米有华:《杨堃传略》,载《晋阳学刊》1991 年 1 期。

桑兵:《从眼光向下回到历史现场》,载《中国社会科学》2005 年第 1 期。

孙越:《〈关雎〉两个法译本的比较》,载《法国研究》2012 年总第 84 期。

王铭铭:《葛兰言何故少有追随者?》,载《民族学刊》2010 年第 1 期。

吴银玲:《葛兰言〈中国人的宗教〉研究》,中央民族大学硕士论文,2011 年。

夏传才:《国外〈诗经〉研究新方法论的得失》,载《文学遗产》2000 年第 6 期。

杨堃:《在法国怎样学社会学》,载《中法教育界》1930 年第 44 期。

杨堃:《葛兰言研究导论》(上、中、下),载《社会科学季刊》1942～1943 年第 1 卷第 3 期、第 1 卷第 4 期、第 2 卷第 1 期。

杨堃:《法国社会学家莫斯教授书目提要》,《中国学报(北京 1944)》,载 1944 年第 1 卷第 2 期、第 1 卷第 5 期、第 1 卷 6 期、第 2 卷第 1 期。

尹鑫海:《葛兰言视野中的"圣地"与早期的中国宗教信仰》,载《国际汉学》2016 年第 2 期。

雨堂:《汉学家法国葛兰言先生》,载《新东方杂志》1940 年第 1 卷第 9 期。

赵沛霖:《20 世纪〈诗经〉研究与文化人类学》,载《诗经研究丛刊》第六辑,学苑出版社 2004 年版。

朱丁:《试论葛兰言〈诗经〉研究方法的得失》,载《重庆社会科学》2002 年第 1 期。

[法]雷米·马修:《当代法国汉学——古代文学研究概况》,卢梦雅、曹艳艳译,载《国际汉学》2017 年第 2 期。

[英]迈克·罗兰:《祭祀对世界"中间状"的物化》,赵秀云译,载《民族学刊》2014 年第 3 期。

[法]沙畹著:《沙畹:古代中国社神》,卢梦雅译,载《国际汉学》2015 年第 2 期。

[法]沙畹著:《沙畹:西王母国游记》,卢梦雅、杨文文译,载《民间文化论坛》2017 年第 1 期。

[法]涂尔干:《法国社会学史略》,杨堃译,载《鞭策周刊》1932 年第 2 卷第 7～8 期。